U0933814

珍藏本
纪念版

汉译世界学术名著丛书

诗　学

〔古希腊〕亚里士多德 著

陈中梅 译注

2017年·北京

ΑΡΙΣΤΟΤΕΛΟΥΣ

ΠΕΡΙ ΠΟΙΗΤΙΚΗΣ

汉译世界学术名著丛书
（120年纪念版·珍藏本）
出 版 说 明

2017年2月11日，商务印书馆迎来120岁的生日。120年前，商务印书馆前贤怀揣文化救国的理想，抱持“昌明教育，开启民智”的使命，立足本土，放眼寰宇，以出版为津梁，沟通中西，为中国、为世界提供最富智慧的思想文化成果。无论世事白云苍狗，潮流左右激荡，甚至战火硝烟弥漫，始终践行学术报国之志，无改初心。

迻译世界各国学术名著，即其一端。早在20世纪初年便出版《原富》《天演论》等影响至今的代表性著作，1950年代后更致力于外国哲学和社会科学经典的译介，及至1980年代，辑为“汉译世界学术名著丛书”，汇涓为流，蔚为大观。丛书自1981年开始出版，历时三十余年，迄今已推出七百种，是我国现代出版史上规模最大、最为重要的学术翻译工程。

丛书所选之书，立场观点不囿于一派，学科领域不限于一门，皆为文明开启以来，各时代、各国家、各民族的思想与文化精粹，代表着人类已经到达过的精神境界。丛书系统译介世界学术经典，引领时代思想，为本土原创学术的发展提供丰富的文化滋养，为推动中国现代学术和现代化进程做出了突出的贡献。

为纪念商务印书馆成立 120 周年，我们整体推出“汉译世界学术名著丛书”120 年纪念版的珍藏本，寄望既利于文化积累，又便于研读查考，同时向长期支持丛书出版的译者、编者和读者致以敬意。

两甲子后的今天，商务印书馆又站在了一个新的历史时间节点上。我们不仅要铭记先辈的身影和足迹，更须让我们的步伐充满新的时代精神。这是商务人代代相传的事业，更是与国家和民族的命运始终紧密相连的事业。我们责无旁贷，必须做好我们这代人的传承与创造，让我们的努力和成果不仅凝聚成民族文化的记忆，还能成为后来人可以接续的事业。唯此，才能不负前贤，无愧来者。

商务印书馆编辑部

2017 年 10 月

目　　录

引　言

亚里士多德生平简介

亚里士多德(Aristotelēs)的祖先住在安德罗斯(Andros),以后移居斯塔吉拉(Stagira 或 Stageira)。[1]他的父亲名叫尼各马可斯(Nikomakhos),是一位名医,在马其顿(Makedonia)王国的宫廷里任职,和国王阿慕塔斯(Amuntas)二世颇有私交。尼各马可斯是个有学问的人,曾撰写过医学论著。亚里士多德自幼跟着父亲出入宫廷,结识了王子菲利普(Philippos)。亚氏的母亲名叫法伊丝提丝(Phaistis),娘家是来自卡尔基斯(Khalkis)的移民。

亚里士多德于公元前 384 年出生在斯塔吉拉,从小受过良好的教育。为了继续求学,十七岁的亚里士多德在"保护人"普罗克塞诺斯(Proxenos)的带领下,于公元前 367 年去了雅典,就读于柏拉图(Platōn)的学园(hē Akadēmeia)。亚氏不仅天资聪颖,而且勤奋好学,[2]据说被誉为"读书人"(anagnōstēs)和学校的"头脑"(nous tēs diatribēs)。在学园里,他一呆就是二十年,先当学生,继而独立进行了一些课题研究。尽管在学术上走出了自己的路子,但对老师,亚里士多德始终是非常尊敬的。柏拉图是一位杰出的思想家,对于他,"卑劣的人甚至连赞扬的资格都没有"。[3]

柏拉图于公元前 348—347 年间去世后,其位置由外甥西培乌西珀斯(Speusippos)接替,亚里士多德遂和柏拉图的另一位高足塞诺克拉忒斯(Xenokratēs)一起离开了雅典。[4]在慕西亚(Musia),亚氏受到了赫耳梅阿斯(Hermeias)的热情接待,并和已在那里的"校友"厄拉斯托斯(Erastos)和科里斯科斯(Koriskos)等聚首。不久后,瑟俄弗拉斯托斯(Theophrastos)亦抵达该地,被亚氏收为门生。三年后,亚氏离开阿索斯(Assos),在莱斯波斯(Lesbos)做了一段时间的考察和研究,侧重点可能在生物学方面。公元前343—342年间,亚氏应菲利普之邀,前往培拉(Pella)当了年方十三岁的王子亚历山大(Alexandros)的教师。[5]亚氏所授的课程包括诗(荷马史诗和悲剧等)、政治、伦理学和修辞学等。[6]公元前340年,亚历山大受命主持政务,亚氏可能于不久后返回老家斯塔吉拉。

亚里士多德于公元前335年重返雅典,在城的东南郊租了几幢房子,办起了一所学校,取名鲁开昂(to Lukeion)。[7]在校园的建筑物中,有一处带遮盖的庭院或走廊(peripatos),[8]据说亚氏讲学时喜欢在里面来回踱步(peripatein)——可能是因为这方面的原因,"逍遥学派"(或"庭廊学派")以后成了亚里士多德学派的同义语。办学期间,亚氏不遗余力地多方搜集手稿、地图和标本等资料,可能还筹建了一座供教学用的博物馆。[9]学校开设了多种课程。在亚里士多德的精心指导下,高材生们既有较为宽广的知识面,又各有自己的专长。比如,瑟俄弗拉斯托斯钻研过植物学,欧代摩斯(Eudēmos)擅长各种"史"的研究,阿里斯托克塞诺斯(Aristoxenos)在研究音乐方面展现了才华。师生有每月一次的研讨会,还有定期的聚餐会。经过亚氏的长期努力,鲁开昂里群星闪烁,精英荟萃，学校的名声逐渐盖过了当时在塞诺克拉忒斯主持下的学园。

亚里士多德在鲁开昂讲学和从事著述凡十三年。亚历山大于公元前 323 年去世后，希腊各地反马其顿的情势日趋表面化。以他的家庭背景以及和亚历山大的私交，亚氏在当时自然难免受到某些雅典人的怀疑和猜忌；事实上，有人已在为他罗织罪名。[10] 在这种政治气候下，亚里士多德——“为了不让雅典人第二次对哲学犯罪”[11]——决定离开雅典，去他母亲的老家，即欧波亚岛（Euboia）的卡尔基斯。不久后，即公元前 322 年，亚里士多德因病逝世，享年六十二岁。

在慕西亚居留期间，亚里士多德娶了赫耳梅阿斯的外甥女（一说养女）普茜阿丝（Puthias），生一女，亦名普茜阿丝。妻子普茜阿丝死后，亚氏续娶了斯塔吉拉女子赫耳普莉丝（Herpullis），生一子，名尼各马可斯。

思想家·学问家·著述家

亚里士多德是一位天才的哲学家。他以知识的广博著称，以擅能“驾驭”学问闻名。两千多年来，西方人从他的学术中领取教益，在他的启发下从事文理科方面的研析。亚里士多德是知识的不倦的探求者，是大规模、跨学科的研究工程的设计者，是哲学史上有数的几位集大成者的杰出代表。

亚里士多德把知识或科学分作三类，即理论或思辨科学（theōria）、实践科学（praxis）和制作科学（poiēsis）。制作科学的任务是制造，其目的体现在制作活动以外的产品上。诗属于制作科学或技艺的范畴。实践科学（如政治和伦理学）包含行动的目的，其意义体现在行动或活动(energeia)本身。实践科学是自足的科学,尽管它们不直接指导具体的生产和制作活动。亚里士多德哲学认为,凡是自足的事物便自然地高于不自足或有欠缺的事物——因此,实践科学高于制作科学。但是,实践科学一般不包括自己的工作对象,比如,政治不包括作为其工作对象的城邦和公民。从这个意义上来说,实践科学还不是严格意义上的完全自足的科学。真正自足的科学是理论科学(物理学、数学、形而上学等),因为它们不仅包括行动的目的,而且还包括自己的工作对象,即思辨的内容。理论科学在神[12]的活动中找到自己的"归宿"。神的活动是理论科学之"自我实施"的最佳典范——神的活动是作为最高活动形式的"思想",其思辨内容是作为最高思辨对象的神本身。神是"思想的思想"(noēsis noēseōs)。高精度、高纯度的思辨是最彻底的"善"(aretē)。

亚里士多德一生著述极丰,[13]研究面极广,在当时的人们所知道的绝大多数学科领域内几乎都有重大的建树。亚氏的论述分两类,一类面向广大的读者和听众,因而是"公开的"或对外的;另一类则专供小范围内使用,其听众和读者主要是亚氏的学生,因而是"不公开的"或对内的。前一类论著(即 ekdedomenoi logoi)一般用对话体写成(但不像柏拉图"对话"那样具戏剧性),结构严谨,文句经过推敲润色,具较高的文学价值,颇受西塞罗(Marcus Tullius Cicero)的推崇。[14]第二类论著(即 akroatikoi logoi)一般用论述文形式写成,内容相对艰深,用词比较简练,文句较少润色,某些篇章的结构亦比较松散。《诗学》可能是一篇对内的或者说未经正式发表的著作。

有趣的是，除了《雅典宪政》(*Athēnaiōn Politeia*)外，亚氏的对外的著作已全数佚失，而他的 akroatikoi logoi 中的相当一部分却被保存了下来。公元前 323(或 322)年，亚里士多德在离开雅典前曾把文稿托付给瑟俄弗拉斯托斯。瑟氏把文稿转托给学生奈琉斯(Nēleus)，后者把它们带到斯开浦西斯(Skēpsis)，以后又转手他人。为了躲过帕耳伽蒙(Pergamon)搜书官的耳目，书稿的保存者把它们塞进了地窖里。多年后，藏稿人的后代以高价将这批文稿卖给了忒俄斯(Teos)学者阿裴利孔(Apellikōn)。苏拉(Lucius Cornelius Sulla)攻陷雅典后，将文稿运回罗马，经语法学家图拉尼昂(Turanniōn)校订，最后由罗得斯(Rhodos)的安德罗尼科斯(Andronikos)在公元前 40 年左右整理出版。[15]

诗　论

古希腊人以专文论诗(包括音律、修辞等)或评诗并非始于亚里士多德。亚氏从前辈手里接过的诗评“遗产”是丰厚的，包括高尔吉亚(Gorgias)的《海伦颂》(*Helenēs enkōmion*)，厄利斯(Elis)的希庇阿斯(Hippias)的《诗论》，德谟克里特(Dēmokritos)的《论诗》，雷吉昂(Rhēgion)的格劳科斯(Glaukos)的《古代诗人》和柏拉图的《伊昂篇》以及其他“对话”中的有关卷节等。一些学者对荷马史诗颇有研究：德谟克里特探究过其中的词义问题；和当时的专家们一样，萨索斯(Thasos)的斯忒西伯罗托斯(Stēsimbrotos)可以揭示作品中“藏而不露”的意思(tas huponoias)。[16] 从公元前五世纪中叶起，艺术家中亦有人开始著书立说；阿伽萨耳科斯(Agatharkhos)、欧弗拉诺耳(Euphranōr)、阿培勒斯(Apellēs)和普罗托革奈斯(Prōtogenēs)等写过专著或论文。在柏拉图的学园里,亚氏的同窗西培乌西波斯研究过修辞和艺术理论,塞诺克拉忒斯写过一些有关讲演术和文学评论的著述。[17]至公元前四世纪中叶,对悲剧的研究也早已超过了填补空白的水平。亚里士多德没有生活在真空里。当我们为他的成就瞠目时,不应忘记他的前人和同时代的学者们的贡献,尤其不应低估他的老师柏拉图对他的影响。《诗学》提出的某些观点显然是柏拉图所熟悉的,例如艺术活动的特点是摹仿(mimēsis),优秀的作品应该是一个完整的统一体,等等。

据有关文献记载,亚里士多德用对话体写过一部《诗人篇》(*Peri Poiētōn*,共三卷)和一部《格鲁洛斯篇》[18](*Grulos*)或《修辞篇》(*Peri Rhētorikēs*)。在他的对内的论著中,专门论诗(包括音乐)和艺术的著作包括《技艺集锦》(*Tekhnōn Sunagōgē*,共两卷)、《论音乐》(*Peri Mousikēs*)、《诗论》(*Poiētika*,共一卷)、《论悲剧》(*Peri Tragōidiōn*)和《荷马问题》(*Aporēmata Homērika*)等。此外,亚氏还编纂过一部 *Didaskaliai*,专门记载历届狄俄尼索斯庆祭活动(ta Dionusia)中上演的剧目以及得胜诗人的名字。上述著作均已失传。[19]第欧根尼·拉尔修(Diogenēs Laertios,生活在公元二至三世纪)所收列的书目中还有一部《诗艺指导》(*Pragmateia Tekhnēs Poiētikēs*,共两卷),一般认为,这篇著作即为《诗学》(即 *Peri Poiētikēs*)。

诗评当然也包括对诗和诗人的批评。古希腊人对诗和诗人的评论始于公元前六世纪。塞诺法奈斯(Xenophanēs)指责荷马(Homēros)和黑西俄得(Hesiodos)不恰当地把神人格化,并让他们做出偷窃、欺骗和通奸等不光彩的事情。[20] 赫拉克利特(Hērakleitos)主张禁止诵读荷马和阿耳基洛科斯(Arkhilokhos)的作品。[21] 柏拉图继续了这场旷日持久的“哲学与诗的抗争”。[22] 他对诗和诗人的抨击次数之多,论据之充分,驳斥之有力,都是前人无法与之比拟的。在严词鞭挞之余,柏拉图对学人们发出了如下挑战:如有哪位懂诗的学者能够证明诗不仅可以给人快感,而且还有助于建立一个合格的政府和有利于公民的身心健康,我将洗耳恭听他的高论。[23]《诗学》可能是对这一挑战的应答,尽管我们无需对此作出狭义上的或排他性的理解。《诗学》的意义或许不在于是不是一篇答文,也不在于它的应答是否成功,而在于它的宽广的涉及面,它的丰富的理论内涵和可贵的实用价值。

《诗学》

《诗学》立论精辟,内容深刻,虽然篇幅不长,但气度不小,无疑是一篇有分量、有深度的大家之作。《诗学》探讨了一系列值得重视的理论问题,如人的天性与艺术摹仿的关系,构成悲剧艺术的成分,悲剧的功用,情节的组合,悲剧的史诗的异同,等等。《诗学》提出的某些观点——如情节是对行动的摹仿的观点和诗评不应套用评论政治的标准的观点——在当时具有可贵的创新意义。这篇不朽的著作集中地反映了一种新的、比较成熟的诗学思想的精华。作为西方现存最早的一篇高质量的、较为完整的论诗和关于如何写诗及进行诗评的专著,《诗学》的学术价值以及它在西方乃至世界文学评论史上的地位,是怎么估计都不会太高的。

当然,如果以“苛刻”的标准来衡量,《诗学》中的不尽如人意之处也是显而易见的。比如,《诗学》强调了诗的“自我完善”,却没有提及希腊悲剧的起源和发展的宗教背景,也忽略了悲剧的存在、兴盛和趋于衰落的社会原因。悲剧人物固然应对自己的抉择(或决定)和行动负责,但在某些作品里,命运(moira)的制约或神的催动是导致悲剧性结局的重要原因。《诗学》对此没有给予应有的重视。《诗学》肯定了艺术在开发人的心智方面所起的积极作用,但认为这种作用主要体现在使人“认出了某某人”[24]——作者放弃了一个极好的从理论上阐述和论证艺术摹仿有益于深化人对自我以及客观世界的认识的机会。

《诗学》不是一篇完整的、经过作者认真整理润色的、面向公众的著作。成文以后,又历经波折,包括被搁置地穴多年,原稿中平添了一些损蚀和模糊不清之处。此外,历代(尤其是早期的)传抄者和校订者的增删和改动,有的或许符合作者的原意,有的则可能纯属杜撰,故此反而加大了理解的难度。从“技术”的角度来衡量,《诗学》也不是白璧无瑕的。《诗学》中的术语有的模棱两可,个别概念缺少必要的界定。文字的布局有些凌乱,某些部分的衔接显得比较突兀。

关于《诗学》的成文年代,学术界有两种意见。一种认为该书成于公元前347年前,即作者离开柏拉图的学园之前;另一种认为该书成于公元前335年以后,即亚氏回到雅典后,在鲁开昂办学期间。[25]两种观点各有依据,但多数学者比较倾向于接受第二种观点。《诗学》也可能不是一次写成的,也就是说,作者可能对它作过增补或局部的修改。

《诗学》究竟是不是两卷本(或是否还有一个已经遗失了的部

分），一般的看法是肯定的。[26]在第欧根尼·拉尔修列出的书目中，*Pragmateia Tekhnēs Poiētikēs* 有 a、b 两卷。从《诗学》本身的布局来看，似乎也应包括一个讨论喜剧的部分。事实上，作者在第 6 章开宗明义地指出，喜剧是他将要讨论的一个项目。亚氏在《政治学》8.7.1341ᵇ39 里表明，他将在 en tois peri poiētikēs（"论诗的著作里"）解释 katharsis。《诗学》的现存部分中找不到这一解释，因此，有理由相信，有关论述或许包容在已经佚失了的那一部分里。[27]阿蒙尼俄斯（Ammōnios，活动年代约在五世纪）曾评论过亚氏的《论阐释》（*De Interpretatione*），在提及《诗学》时用了复数。[28]波厄修斯（Boethius，约 480—524 年）也钻研过《论阐释》，并于 507 年发表了六卷本的译文和注释。在第 2 卷里，他似乎间接地指出了《诗学》是一部两卷本的论著。[29]欧斯特拉提俄斯（Eustratios，大约生活在十一世纪）在论及《尼各马可斯伦理学》1141ᵇ14 时，提到了《诗学》1448ᵇ30 中的内容，并说他所引的话出现在 peri poiētikēs 的"第 1 卷里"。在 1278 年出版的一部著作里，莫耳贝克的威廉（或 Guillaume de Moerbeke）似乎也暗示《诗学》还有第 2 卷。[30]十六世纪时，意大利学者维克托里乌斯（Victorius）对《诗学》（*arte poetarum*）第 1 卷进行了评论。[31]

抄本、校译本及《诗学》的流传和影响

在长期的流传过程中，《诗学》产生了许多抄本。[32]现存最好的抄本是 Parisinus 1741，校订者们往往把它简称作 A 或 A^c。该抄本成于十一世纪，是公认的较为可靠的范本。这部抄本 1427 年时还在君士坦丁堡，于十五世纪末经人转至佛罗伦萨，最后被送往巴

黎，存放在法国国家图书馆（Bibliothèque Nationale）。十六世纪时，维克托里乌斯在佛罗伦萨对抄本作过校订。在此以后的几个世纪里，不少学者为校订 Parisinus 1741 花过心血。在该抄本的基础上，蒂里特（Thomas Tyrwhitt）于 1794 年，贝克（Immanuel Bekker）于十九世纪三十年代初先后发表了校订本。德国学者瓦伦（Johannes Vahlen）于 1867、1874 和 1885 年三次发表了校订本和评论，基本上确立了 A 或 A^c 的权威地位。根据原始抄本及瓦伦校订本等文献，英国学者布切尔（S. H. Butcher）和拜瓦特（Ingram Bywater）分别于 1894 年和 1909 年发表了校勘本、译文和具有空前水平的评注。

另一部具有较高学术价值的抄本是 Riccardianus 46，校订者们称之为 B 或 R。该抄本的成文年代在十三至十四世纪，[33]但迟至十九世纪下半叶才引起人们的重视，现存佛罗伦萨。研究表明，Riccardianus 46 可能代表了一个不同于 A 或 A^c 的抄本系统，所以，任何一位负责任的校订者都不能忽视它的存在。该抄本中的某些语句填补了 Parisinus 1741 中的不足。例如，Riccardianus 46 在 1455^a14 行的 to men gar toxon 和下行的 toxon 之间有十四个词，而这些词却没有出现在 Parisinus 1741 系统的抄本里。这一遗漏似应归咎于当年的某个粗心的传抄者——他在抄完第一个 toxon 后，眼神溜到了第二个 toxon 以后的内容。

大约在九世纪末，Ishāq ibn Hunain 将《诗学》由古希腊文译成叙利亚文，他所依据的是七世纪以前的某个古抄本。除了第 6 章的部分内容外，该译本早已不复存在。大约在十世纪，阿拉伯学者 Abū Bishr Mattā 又把《诗学》从叙利亚文译成阿拉伯文，尽管他连悲剧是什么都不知道。[34] 十二世纪下半叶，哲学家阿威洛伊(Averroes 1126—1198 年)根据某个阿拉伯文本对《诗学》作过评论。[35]阿拉伯译文的粗粝和不精确是可想而知的。但是，由于叙利亚文本译自一个比 Parisinus 1741 早得多的古希腊文抄本，因此，尽管阿拉伯文本译自本身已是译文的叙利亚文本，对校勘者来说，该译本仍然具有相当重要的参考价值。[36]英国学者马戈琉斯(D. S. Margoliouth)的《诗学》英译本较为倚重于阿拉伯文本提供的信息。自二十世纪三十年代以来，学者们在校订《诗学》时一般都采用了兼取各家之长，认真比较、审定的方法，尽管他们主要依据的还是 Parisinus 1741 及其系统的抄本和校订本。牛津大学出版社 1965 年推出的卡塞尔(Rvdolfvs Kassel)校勘本，是目前最权威的《诗学》原文本——它的出现使其他校订本不得不退居次要的地位。[37]

尽管苏拉于公元前 86 年将亚里士多德的书稿运至罗马，但在其后相当长的一段时期内，这批著作的流通量并不很大。西塞罗读过亚氏的“对话”，但不熟悉亚氏的对内的著作。当时的哲学家大概主要是通过亚氏的“对话”接触亚里士多德哲学的。尽管如此，亚里士多德哲学在罗马还是有影响的。罗马皇帝尼禄(Nero Claudius Caesar)当过亚里士多德学派成员的学生，马科斯·奥瑞利乌斯(Marcus Aurelius)也曾听过该学派成员的讲座。在二世纪，学校已开设亚里士多德逻辑学。

在罗马，学者文人中可能不乏对亚氏哲学有所了解的人，但是，人们绝少提及《诗学》，好像这篇著作根本不存在似的。没有人对《诗学》作过专门的研究。哈利卡耳那索斯(Halikarnassos)的狄俄努西俄斯(Dionusios)和修辞学家昆提利阿努斯(Marcus Fabius Quintilianus)对亚氏的诗学理论所知甚少,仅提过词类的划分;大诗人维吉尔(Publius Vergilius Maro)似乎没有读过《诗学》。在拜占庭,尽管阿提开(Attikē)悲剧是小学生必读的课程,[38]但《诗学》却同样是无人问津的"冷门"。四世纪时,瑟弥斯提俄斯(Themistios)引述过亚氏关于多里斯人声称喜剧最早出现在西西里的论述。五至六世纪时,哲学家阿蒙尼俄斯和波厄修斯对亚氏诗学理论的了解,似乎也仅限于对词类的划分。那个时期的学者很可能把《诗学》和《修辞学》当作亚里士多德逻辑学的一部分,并进而把《诗学》当作《修辞学》的一部分。[39]学问家俄伦庇俄道罗斯(Olumpiodoros,约生活在六世纪)认为,亚氏的三段论有五个表现领域,即论证、分辨、修辞、辩说和诗。修辞三段论的论证前提是真假参半的现象,诗学三段论的论证前提是完全虚构的现象。

亚氏关于诗和艺术的思想,尤其是他在《诗人篇》中表述的一些观点,经过亚里士多德学派的瑟俄弗拉斯托斯、萨图罗斯(Saturos)和尼俄普托勒摩斯(Neoptolemos)等人的介绍和阐释,对包括西塞罗、贺拉斯(Quintus Horatius Flaccus)等在内的罗马学人产生过程度不等的影响。[40]据珀耳夫里俄斯(Porphurios)记叙,贺拉斯在《诗艺》中表述的观点大部分取自尼俄普托勒摩斯的《诗论》。[41]《诗艺》重复了亚氏的某些观点,如情节和戏剧行动的完整性,人物性格的一致性以及悲剧对情感的冲击作用等。但是,贺拉斯很可能没有直接读过《诗学》。《诗艺》对后世的影响是巨大的;它所表述的某些观点被十七、十八世纪的欧洲新古典主义剧作家和戏剧理论家们奉为金科玉律,成为指导创作和评论的重要原则。[42]

在五世纪，一些叙利亚哲学家已程度不等地接触过亚里士多德哲学。至六世纪，有人已将亚氏的大部分幸存的著作译成叙利亚文。可能是因为受拜占庭学者的影响，阿拉伯人感兴趣的主要是亚氏的逻辑学和古希腊学者的医学论著。随着阿拉伯帝国势力的膨胀，亚氏的论著和思想开始向西回流。赫耳马努斯·阿勒马努斯（Hermannus Alemannus）于 1256 年将阿威洛伊的著述译成拉丁文，该书于 1481 年在威尼斯以 *Determinatio in poetria Aristotilis*（简称 *Poetria Aristotilis*《亚里士多德的诗学》）为名发表。[43]

在中世纪，亚里士多德的逻辑学和物理学在西方颇受推崇。至中世纪后期，他的形而上学也受到了当时某些一流学者的重视。托马斯·阿奎那（Thomas Aquinas）尊亚氏为"哲学家"，[44]但丁（Dante Alighieri）亦把他誉为"有知识者的先生"（il maestro di color che sanno）。[45]但是，亚氏的《诗学》仍然鲜为人知。罗吉尔·培根（Roger Bacon）读过 *Poetria Aristotilis*，但没有接触过《诗学》原文。没有迹象表明但丁读过《诗学》；佩特拉克（Francesco Petrarca）大概只是隐约地知道亚氏写过一部《诗学》。大约在 1278 年，莫耳贝克的威廉用拉丁语翻译过《诗学》，但这个本子直到 1930 年才被法国学者拉孔伯（Père Lacombe）所发现。十二、十三世纪时，曾有人写过一些论诗的文字，但他们往往把论诗混同于对修辞技巧的讨论。[46]

十四世纪以后，欧洲人乘着文艺复兴的长风，把探索的触角伸向了自然科学领域。伟大的时代造就了一批杰出的人才。布鲁诺（Giordano Bruno）、培根（Francis Bacon）、伽利略（Galileo）等科学巨匠用实验手段证实了一些新的见解,直接或间接地纠正了亚里士多德的某些观点或结论。这是一个奇妙的时代:正当亚氏的物理学在某种程度上受到人们的怀疑和挑战之际,他的《诗学》却从故纸堆里走了出来,昂首阔步地迈进了学者的书房。亚里士多德似乎注定要当学坛的霸主——他的物理学理论还没有走下霸坛,他的诗学理论却已开始朝着诗评权威的宝座迈步。从十五世纪末起,《诗学》受到了前所未有的重视;在一个不太长的时期内,各种校订本、译文和评注纷至沓来,一时间让人目不暇接,眼花缭乱。

意大利是文艺复兴的发源地,意大利学者当仁不让地担起了整理和评注《诗学》的重任。1494 年,G. 瓦拉(Giorgio Valla)推出了《诗学》的拉丁文译本。[47]这个译本尽管不够完善,但确定了一些重要术语的标准译法。[48]1508 年问世的阿尔都斯(Aldus)校订本为当时的学术界提供了《诗学》的标准文本。[49]此后不久,亚历山德罗(Alessandro de'Pazzi)发表了《诗学》原文和拉丁语译文。这部合订本于 1527 年在巴塞尔(Basel)重印,于 1538 年在巴黎再版。总的说来,译文质量超过瓦拉译本。至迟从 1541 年起,已有学者讲授《诗学》。

弗朗塞斯科·罗伯泰罗(Francesco Robortello)是第一位撰写《诗学》评论的意大利学者,他的 *In librum Aristotelis de arte poetica explicationes*(《亚里士多德的诗艺诠解》1548 年出版)在《诗学》研究史上占有重要的地位。一年以后,参照罗伯泰罗的拉丁文译本,B. 塞吉(Bernardo Segi)第一次把《诗学》译成意大利文。译文比较通顺,适合于不懂拉丁文的一般读者。1550 年出版的朗巴第(Bartolomeo Lambardi)和马吉(Vincenzo Maggi)的《诗学》评论似乎仍然坚持了贺拉斯的观点，即诗的作用在于教育人民和取悦于人。继维托里（Pietro Vettori）的 *Commentatii in primus librum Aristotelis de arte poetarum*（《亚里士多德的诗艺第1卷评论》）之后，卡斯泰尔维特罗（Lodovico Castelvetro）于1570年发表了 *Poetica d'Aristotele vulgarizzata et sposta*（《亚里士多德的诗学：翻译、评论》）。卡斯泰尔维特罗是用意大利语撰写《诗学》评论的第一人。他不像以往的评注家那样，怀着敬慕的心情小心翼翼地进行注释和诠解，而是针对《诗学》中的某些观点大胆地提出反驳，并通过评论发表自己对诗和诗艺的见解。意大利学者，尤其是罗伯泰罗、明托诺（Minturno）、卡斯泰尔维特罗和斯伽里格（Julius Caesar Scaliger）等人的研究，涉及了《诗学》中的一些重要观点，加深了人们对这篇内涵丰富的论著的认识和理解，也为后世的学者积累了许多资料和经验。[50]当然，在绝大多数意大利学者的论述中，我们可以或多或少地看到贺拉斯的"影子"；在欧洲，人们只是到了近代才比较明确地区分了《诗学》和《诗艺》的不同。意大利学者对《诗学》的研究取得了丰硕的成果，尽管他们的某些阐释和引申似乎不符合或不完全符合作者的原意。比如，根据前人和同时代学者以及他本人的研究，卡斯泰尔维特罗于1570年系统地提出了被后人称为"三整一律"（即时间整一律、地点整一律和行动整一律）的创作原则。

希腊文《诗学》于1538年出现在巴黎书店的书架上。第一部法文版《诗学》于1671年问世。根据自己对《诗学》的理解，高乃依（Pierre Corneille）写过一些心得，另一位剧作家拉辛（Jean Racine）也对《诗学》作过一些研究。1692年，达西尔（André Dacier)发表了《诗学》译文和评论，这部著作在十七、十八世纪的法国戏剧界和文艺评论界产生过一定的影响。

在英国，菲利普·西德尼(Philip Sidney)于1595年发表了著名的《诗辩》。莎士比亚(William Shakespeare)肯定没有读过《诗学》，但本·琼森(Ben Jonson)却从荷兰学者丹尼尔·海修斯(Daniel Heinsius)的 *De tragoediae constitutione*(《论悲剧的构合》)中间接地接触过亚氏的诗学理论。西奥多·古尔斯顿(Theodore Goulston)于1623年在伦敦发表了拉丁文版的《诗学》。在德国，莱辛(Gotthold Ephraim Lessing)是受《诗学》影响较深的剧作家和戏剧理论家。在他的传世名作 *Hamburgische Dramaturgie*(《汉堡剧评》)里，莱辛针对高乃依、达西尔以及德国剧作家戈特舍德(Johann Christoph Gottsched)等人的新古典主义戏剧理论，提出了深刻的批评。

工业化和现代化的浪潮没有卷走《诗学》的魅力和影响。现代生活或许不能没有酒吧和舞厅的点缀，但作为"政治动物"的人类不会、也不能仅仅满足于感官刺激带来的沉醉。生活自有它严肃的一面；获取知识永远是人生的一种企求。在西方的高等院校里，《诗学》是文科教授们案头常备的参考书，也是一些专业的学生必读的古文献。《诗学》早已不是一篇普通的诗论，也不同于那些风靡一时的"世纪之作"——这是一部跨越时代和国界的文献，一部现在没有、将来也不会失去风采的经典。

【注释】

1 Stagira 在 Khalkidikē 的东北部，现名 Stavro。Andros 现名 Andro。

2 当柏拉图念诵他的《斐多篇》时，坚持听完的只有亚里士多德，其他人都中途打了“退堂鼓”(第欧根尼・拉尔修《著名哲学家生平》3.37，另参考5.16 等处)。

3 详见 Werner Jaeger，“Aristotle’s Verses in Praise of Plato”，*Classical Quarterly* 22(1927)，pp. 13—17。

4 就学问而言，有资格接替柏拉图的当首推亚里士多德，其次才是西培乌西珀斯和塞诺克拉忒斯。亚氏出走的具体原因不明。

5 参见普鲁塔耳科斯(Ploutarkhos)《亚历山大》5—7。

6 据传亚氏专门为亚历山大校订过一部《伊利亚特》(普鲁塔耳科斯 同上，8)。亚氏的政治学说可能没有给年轻的亚历山大留下太深刻的印象；后者成年后的征伐间接地说明了他对城邦制的不满(参考 J. B. Bury，*A History of Greece*，New York: The Modern Library，1913 pp. 819—820)。

7 学校所在地是一片奉献给阿波罗(Apollōn)鲁卉俄斯的园林。鲁丌俄斯(Lukeios)是阿波罗的别名。

8 菲利普曾为亚氏和他的学生们盖过带庭院和走廊的建筑物，而亚氏亦可能习惯于在那里面边走边讲，所以“逍遥学派”也可能系由此得名。

9 据说亚历山大曾给亚氏提供过大笔的资金(参考埃里阿诺斯(Klaudios Ailianos)《研究》(*Varia Historia*)5.19 以及帕里尼乌斯(Gauis Plinius Secundus)《自然研究》(*Naturalis Historia*)9.17)。

10 主要“罪状”是“渎神”(asebeia，参考第欧根尼・拉尔修《著名哲学家生平》5.5—6)。亚氏从未投身或卷入雅典的政治漩涡，也没有发表过亲马其顿的言论。

11 雅典人在公元前399年将苏格拉底(Sōkratēs)判处死刑,此谓对哲学的“第一次犯罪”。

12 这是哲学意义上的、而不是宗教意义上的供人顶礼膜拜的神。对一种试图解释一切的哲学来说,承认这个神的存在是重要的。

13 第欧根尼·拉尔修列出的著述名称达一百五十多种,但没有提到《形而上学》和《尼各马可斯伦理学》这两部重要著作。

14 《学术问题》(*Academica*)2.119,《论题》(*Topica*)1.3。

15 参考斯特拉堡(Strabōn)《地理》13.54.608—609,普鲁塔耳科斯《苏拉》26.1。

16 色诺芬(Xenophōn)《讨论会》(*Symposium*)3.6。据说生活在公元前七世纪的Rhēgion人瑟阿格奈斯(Theagenēs)是评论荷马史诗的第一人。

17 《诗学》亦提到了一些对诗和语言有所研究的学者和评论家,如普罗塔哥拉斯(Protagoras)、希庇阿斯(Hippias)、欧克雷得斯(Eukleidēs)、格劳孔(Glaukōn)和阿里弗拉得斯(Ariphradēs)等。

18 这篇对话以色诺芬的儿子Grulos为名。在如何看待修辞艺术的问题上,年轻时代的亚里士多德可能是一位柏拉图主义者。《格鲁洛斯篇》可能针对当时著名的非学园派修辞学家伊索克拉忒斯(Isokratēs)的某些观点,提出了异议。

19 有的(如《诗人篇》等)尚有片断传世。

20 片断11。

21 片断42。黑西俄得不知白天和黑夜的同一(片断57)。

22 《国家篇》10.607B。

23 同上书,607D。

24 《诗学》译文第4章第10行。

25 《诗学》的作者显然已形成了自己的诗学思想。

26 A. P. McMahon撰文否定过《诗学》还有第2卷的传统观点(参阅“On

the Second Book of Aristotle's Poetics and the Source of Theophrastus' Definition of Tragedy", *Harvard Studies in Classical Philology* 28 (1917), pp. 1—46;另参考他的"Seven Questions on Aristotle's Definition of Tragedy and Comedy", *Harvard Studies in Classical Philology* 40(1929), pp. 97—198)。

27 奇怪的是,作者为什么不在讨论悲剧时解释 katharsis? 当然,根据 *Tractatus Coislinianus* *,喜剧亦可起到 katharsis 的功用,但悲剧引发的 katharsis 无疑有自己的特点并且可能更具代表性。

28 参考 A. Bandis, *Scholia in Aristotelem*(*Aristotelis Opera* iv), Berlin, 1836, p. 99 A12; A. Busse, *Ammonni in Aristotelis de Interpretatione Commentarium* 1, Berlin, 1897, p. 13。

29 参见 *Commentarii in Librum Aristotelis Peri Ermhneias* (Pars posterior secundam editionem continens), edited by C. Meiser, pp. 6.11ff.。

30 参考 D. W. Lucas, *Aristotle*: *Poetics*, Oxford: Clarendon Press, 1968, p. xiv。

31 参考第 29 段。Victorius 即 Pietro Vettori。

32 参考 E. Lobel,"The Greek Manuscripts of Aristotle's Poetics", *Supplement to the Bibliographical Society Transaction* 9(1933)。

33 一说在十二世纪。

34 Al-Nadīm 在 990 年左右写道:"Abū Bishr Mattā 把《诗学》从叙利亚文译成阿拉伯文;Yahyā ibn' Adī 亦翻译过这篇著作"(*The Fihrist of al-Nadīm*, in 2 volumes, edited and translated by Bayard Dodge, Columbia University Press, 1970, p. 602)。Yahyā 是 Abū Bishr 的学生,于 960 年左右重译《诗学》,所用的"母本"可能仍然是 Ishāq 的叙利亚文本(此外,他当然不会不参考 Abū Bishr 的质量不高的译文)。Abū Bishr 将悲剧译作"赞颂艺术",将喜剧译作"讽刺艺术"。

35 有理由相信，阿威洛伊当时手头上有 Abū Bishr Mattā 的译文或某个和它十分相似的文本（详见 *Averroes' Middle Commentary on Aristotle's Poetics*，translated with introduction by C. E. Butterwooth，New Jersey：Princeton University Press，1968，p. xi）。阿威洛伊的评论于 1174 年左右问世；在此之前（约 1020 年左右），Avicenna 已对《诗学》作过评论，所依据的可能是 Yahyā 的译文。

36 关于这一点，读者可从对《诗学》的注释中看得很清楚。

37 参见 G. F. Else，*Aristotle*：*Poetics*，Ann Arbor：The University of Michigan Press，1967，p. 12。

38 包括埃斯库罗斯（Aiskhulos）的《普罗米修斯》、《七勇攻瑟拜》、《波斯人》，索福克勒斯（Sophoklēs）的《埃阿斯》、《厄勒克特拉》、《俄底浦斯王》，以及欧里庇得斯（Euripidēs）的《赫库柏》、《俄瑞斯忒斯》和《福伊尼开妇女》。

39 第欧根尼·拉尔修认为，亚里士多德逻辑学有两个目的，即对可然性（或可能性）的求证和对真理的求证。分辨法和修辞是对可然性的求证，分析和哲学是对真理的求证。另参考注 49。

40 厄拉托塞奈斯（Eratosthenēs）及阿里斯托芬（Aristophanēs）等亚历山大学者亦通过《诗人篇》和其他渠道接触过亚氏的某些诗学理论。

41 参见 *The Oxford Classical Dictionary*，Oxford：Clarendon Press，1966，p. 603。

42 参考第 4 章注 22，第 24 章注 14。

43 该书于 1515 年重版，以后又多次再版。

44 含有"真正的哲学家"或"名副其实的哲学家"之意。

45 参考 W. D. Ross，*The Pocket Aristotle*，New York：Washington Square Press，1974，p. x。

46 有趣的是，但丁称他的《神曲》为 *Commedia*，而英国文豪乔叟（Geoffrey

Chaucer)以为悲剧是 certeyn storie as olde bokes maken us memorie。

47 Poliziano 于十五世纪八十年代引用过《诗学》中的语句。

48 如把 mimēsis 译作 imitatio 等。

49 《诗学》只是 *Rhetores Graeci* 中的一部分。Aldus 在 1495 至 1498 年首次出版亚氏文集时，没有收录《诗学》。

50 关于文艺复兴时期意大利学者对《诗学》的研究，详见 Bernard Weinberg, *A History of Literary Criticism in the Italian Renaissance*, Chicago: The University of Chicago Press, 1961, pp. 349—632。另参考 Lanecooper, *The Poetics of Aristotle*: *Its Meaning and Influence*, Ithaca: Cornell University Press, revised edition, 1956, pp. 99—119; Marvin Carlson, *Theories of the Theatre*, Ithaca: Cornell University Press, 1984, pp. 37—56。

* 现存法国国家图书馆，抄本编号 MS 120(抄本成文年代约在十世纪初)。此篇文献阐述喜剧理论，其(原文)作者无疑受过亚里士多德或亚里士多德学派成员的喜剧理论的影响(有人把它当作《诗学》第 2 卷的“摘要”)。

说　　明

(一)术语

抄本 A:Parisinus 1741(见“引言”第 19 段,第 9—10 页)

抄本 B:Riccardianus 46(见“引言”第 20 段,第 10 页)

原文、校勘本:R. 卡塞尔校勘本(见“引言”第 21 段,第 11 页)

(二)符号(下列符号分别表示属性不同的内容)

[　]　虽有抄本为依据,但和上下文不相协调的词语

† †　原来模糊不清、经校订缀补的词语

〈　〉　校勘者增补的词语

* * *　损蚀部分

ff.　及后续部分

p.　页

pp.　页(复数)

*　说明

—　长音符(位于字母之上)

&　和

(三)数码

自德国学者贝克(Immanuel Bekker)于 1830 年整理出版了亚里士多德著作的标准文本以来,各国学者在引用亚里士多德原话以及翻译或编纂亚里士多德文集时,一般沿用或参照贝克文本的页码和行码。《诗学》收在贝克校编本的第 2 卷,始于第 1447 页,止于第 1462 页。该文本在页面上分左右栏,分别标作 a 和 b。这样,1448^{a}22 表示贝克校编本的第 1448 页左栏第 22 行。本译文沿用了贝克文本的页码,但不照搬行码。译文页边的数字系译者所标的行码,供读者查索时使用。

内容提要

第 1 章　摹仿艺术及其区别性特征。诗的摹仿媒介。媒介的使用。某些艺术尚无共同的称谓。格律文作者不一定是严格意义上的诗人。

第 2 章　摹仿的对象。悲剧和喜剧分别摹仿两类不同的人物。

第 3 章　摹仿的方式。多里斯人声称首创悲剧和喜剧。

第 4 章　人的天性和诗的产生。诗的双向发展和荷马的历史功绩。戏剧的起源和悲剧的完善。悲剧和狄苏朗勃斯及萨图罗斯剧的关系。

第 5 章　喜剧的摹仿对象。喜剧的发展。带普遍性的情节的产生。悲剧和史诗在格律和长度方面的不同。

第 6 章　悲剧的定义。决定悲剧性质的六个成分:情节、性格、思想、言语、唱段和戏景。情节是悲剧的根本和“灵魂”。悲剧是对行动的摹仿。突转和发现是情节中的两个成分。

第 7 章　情节应是一个整体。事件的承接要符合可然或必然的原则。情节要有一定的长度,以能容纳足够表现人物命运变化的篇幅为宜。

第 8 章　情节应该摹仿一个完整的行动。部分的组合要环环相扣,紧凑合理。

第 9 章 诗和历史不同。诗人是情节的编制者。既能使人惊异，又能表现因果关系的事件，最能引发怜悯和恐惧。在简单情节中以穿插式的为最次。

第 10 章 简单情节和复杂情节的区别。

第 11 章 突转、发现和苦难。发现的对象。最好的发现和突转同时发生。

第 12 章 从“量”的角度来分析，悲剧由开场白、场、退场及合唱组成。

第 13 章 优秀的情节应该表现有缺点或犯了某种后果严重的错误的好人由顺达之境转入败逆之境。最好的悲剧取材于少数几个家族的故事。欧里庇得斯是最富悲剧意识的诗人。单线发展的作品优于双线发展的、表现惩恶扬善的作品。

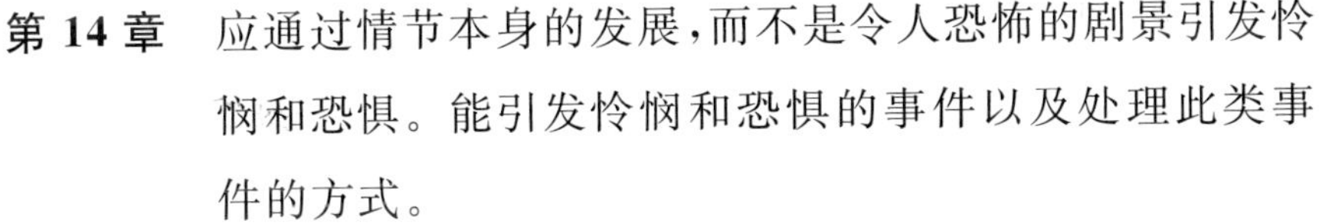

第 14 章 应通过情节本身的发展，而不是令人恐怖的剧景引发怜悯和恐惧。能引发怜悯和恐惧的事件以及处理此类事件的方式。

第 15 章 刻画性格所必须注意的四个要点。不要依靠“机械送神”处理情节中的解。描绘人物，既要求相似，又要把他们写成好人。

第 16 章 发现的种类。最好的发现应出自情节本身。

第 17 章 诗人应“看到”要描述的形象，体验人物的情感和摹拟人物的行动。应先拟定一般性大纲，然后再给人物起名并加入穿插。使用穿插，务求得当。

第 18 章 情节的结和解。悲剧的四种类型。写悲剧不能套用史诗的结构。合唱应是作品的有机组成部分。

第 **19** 章　思想和言语。思想的表达。言语的表达形式。

第 **20** 章　言语的组成部分。单音和词类的划分。语段的形成。

第 **21** 章　单项词和复合词。名词(或名称)的分类和性的区别。隐喻的种类和应用。

第 **22** 章　要妥善使用各类词汇。优秀的作品既要有诗的风雅,又不能艰涩难懂。奇异词的作用。诗的种类和用词的关系。

第 **23** 章　史诗不同于历史,应该摹仿完整划一的行动。荷马史诗和其他史诗的区别。

第 **24** 章　史诗和悲剧的异同。史诗在容量方面的特点。史诗更能容纳不合情理之事。荷马的"说谎"技巧。表演式摹仿。不可能发生但却可信的事比可能发生但却不可信的事更为可取。

第 **25** 章　对批评的回答以及解答问题的方式。两类不同性质的错误。诗评应有自己的标准。艺术应该对现实有所提炼。对批评或指责的归类。

第 **26** 章　不能把演技等同于诗艺。悲剧优于史诗,因为——除了别的原因外——它能比史诗更好地实现严肃诗歌的功效或目的。

第 1 章[1]

关于诗艺[2]本身和诗的类型[3]，每种类型的潜力，[4]应如何组织 1447a
情节[5]才能写出优秀的诗作，诗[6]的组成部分[7]的数量和性质，这些，以及属于同一范畴的其他问题，都是我们要在此探讨的。让我们循着自然的顺序，[8]先从本质的问题谈起。

史诗的编制，悲剧、喜剧、狄苏朗勃斯的编写[9]以及绝大部分供阿洛斯[10]和竖琴[11]演奏的音乐，这一切总的说来都是摹仿。[12]它们的差别有三点，即摹仿中采用不同的媒介，取用不同的对象，使用不同的、而不是相同的方式。

正如有人[13]（有的凭技艺，有的靠实践）用色彩和形态摹仿，展现许多事物的形象，而另一些人则借助声音来达到同样的目的一样，[14]上文提及的艺术都凭借节奏、[15]话语[16]和音调[17]进行摹仿——或用其中的一种，或用一种以上的混合。阿洛斯乐、竖琴乐以及其他具有类似潜力的器乐（如苏里克斯乐[18]）仅用音调和节奏，而舞蹈的摹仿只用节奏，[19]不用音调（舞蹈者通过糅合在舞姿中的节奏表现人的性格、[20]情感[21]和行动[22]）。

有一种艺术[23]仅以语言摹仿，所用的是无音乐伴奏的话语[24]
或格律文[25]（或混用诗格，或单用一种诗格），[26]此种艺术至今没有 1447b
名称。[27]事实上，我们没有一个共同的名称来称呼索弗荣[28]和塞那耳科斯[29]的拟剧及苏格拉底对话；[30]即使有人用三音步短长格、对句格[31]或类似的格律进行此类摹仿，[32]由此产生的作品也没有一个共同的称谓。[33]不过，人们通常把“诗人”[34]一词附在格律名称之后，从而称作者为对句格诗人或史诗诗人——称其为诗人，不是因为他们是否用作品进行摹仿，而是根据一个笼统的标志，即他们都使用了格律文。即使有人用格律文撰写医学或自然科学论著，[35]人们仍然习惯于称其为诗人。然而，除了格律以外，荷马[36]和恩培多克勒[37]的作品并无其他相似之处。[38]因此，称前者为诗人是合适的，至于后者，与其称他为诗人，倒不如称他为自然哲学家。[39]同样，如果有人在摹仿中用了所有的诗格[40]——就像开瑞蒙在他的叙事诗《马人》[41]中混用了所有的诗格一样——我们仍应把他看作是一位诗人。关于上述区别，就谈这些。

还有一些艺术，如狄苏朗勃斯和诺摩斯[42]的编写以及悲剧和喜剧，兼用上述各种媒介，即节奏、唱段[43]和格律文，[44]差别在于前二者同时使用这些媒介，后二者则把它们用于不同的部分。[45]艺术通过媒介进行摹仿，以上所述说明了它们在这方面的差异。[46]

【注释】

1　《诗学》共 26 章，系后人所分。《诗学》原文作 *Aristotelous peri Poiētikēs*，即“亚里士多德的诗学”。Peri poiētikēs 作“关于诗的艺术”解。译作“诗学”，一则为了有别于贺拉斯(Quintus Horatius Flaccus)的《诗艺》(*Ars Poetica*)，二则也为了和传统译法保持一致。

2　Poiētikē(“制作艺术”)，等于 poiētikē tekhnē，派生自动词 poiein(“制

作”)。因此，诗人是 poiētēs(“制作者”)，一首诗是 poiēma(“制成品”，另参考第 4 章注 13)。从词源上来看，古希腊人似不把做诗看作是严格意义上的“创作”或“创造”，而是把它当作一个制作或生产过程。诗人做诗，就像鞋匠做鞋一样，二者都凭靠自己的技艺，生产或制作社会需要的东西。称“写诗”或“做诗”，古希腊人不用 graphein(“写”、“书写”)，而用 poiein。

3 Eidē(单数 eidos)。在第 21 章里，eidos 指“属”，与“种”形成对比。作者亦用 eidos 指悲剧的“类型”(译文第 18 章第 6 行)和悲剧的“部分”或“成分”(参见第 12 章第 1 行，第 19 章第 1 行)。在《诗学》里，“种类”、“部分”和“成分”(eidos、meros、morion 和 idea)经常是可以互换的同义词。另参考第 19 章注 4 等处。

4 原文作 dunamis。在亚里士多德(Aristotelēs)哲学里，dunamis 有时作“能”或“能量”解，有时作“潜力”或“潜能”解。Dunamis 的“发挥”或“实现”(energeia)须通过事物本身的按规律的动作或技艺的促动。关于“潜力”，详见《形而上学》5. 12。《诗学》中多次用到这个词。另参考第 4 章注 33，第 6 章注 61，附录七第 7—8 段。

5 “情节”(muthos)是《诗学》的一个重点论述对象。在某些上下文里，muthos 作“故事”或“传说”解(参见第 8 章注 6 等处，另参考附录“Muthos”)。

6 Poiēsis，原意为“制作”，亦指“诗的制作”或“诗”(即对 poiētikē 的实施，参考柏拉图(Platōn)《会饮篇》205B，197A)。

7 Moria，等于 merē(参考注 3；另参考第 4 章注 9，第 6 章注 8 等处)。

8 Kata phusin，即从分析事物的属性或共性出发(参见《物理学》1. 7. 189^{b}30ff.)。另参考第 4 章注 33。

9 关于这些艺术形式，分别参见附录八、九、十和十一。

10 Aulos，为一种管乐器，带簧片，故较为近似单簧管或双簧管(但若译作

"单簧管"或"双簧管"则显然是不合适的，见 W. E. Sweet, *Sports and Recreation in Ancient Greece*, New York: Oxford University Press, 1987, p. 182；另参考 *The Oxford Companion to Classical Literature*, Oxford: Oxford University Press, 1989, p. 373）。早期的 aulos 只有三至四个气孔，后经普罗诺摩斯（Pronomos）等人的改进，长度和气孔都有所增加。演奏者可用单管（monaulos），亦可用双管（diaulos），后者是远为常见的演奏形式。阿洛斯音色较为尖厉，穿透力强，听了容易使人动情，故不适用于对儿童和公民的道德教育（见《政治学》8. 6. 1341[a] 17ff.，另参考柏拉图《国家篇》3. 399C—D）。阿洛斯是狄苏朗勃斯的伴奏乐器，悲剧和喜剧中的歌队亦以它伴唱。

11 Kitharis（或 kithara），为一种弦乐器。在古希腊语中，竖琴有好几种称谓。荷马（参见注 36）史诗中出现过福耳鸣克斯（《奥德赛》1. 155：phormizein，即"弹拨福耳鸣克斯"）。公元前七世纪时出现了 lura。一般认为，kithara 是 lura 的一种改良形式。在公元前五世纪，这些词常可替换使用（参考 *Greek Musical Writings*, volume 1, edited by Andrew Barker, Cambridge: Cambridge University Press, 1984, p. 25）。竖琴一般为七弦，弦的长度划一。最接近于希腊竖琴（尤其是 kithara）的现代乐器是吉他。竖琴是诺摩斯和抒情诗的伴奏乐器。公元前三世纪后，亚历山大的学者们把通常用竖琴伴奏的诗（melikos）归为一类，称之为 lurikos（见 Hugh Parry, *The Lyric Poems of Greek Tragedy*, Toronto: Samuel Stevens, 1978, p. ix；比较拉丁词 lyricus）。英语词 lyric（或 lyrical）既可指"竖琴的"，亦可指"抒情的"；汉语中的"抒情诗"一般不带用不用乐器和用什么乐器的含义。

12 在《诗学》，乃至在古希腊文艺理论中，mimēsis（"摹仿"、"表现"）是一个重要的概念（详见附录"Mimēsis"）。《诗学》为什么不具体讨论抒情诗，作者没有明说。下述"理由"仅供参考。（一）抒情诗和 mousikē（"音乐”、“诗”，参考附录十四第 8 段）的关系十分密切，《诗学》既不着重讨论 mousikē（该词在《诗学》中仅出现一次，见第 26 章第 25 行），自然也就没有必要在抒情诗上费笔墨。（二）抒情诗一般没有悲剧式的情节，而《诗学》用了大量的篇幅讨论情节（另参考 John Jones, *On Aristotle and Tragedy*, Stanford: Stanford University Press, 1962, reprinted 1980, p. 161）。（三）非合唱型抒情诗在当时已不很时髦。

13 指画家和雕塑家（或画匠和雕塑匠）。作者反复强调了艺术的共性。他认为，诗和绘画、雕塑等艺术一样，有着宽广的工作面（即有同样的摹仿对象，参见译文第 2 章第 4—6 行，第 25 章第 3—5 行）。在绘画等艺术里，一部作品只摹仿一个对象，同样，在诗里，情节只摹仿一个完整的行动（第 8 章第 14—15 行）。如同好的画作一样，优秀的悲剧应该表现人物的性格（第 6 章第 33—35 行）。诗人要向高水平的画家学习，在描写人物时既不失真，又要有所提炼（第 15 章第 25—29 行）。评诗，应区分两种不同性质的错误，一种是实质性错误（就像画鹿画得面目全非一样），另一种是非实质性错误（就像不知母鹿无角而画出角来一样，参见第 25 章第 23—24 行）。

14 “另一些人”可能指靠说唱谋生的表演者或艺人；这些人擅用声音摹仿各种声响（比较柏拉图《国家篇》3. 397A—B）。在《道德论》（*Moralia*）里，普鲁塔耳科斯（Ploutarkhos）提到过一位名叫帕耳梅农（Parmenōn）的演员，此君学猪叫几可乱真（674B）。亚氏说过，在人所拥有的 moria 中，phonē（“声音”）最善摹仿（《修辞学》3. 1. 1404ª21—22）。

15 “节奏”（rhuthmos）是个含义较广的概念（参考第 4 章注 9）。严格说来，语言和音调中也包含节奏。

16 或“语言”。Logos 是个多义词（比较注 24，详见附录“Logos”）。

17 Harmonia（词干 harmo-；动词 harmozein，意为“连接”），原指“连接物”（《奥德赛》5. 248, 361），亦引申指“协议”（《伊利亚特》22. 255）。较古老

的 harmoniai 有六种。柏拉图推崇多里斯调，认为这才是希腊人的 harmonia(《拉凯斯篇》188D)。音乐理论家阿里斯泰得斯(Aristeidēs，约生活在三至四世纪)指出，在古希腊，harmonia 和 melodia(“调”、“歌”，参考注 43)同义。有的专家认为，harmonia 近似于中国古代的“调”，印度人的 rāg 和阿拉伯人的 maqam(R. P. Winnington-Ingram, *Mode in Ancient Greek Music*, Cambridge: The University Press, 1936, p. 3)。柏拉图在《国家篇》第 3 卷里写道：歌(melos)由语言(logos)、音调(harmonia)和节奏(rhuthmos)组成(398C—D)。在《法律篇》第 2 卷里，他提出了艺术评论的三项内容，其中之一是：艺术家是否有效地使用了语言、音调和节奏(669A—B)。音调和节奏均可体现“顺序”(《问题》9. 38. 920^b30ff.)，而“顺序”或“秩序”是一种原则(参见《物理学》8. 1. 252^a12—14)。注重对媒介的分析无疑是有意义的，因为这将会有助于揭示艺术种类或门类的某些区别性特征(参考注 46)。

18 Surinx(或 surigx)，一般为七管，亦有多于或少于此数的(还有单管的，即 surinx monokalamos)。苏里克斯也是一种古老的乐器，荷马史诗里已有提及(《伊利亚特》10. 13)。括弧为译者所加。

19 古希腊人称非伴奏器乐或纯器乐为 psilē mousikē(尽管原文所指不一定仅限于纯器乐)。公元前 590(或 582)年，阿洛斯独奏被列为普希亚赛会(ta Puthia)中的一个项目；前 558 年，竖琴独奏亦成为该赛会中的一项活动。在西库昂(Sikuōn)，至迟在公元前五世纪已出现竖琴合奏和阿洛斯合奏。在喜剧里，人们偶尔用乐器的发声摹仿鸟鸣等声响(参考 A. W. Pickard-Cambridge, *The Dramatic Festivals of Athens*, second edition, revised by John Gould and D. M. Lewis, Oxford: Clarendon Press, 1968, p. 262)。柏拉图对 psilē mousikē 颇有微词，认为没有唱词的音乐不能形象地表达意思(《法律篇》2. 669E)。亚氏认为，音乐是最有表现力的摹仿艺术，它可以塑造形象，表现人物的情感和气质等(参考

《政治学》8.5.1340^{a}18—22）。

20 “性格”原文作 ēthē（单数 ēthos）。在古希腊人看来，艺术可以摹仿或表现人的性格和道德情操。关于“性格”，参考第 2 章注 3，第 6 章注 22。“表现”亦可作“摹仿”解（参考注 12）。

21 Pathē（单数 pathos，参见第 19 章注 5），亦可作“苦难”解（见译文第 11 章第 19 行）。另参考第 25 章第 7 行及该章注 6。

22 Praxeis（单数 praxis），参见第 6 章注 6。

23 卡塞尔（R. Kassel）校勘本在此保留了被疑为后人杜撰的 epopoiia（“史诗”）一词；阿拉伯译本中没有与之对应的词。

24 原文意为：无修饰的（或“光”的）logoi。Logos 在此作“话语”或“散文”（即“非格律文”）解（另见第 6 章第 57 行，第 22 章第 56 行）。

25 Metron（复数 metra），原意为“度量”（见第 22 章第 24 行及该章注 19），这里指“格律文”。“格律”或“诗格”即切分成音步的节奏群。不分音步的“节奏流”属节奏的范畴（参考第 4 章第 14 行）。

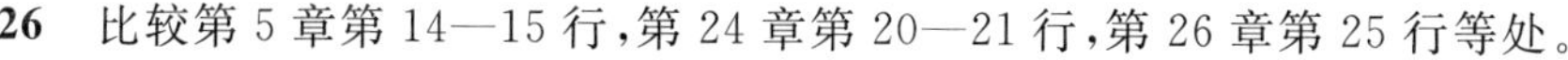

26 比较第 5 章第 14—15 行，第 24 章第 20—21 行，第 26 章第 25 行等处。

27 关于“名称”，参考第 20 章注 24。

28 索弗荣（Sōphrōn，约公元前 470—400 年），苏拉库赛（Surakousai）人，受厄庇卡耳摩斯（参见第 3 章注 14）的作品影响颇深。索弗荣以对话形式描写人们的日常生活，其作品可按内容分为“关于男人”（andreioi）和“关于女人”（gunaikeioi）两类。据说柏拉图喜读他的作品（阿塞那伊俄斯（Athēnaios）《学问之餐》11.504B，第欧根尼·拉尔修（Diogenēs Laertios）《著名哲学家生平》3.18）。很可能是因为他的努力，才使拟剧成为一种文学形式。作者把他和塞那耳科斯的拟剧归为 logoi 的范畴。古希腊拟剧（mimos）常以一名不带面具的演员串演不同的角色。

29 Xenarkhos 是索弗荣之子，亦擅写拟剧。

30 Sōkratikoi logoi，指柏拉图、色诺芬（Xenophōn）和埃斯基奈斯

(Aiskhinēs)等人的对话体作品。苏格拉底(Sōkratēs,公元前469—399年)本人没有写过论著。亚氏在《诗人篇》中指出,忒俄斯(Teōs)人阿勒克萨梅诺斯(Alexamenos)首创"对话"(片断72);柏拉图"对话"是一种介于诗和散文之间的作品(片断73)。西塞罗(Marcus Tullius Cicero)写道,有人认为德谟克里特(Dēmokritos)和柏拉图的作品比喜剧更富诗味(《演说家》67)。《诗学》专家罗斯塔格尼(Augusto Rostagni)认为,亚氏可能借此反驳柏拉图的指责:您说诗是一种摹仿,因而还不如它所摹仿的现实更接近真理,但您的大作本身也是一种摹仿。

31 对句格比较接近于英雄格(即六音步长短短格),其结构特征是交替使用六音步长短短格和五音步长短短格(实际上是两组两个半音步的组合)。最早的elegoi("对句格诗")多为描写战争或战斗生活的诗歌(参考Jacqueline de Romilly, *A History of Greek Literature*, translated by Lillian Doherty, Chicago: The University of Chicago Press, 1985, p. 30)。Elegoi还有别的功用,如记叙往事及表示对死难者的纪念和哀悼等。认为所有的elegoi都是"挽歌",是一个错误(参考Werner Jaeger, *Paideia: the Ideals of Greek Culture* volume 1, New York: Oxford University Press, 1945, p. 89)。Elegos的词源已难查考,似有可能取自某个指某种管乐器的外来词(比较阿美尼亚语中的elegn-)。

32 即:即使有人用这些格律写拟剧或对话。

33 当时尚我"文学"一词。柏拉图亦意识到名称匮缺的问题(参考《智者篇》267D,《政治家篇》301B)。假如当时已出现小说,亚氏"会把它归入poiēsis"之列(D. A. Russel, *Criticism in Antiquity*, London: Gerald Duckworth, 1981, p. 13)。

34 古时的诗人不仅要会做诗,而且还要会作曲和歌唱;早期的剧作家还要参加演出(参考《修辞学》3. 1. $1403^b 23$—24)和指导排练(所以,诗人又身兼"导演"(didaskalos))。由此可见,poiētēs除了表明诗人是"制作者"外

(参考注 2),还附带某些我们通常所说的"诗人"所不包括的含义。另参考第 4 章注 31、35。

35 例如巴门尼德(Parmonidēs)和恩培多克勒(见注 37)等。

36 荷马(Homēros)是古希腊最伟大的诗人,史诗《伊利亚特》和《奥德赛》的作者。荷马可能出生在伊俄尼亚(Iōnia)的基俄斯(Khios)岛(《阿波罗颂》的作者自称来自 Khios(《荷马诗颂》3. 172);关于荷马的出生地至少有七种说法),活动年代约在公元前八世纪。记在荷马名下的还有一批颂神诗,虽然它们的成文年代似乎明显地迟于荷马生活的年代。作者多次热情地赞颂了荷马的诗才(参考第 24 章注 26)。

37 恩培多克勒(Empedoklēs)生活在公元前五世纪(约前 493—433 年),西西里的阿克拉加斯(Akragas)人。恩培多克勒是一位"奇才",集诗人、自然哲学家、演说家和巫师于一身。他用六音步长短短格写过《论自然》(*Peri phuseōs*)和《净化》(*Katharmoi*),共 5,000 余行,现存约 450 行。据统计,恩氏的言论在亚里士多德作品中的出现次数仅次于荷马和柏拉图的言论,达一百三十三次(详见 G. F. Else, *Aristotle's Poetics: The Argument*, Cambridge (Massachusetts): Harvard University Press, 1957, pp. 50—51)。亚氏赞扬他行文有荷马的遗风,且善用隐喻(《诗人篇》片断 70)。柏拉图似乎倾向于把他看作是一位像普罗塔哥拉斯(参见第 19 章注 13)和赫拉克利特(Hērakleitos)一样的哲人(《瑟埃忒托斯篇》152E)。

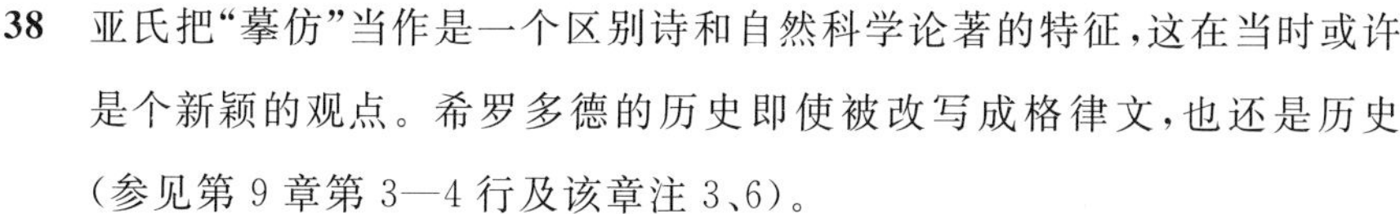

38 亚氏把"摹仿"当作是一个区别诗和自然科学论著的特征,这在当时或许是个新颖的观点。希罗多德的历史即使被改写成格律文,也还是历史(参见第 9 章第 3—4 行及该章注 3、6)。

39 Phusiologos,"自然论著作者"。

40 "所有的诗格"指写作念诵部分所用的六音步长短短格、三音步短长格、四音步长短格和对句格。Metra 不包括写作供唱诵的诗段所用的为数众多的抒情格,因此和 melos(见注 43)不同,后者包括词和音乐。

41 开瑞蒙(Xairēmon),悲剧诗人,公元前 380 年左右在雅典成名,擅写供阅读的作品(《修辞学》3. 12. 1413b 12—13,有人据此推测当时已有专供阅读的作品,另参考第 26 章第 22 和 27 行及该章注 16),喜用牵强,晦涩的隐喻。“马人”可指一个群体(kentauroi),为一些上身像人、下身似马的生灵,活跃在山林之中。《伊利亚特》中的马人是一群“野兽”(phēres,比较《奥德赛》21. 303)。“马人”亦指单一的个体,有自己的名字和经历。原文用了单数,不知指哪一个马人(作品早已佚失)。根据原文,《马人》(*Kentauros*)是一部 rhapsōidia,即一长段供念诵的叙事诗,但阿瑟那伊俄斯却把它当作一出 drama(《学问之餐》608E)。《马人》混用了多种诗格,作者认为此举效果不佳(参考第 24 章第 24—25 行)。

42 Nomos(复数 nomoi),意为“调子”、“曲调”;诗人阿尔克曼(Alkman,生活在公元前七世纪)曾用它指“歌”或“音乐”(参考 H. W. Smith, *Greek Melic Poets*, New York: Biblo and Tannen, 1963, p. lviii)。作为一种类型,nomoi 有自己的音乐程式和格律形式(nomos 亦作“条律”和“标准”解)。诺摩斯的内容以对神的赞颂和祈求为主,阿波罗(Apollōn)是出现率较高的主人公。史籍中亦提到以宙斯(Zeus)和其他神祇的活动和经历为题材的诺摩斯。像其他一些诗体一样,后期的诺摩斯也呈现出“世俗化”的倾向。

43 注意,作者在此用 melos 取代了第 11 行中的“音调”(harmonia)。Melos 指有音乐伴奏的语言(或诗行),即“歌”或“唱段”,因此可包括 harmonia(参见第 6 章第 7 行)。荷马称歌(包括诗和音乐)为 aoidē(《奥德赛》1. 351;8. 44,429)。Melos(复数 melē)原意为“肢”。约在公元前七世纪,melē 被用于指“歌”或“诗歌”(参考《荷马诗颂》19. 16)。在公元前五世纪,melos 一般不包括无音乐伴奏或音乐比重较小的诗歌,如短长格诗和史诗等。严格说来,无音乐伴奏的歌为 ōidē(虽然有时亦可用 ōidē 取代 melos),而始终有音乐伴奏的歌才是 melos(H. W. Smith,同上(见注 42),pp. xix—xx)。

44 作者在此用 metron 替代了第 11 行中的“话语”(logos)。Metron 和 melos 是组成悲剧和喜剧的两大部分。“格律文”包括演员的诵说和对话。

45 亦可译作:后二者只在某些部分中使用它们。作者的意思大概是:狄苏朗勃斯和诺摩斯是从头至尾以歌唱表达内容的艺术,而悲剧和喜剧则是以交替使用对话和歌(或唱段)表达内容的艺术(参见第 6 章第 7—9 行)。

46 Diaphorai,即在属项内分出种项的区辨(性)因素(另参考第 2 章第 15 行,第 3 章第 1、6—7 及 22 行)。在《诗学》第 1—4 章里,作者对摹仿艺术进行了系统的划分(参考 Alfred Gudeman, *Aristoteles' Peri Poiētikēs*, Berlin: Walter De Gruyter, 1934, p. 108),并“创造性”地使用了柏拉图和他的学生们都很熟悉的“对分法”(或“分辨法”,diairesis)。分辨须在聚合(sunagogē)的基础上进行,其工作程序是从最高项或总项开始,至最低项或最小支项(infima species)止(参考《法伊德罗斯篇》265D,《智者篇》253D—E,219ff.)。分辨通过区别性特征(diaphorai)进行,而分辨的“界线”应在部分的“自然衔接处”(《法伊德罗斯篇》265E)。根据柏拉图对 diairesis 的理解,一次分辨一般只能产生两个支项或部分(eidē)(当然,不是绝对的),而再次分辨应从右边(或最后提及)的支项开始。亚氏没有严格依从柏拉图的范例。通过对 1—4 章的分析可以看出,作者对分辨法的应用至少有以下两个特点:(一)一次分辨可以产生两个以上的支项,(二)各对等支项均可产生更小的支项。

第 2 章

1448a 既然摹仿者表现的是行动中的人，[1]而这些人必然不是好人，便是卑俗低劣者[2]（性格[3]几乎脱不出这些特性，人的性格因善[4]与恶相区别），他们描述的人物就要么比我们好，要么比我们差，要么是等同于我们这样的人。正如画家所做的那样：[5]珀鲁格诺托斯[6]描绘的人物比一般人好，泡宋[7]的人物比一般人差，而狄俄努西俄斯[8]的人物则形同我们这样的普通人。

上文提及的各种摹仿艺术显然也包含这些差别，也会因为摹仿包含上述差别的对象而相别异。这些差别可以出现在舞蹈、阿洛斯乐和竖琴乐里，也可以出现在散文和无音乐伴奏的格律文里，[9]比如，荷马描述的人物比一般人好，[10]克勒俄丰[11]的人物如同我们这样的一般人，而最先写作滑稽诗的萨索斯人赫革蒙[12]和《得利亚特》的作者尼科卡瑞斯[13]笔下的人物却比一般人差。这些差别同样可以出现在狄苏朗勃斯和诺摩斯里，因为正如提摩瑟俄斯[14]和菲洛克塞诺斯[15]都塑造过圆目巨人[16]的形象一样，诗人可以不同的方式表现人物。[17]此外，悲剧和喜剧的不同也见之于这一点上：喜剧倾向于表现比今天的人差的人，[18]悲剧则倾向于表现比今天的人好的人。[19]

【注释】

1 作者马上即会告诉我们,悲剧是对行动的摹仿——它之摹仿行动中的人物,是出于摹仿行动的需要(译文第6章第47—48行)。

2 原文用了形容词 spoudaious 和 phaulous。作者认为,人有"高雅"或"高贵"和"低劣"或"低俗"之分,前者指注重品行、有责任心和荣誉感的、能够认真对待生活(因而也应被认真对待)的"君子",后者指能力和品行欠佳的、无足轻重的、不值得认真对待的"小人"。Spoudaios 有时意为"严肃的"(1448^b34,第4章第27行;1449^b10,第5章第14行;1449^b24,第6章第3行),其对立面是"滑稽可笑的"(geloios)。悲剧可以死里逃生或亲人团聚结尾,但不能不严肃。悲剧摹仿严肃的行动。在柏拉图看来,《奥德赛》亦是一出悲剧(另参考第4章注28)。《诗学》用了好几个表示"好"的词(参考第13章注5,第15章注3及第4章注11等处)。

3 Ēthē,可能和 ethō("习惯于")及 ēthos("习惯")同源(《尼各马可斯伦理学》$2.1.1103^a17$)。在公元前八世纪,ēthos 可指"熟悉的位置"。荷马用它指马"常去的地方"(《伊利亚特》6.511,另参考《奥德赛》14.411);黑西俄得(Hesiodos)用它指人的"住所"(《农作和日子》167,525)及"习惯"或"习惯性行为"(同上,137)。黑西俄得大概是最早用该词指"性情"或"性格"的作者(同上,67,78)。另参考第6章注22,比较第24章注31。

4 Aretē,"好"、"善"、"优秀"(参考第22章注2)。用于指人时,该词常作"德"或"美德"解(参见第13章第15行)。

5 《诗学》多次将作诗和绘画等艺术相比较(参考第1章注13)。

6 珀鲁格诺托斯(Polugnōtos),萨索斯(Thasos)人,公元前五世纪的大画家,善于描绘处于是非冲突中的人物的表情(参见 J. J. Pollitt, *The Ancient View of Greek Art: Criticism, History, and Terminology*, New Haven: Yale University Press, 1974, pp. 188—189)。亚氏建议

让青少年欣赏珀鲁格诺托斯等擅长表现性格（或好的气质或精神面貌）的画家的作品，而不要让他们接触泡宋的画作（《政治学》8. 5. 1340a 35—37）。

7 Pausōn，雅典画家。阿里斯托芬在《阿卡耳那伊人》（*Akharnenses*）第 854 行里提到过一位名叫泡宋的画家。《诗人篇》指出，泡宋喜欢描绘滑稽可笑的人物。

8 罗马学者帕里尼乌斯（Gaius Plinius Secundus）曾提及一位名叫狄俄努西俄斯（Dionusios）的画家（《自然研究》（*Naturalis Historia*）35. 113），不知是否就是此君。

9 关于“话语”或“散文”，参见第 1 章注 24；关于“格律文”，见该章注 25。

10 假如真像作者以为的那样（他认为《马耳吉忒斯》乃荷马所作，见第 4 章第 22—23 行），那么，荷马亦应描写过“低劣的人”。

11 克勒俄丰（Kleophōn）是公元前四世纪的雅典悲剧诗人，其作品早已如数佚失。《舒达》（*hē Souda*）中提到过一位名叫克勒俄丰的悲剧诗人并记载了他的某些作品的名称。亚氏曾批评他（如果不是另一位克勒俄丰的话）用词不当（《修辞学》3. 7. 1408a 14—16）。在第 22 章里，作者嫌他的作品“平淡无奇”。

12 Hegēmōn，旧喜剧诗人，擅写滑稽作品，公元前五世纪下半叶时住在雅典。在他的努力下，滑稽作品得以成为一种独立的艺术，并被列为比赛项目。Parodia 可作“滑稽史诗”解。萨索斯（Thasos，现名 Thaso 或 Tasso）是爱琴海北部的一个岛屿。

13 尼科卡瑞斯（Nikokharēs）是和阿里斯托芬同时代的喜剧诗人，其父菲洛尼得斯（Philōnidēs）亦是喜剧诗人。《舒达》收录了尼氏的十部作品的名称。*Deiliad* 即一部描写 deilos（“胆小鬼”）的史诗。若作 *Deliad* 理解，则为“德洛斯的故事”（德洛斯（Dēlos）是爱琴海中的一个小岛）。

14 提摩瑟俄斯（Timotheos，约公元前 450—360 年）系米利都（Milētos）人，

擅写狄苏朗勃斯，和欧里庇得斯相交甚笃。提氏还是一位音乐的革新者。他的《波斯人》(*Persae*, *The Oxford Classical Dictionary* 称之为一曲 lyric nome)是一部成功之作，其中相当一部分被保存了下来。《诗学》两次提及他的《斯库拉》(第15章第12行，第26章第7行)。

15 菲洛克塞诺斯(Philoxenos，约公元前436—380年)，库瑟拉(Kuthēra)人，亦以写作狄苏朗勃斯闻名。他曾借圆目巨人的形象讽刺过西西里的独裁者狄俄努西俄斯(Dionusios)一世。如果说提摩瑟俄斯把合唱引进了诺摩斯，菲洛克塞诺斯则将独唱引进了狄苏朗勃斯。

16 荷马史诗中的圆目巨人(Kuklōpes)或独目巨人，是一群散居在某个边远地带的、以畜牧为生的野蛮人。俄底修斯(Odusseus)和他的伙伴们曾到过那里，并因误进了一个名叫珀鲁斐摩斯(Poluphemos)的圆目巨人的洞穴而被抓。俄底修斯设计弄瞎了巨人的眼睛，然后混在羊群里逃出了洞穴(参阅《奥德赛》9.105ff.)。珀鲁斐摩斯是海神波塞冬(Poseidōn)的儿子，为同伙中最强健者。菲洛克塞诺斯可能借珀鲁斐摩斯影射独裁者，而提摩瑟俄斯则可能以较为严谨的笔调描述了这位"草莽英雄"的经历。

17 或"摹仿人物"(参考第1章注12)。

18 在古希腊，喜剧亦可描写有身份的上层人物(参考第13章第40—41行及该章注37)，可惜此类作品早已荡然无存。《诗学》没有告诉我们是否可将此类作品中的人物归入"低劣者"之列。罗马剧作家帕拉乌吐斯(Titus Maccius Plautus)在《安菲特鲁俄》(*Amphitruo*)的开场白中写道，如果一部作品的 dramatis personae("戏剧人物")既包括神和贵族，又有平民和奴隶，那么就可称这部剧作为"悲喜剧"(tragicomodia)。

19 参考第13章。在这两句话里，"表现"亦可作"摹仿"解。悲剧摹仿比今天的人高贵、显赫和更具英雄气概(包括敢做和能做"可怕之事"的"好"人(参考第13章注8))。

第 3 章

这些艺术的第三点差别是摹仿上述各种对象时所采取的方式不同。人们可用同一种媒介的不同表现形式摹仿同一个对象：既可凭叙述——或进入角色，[1]此乃荷马的做法，[2]或以本人的口吻讲述，[3]不改变身份——也可通过扮演，表现行动和活动中的每一个人物。[4]

正如开篇时说过的，[5]摹仿的区别体现在三个方面，即它的媒介、对象和方式。所以，从某个角度来看，索福克勒斯[6]是与荷马同类的摹仿艺术家，因为他们都摹仿高贵者；[7]而从另一个角度来看，他又和阿里斯托芬[8]相似，因为二者都摹仿行动中的和正在做着某件事情的人们。

有人说，此类作品之所以被叫做“戏剧”[9]是因为它们摹仿行动中的人物。[10]根据同样的理由，多里斯人[11]声称他们是悲剧和喜剧的首创者（这里的麦加拉人声称喜剧起源于该地的民主时代，[12]西西里的麦加拉[13]人则认为喜剧是他们首创的，因为诗人厄庇卡耳摩斯[14]是他们的乡亲，而他的活动年代比基俄尼得斯[15]和马格奈斯早得多。[16]伯罗奔尼撒的某些多里斯人声称首创悲剧），[17]他们引了有关词项[18]为证：他们称乡村为 kōmai，而雅典人称之为 dēmoi[19]——他们的看法是，喜剧演员[20]这一称谓不是出自

kōmazein，[21]而是出自如下原因：这些人因受人蔑视而被逐出城外，流浪于村里乡间。[22]他们还说，他们称“做”为dran，[23]而雅典人 1448b
都称之为prattein。[24]

关于摹仿的鉴别特征[25]以及它们的数量和性质，就谈这么多。

【注释】

1 字面意思为：变成某人，即以人物的身份出现。

2 原文作poiei，意为像荷马所“做”或“处理”的那样。另比较第1章注2。荷马善用表演或扮演式摹仿（参见译文第24章第32—35行）。

3 作者认为，除荷马外，其他史诗诗人均以此法述诵作品（参见第24章第31—32行）。

4 柏拉图指出，诗的表达可通过三种方式进行：（一）叙述，（二）表演，（三）上述二者的混合。狄苏朗勃斯、悲剧和史诗各取其中的一种方式作为媒介（《国家篇》3.392D—394C，另参考附录四第12段）。在第24章里，作者从另一个角度出发区分了表演和叙述（见该章注27）。

5 见第1章第7—8行。

6 索福克勒斯（Sophoklēs，公元前496—406年），雅典悲剧诗人，和埃斯库罗斯及欧里庇得斯齐名。公元前468年，索福克勒斯首次参赛便击败了老资格的埃斯库罗斯。索氏写过一百二十至一百三十部作品，现存七部悲剧和一出萨图罗斯剧，曾二十四次在比赛中获胜。作者极为欣赏他的名作《俄底浦斯王》（剧情见第11章注3）。

7 Spoudaioi（参考第2章注2）。

8 阿里斯托芬（Aristophanēs，约公元前450—385年）为雅典旧喜剧诗人，据说至少写过四十四部作品，现存十一部。阿里斯托芬是喜剧诗人中的

佼佼者，也是古希腊喜剧诗人中唯一有完整作品传世的作家。

9 Drama在此作广义上的“戏剧”解。在另一些上下文里，drama似乎指“悲剧”（见第14章第29行，第15章第20行）。在论及悲剧和史诗的异同时，作者亦两次用到drama（第17章第27行，第18章第22行）。作者两次使用了drama的形容词形式（dramatikas，1448[b]35，第4章第28行；dramatikous，1459[a]19，第23章第2行），意为“戏剧式的”。1448[b]37（第4章第29行）中的dramatopoiēsas的所指明显地与戏剧有关：荷马所作的不是讽刺诗，而是戏剧化的滑稽诗。在专指喜剧时，阿提开（Attikē，或阿提卡）人一般倾向于用kōmōidia。Drama有时指萨图罗斯剧或有萨图罗斯剧色彩的作品（参考柏拉图《会饮篇》222D，《政治家篇》303C）。另参考注23。

10 Drōntas（参考注23）。

11 多里斯人（Dōrieis）是希腊民族中的一个重要分支，大约在公元前十一至前十世纪进入希腊本土。希腊人传统上把多里斯人的到来看作是“英雄时代”（黑西俄得《农作和日子》156—165）的结束（参见T. A. Sinclair, *A History of Classical Greek Literature*, New York: Haskell House, 1973, p. 11）。荷马提及过克里特（Krētē）岛上的多里斯人（《奥德赛》19，175—177）。多里斯人的主要聚居地是伯罗奔尼撒、麦加拉和科林索斯（Korinthos）。他们在西西里开辟了好几个移民点，包括苏拉库赛。

12 麦加拉人（Megareis）在公元前581年左右结束了瑟阿格奈斯（Theagenēs）的独裁统治，建立了民主政体。可以想见，当时的政治气氛大概是比较宽松的。麦加拉（Megara）是个沿海城市，和萨拉弥斯（Salamis）隔海相望。Entautha（“这里”）似乎间接地表明作者当时仍在雅典。由此推论，《诗学》的成文年代大概不是早于公元前347年，便是迟于公元前335年（参考第8页“引言”第17段）。

13 即Megara Hyblaea，是麦加拉人在西西里的一个移民点。“西西里”原文作 Sikelia。

14 厄庇卡耳摩斯(Epikharmos,约公元前 530—440 年)是早期的一位有造诣的喜剧诗人,长期定居苏拉库赛(一说为苏拉库赛即叙拉古人)。厄庇卡耳摩斯至少写过三十五部作品,从现存的片断来看,他的剧作似乎更接近于今天所说的“笑剧”(farce)。厄氏的作品影响过阿里斯托芬等阿提开喜剧诗人。柏拉图把他当作喜剧诗人的代表,与荷马相伯仲(《瑟埃忒托斯篇》152E)。亚氏至少九次引用过他的诗行。“诗人”一词读来显得“生分”,疑是后人的增补。

15 基俄尼得斯(Khionidēs),雅典旧喜剧诗人。据《舒达》记载,基氏于公元前 487 年在城市狄俄努西亚(ta en astei Dionusia,即大狄俄努西俄(ta megala Dionusia))戏剧比赛中获胜,是第一位被录下名字的喜剧比赛得胜者。作品包括《英雄》(*Hērōes*)和《波斯人》(*Persai*,或为 *Assurioi*)等,均已失传。

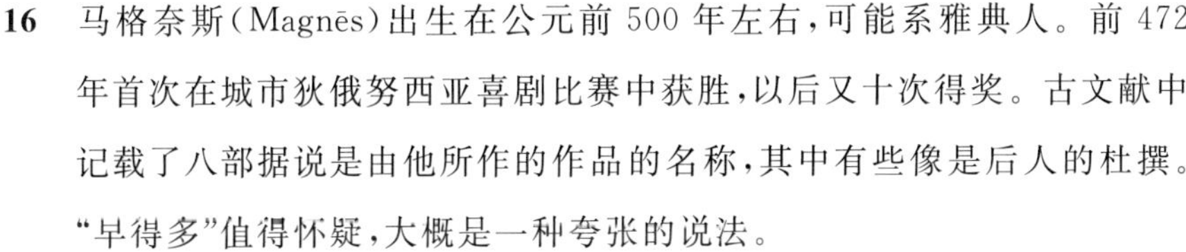

16 马格奈斯(Magnēs)出生在公元前 500 年左右,可能系雅典人。前 472 年首次在城市狄俄努西亚喜剧比赛中获胜,以后又十次得奖。古文献中记载了八部据说是由他所作的作品的名称,其中有些像是后人的杜撰。“早得多”值得怀疑,大概是一种夸张的说法。

17 多里斯人没有通过追溯“悲剧”的词源来论证他们的观点。Tragōidia 很可能是个阿提开词(另参考附录“悲剧”第 1 段)。伯罗奔尼撒(Peloponnēsos)是多里斯人的一个集居地。

18 Onomata,即“名称”(参考第 20 章注 24)。

19 亚氏本人在著述中兼用二者。Kōmē 一般泛指“村落”(参考《政治学》1. 2.1252^{b}16, 2.2.1261^{a}28, 3.9.1280^{b}40 等处),dēmos 多少带些政治色彩,指阿提开地区的村社。

20 Kōmōidos(复数 kōmōidoi),有时兼指喜剧诗人。

21 “狂欢”。或解作“……不是出于他们的 kōmazein”。作者在第 4 章中指出:喜剧起源于生殖崇拜活动中歌队领队的即兴表演——此类活动即是一种“狂欢”。另参考附录“喜剧”。

22 Kata kōmas。

23 Dran 意为“做”,drama(即“作成之事”)可能系由此派生而来。并非只有多里斯人才用 dran。事实上,该词在阿提开地区也很普通,虽然至公元前四世纪,除柏拉图和演说家德谟瑟奈斯(Demosthenēs)等人外,哲学家、史学家和修辞学家们一般不用或少用这个词。作者有时把 dran 当作 prattein 的同义语;在给悲剧下定义时,作者用了 drōntōn,而不是 prattontōn(见 $1449^{b}26$,译文第 6 章第 5 行)。

24 Prattein 的确是个伊俄尼亚或阿提开词,其名词形式是 praxis(“行动”,参见第 6 章注 6)。

25 参考第 1 章注 46。

第 4 章

作为一个整体，诗艺的产生似乎有两个原因，都与人的天性有关。首先，从孩提时候起人就有摹仿的本能。人和动物的一个区别就在于人最善摹仿[1]并通过摹仿获得了最初的知识。其次，每个人都能从摹仿的成果中得到快感。[2]可资证明的是，尽管我们在生活中讨厌看到某些实物，比如最讨人嫌的动物形体和尸体，但当我们观看此类物体的极其逼真的艺术再现[3]时，却会产生一种快感。[4]这是因为求知[5]不仅于哲学家，而且对一般人来说都是一件最快乐的事，[6]尽管后者领略此类感觉的能力差一些。因此，人们乐于观看艺术形象，因为通过对作品的观察，他们可以学到东西，并可就每个具体形象进行推论，比如认出作品中的某个人物是某某人。[7]倘若观赏者从未见过作品的原型，他就不会从作为摹仿品的形象中获取快感——在此种情况下，能够引发快感的便是作品的技术处理、色彩或诸如此类的原因。

由于摹仿及音调感和节奏感的产生是出于我们的天性[8]（格律文显然是节奏的部分），[9]所以，在诗的草创时期，那些在上述方面生性特别敏锐的人，通过点滴的积累，[10]在即兴口占的基础上促成了诗的诞生。诗的发展依作者性格的不同形成两大类。较稳重者摹仿高尚的行动，即好人的行动，[11]而较浅俗者则摹仿低劣小人的行动，前者起始于制作颂神诗和赞美诗，[12]后者起始于制作谩骂式的讽刺诗。[13]我们举不出一首由荷马以前的作者所作的此类作品，[14]虽然在那个时候可能已经有过许多讽刺诗作者。[15]但从荷马及荷马以后的作者的作品里，我们却可以找出一些例子，例如荷马的《马耳吉忒斯》[16]和其他类似的作品。[17]短长格[18]亦由此应运而生，因为它是一种适合于此类作品的诗格。由于人们在相互嘲讽[19]时喜用短长格，这种格律至今仍被叫做讽刺格。[20]这样，在早期的开拓者中，有的成了英雄诗诗人，[21]另一些则成了讽刺诗人。

荷马不仅是严肃作品的最杰出的大师（唯有他不仅精于作诗，而且还通过诗作进行了戏剧化的摹仿），[22]而且还是第一位为喜剧勾勒出轮廓的诗人。[23]他以戏剧化的方式表现滑稽可笑的事物，[24]
1449a 而不是进行辱骂。他的《马耳吉忒斯》同喜剧的关系，[25]就如他的《伊利亚特》[26]和《奥德赛》[27]同悲剧的关系一样。[28]当悲剧和喜剧出现以后，人们又在天性的驱使下作出了顺乎其然的选择：一些人成了喜剧、而不是讽刺诗人，另一些人则成了悲剧、而不是史诗诗人，因为喜剧和悲剧是在形式上比讽刺诗和史诗更高和更受珍视的艺术。

就悲剧本身及其与观众的关系来看，[29]它的成分是否已臻完善，此乃另一个论题。[30]不管怎样，悲剧——喜剧亦然——是从即兴表演发展而来的。悲剧起源于狄苏朗勃斯歌队领队的即兴口诵，[31]喜剧则来自生殖崇拜[32]活动中歌队领队的即兴口占，此种活动至今仍流行于许多城市。悲剧缓慢地成长起来，每出现一个新的成分，诗人便对它加以改进，经过许多演变，在具备了它的自然属性以后停止了发展。[33]

埃斯库罗斯[34]最早把演员由一名增至两名[35]并削减了歌队[36]的合唱，从而使话语[37]成为戏剧的骨干成分。索福克勒斯启用了三名演员[38]并率先使用画景。[39]此外，悲剧扩大了篇制，从短促的情节和荒唐的言语中脱颖出来——它的前身是萨图罗斯剧[40]式的构合——直至较迟的发展阶段才成为一种庄严的艺术。悲剧的格律也从原来的四音步长短格改为三音步短长格。[41]早期的诗人采用四音步长短格，是因为那时的诗体带有一些萨图罗斯剧的色彩，[42]并且和舞蹈有着密切的关联。念白的产生使悲剧找到了符合其自然属性的格律。[43]在所有的格律中，短长格是最适合于讲话的，[44]可资证明的是，我们在相互交谈中用得最多的是短长格式的节奏，却很少使用六音步格——即使偶有使用，也是因为用了不寻常的语调之故。

至于场次[45]的增加以及传闻中有关悲剧的其他成分的完善，就权当已经谈过了，因为要把这一切交待清楚，或许是一件工作量很大的事情。

【注释】

1 或：最具摹仿倾向。

2 人有摹仿的本能，且具欣赏的能力，因此，在诗的形成和发展过程中，人绝不是无所作为的（参见本章第 15—17 及第 32—33 行等处，比较注 33）。

3 原文作 eikonas，“形象”。

4 参考《论动物的部分》(*De Partibus Animalium*) 1. 5. 645^{a}11ff. 及《修辞

学》1.11.1371^{b}8 中类似的论述。当然，如果艺术摹仿的原型是美的，那么原型和艺术品都能给人快感(《政治学》8.5.1340^{a}25—28)。在另一篇著作里，亚氏似乎暗示某些艺术表现不如它们的原型那样能激发人的情感(《论灵魂》3.3.427^{b}21ff.)。作者在此指出了美与丑的某种转换关系，并初步论及了审美范畴和"距离"的问题。

5 原文作 mathantein，"学习"。

6 对学习的热爱和对学问或智慧的热爱是一码事(参考柏拉图《国家篇》2.376B，另参考《斐多篇》114E)。和柏拉图一样，亚氏亦认为求知是一件乐事——对于知识，人有一种出于本能的渴求(参考《形而上学》1.1.980^{a}22)。不同之处在于，作者把求知或广义上的学习和艺术摹仿联系了起来。包括绘画、雕塑和诗在内的摹仿艺术必然会给人带来快感，因为人们乐于"获知"和体验惊诧之情(《修辞学》1.11.1371^{b}4—7)。

7 直译作：这个人就是那个人(参见《修辞学》1.11.1371^{b}9 中类似的论述，另参考《问题》19.5.918^{a}3ff.)。当然，从美学和认识论的角度来看，艺术作品的功用不会仅限于让观众和观赏者"认出某某人"。

8 参见《问题》19.38.920^{b}31ff. 中相似的论述，另参考柏拉图《法律篇》2.653D—654A。在论及诗的形成时，作者只字未提柏拉图主张的灵感论(详见附录十三中的相关论述)，也没有因袭传统的观念，即把诗的产生归功于某个神或个人(参考附录十四中的有关段落)。

9 "部分"原文作 moria(参考第 1 章注 3 等处)。一种节奏可以千百次地重复，直至无限。诗人从某一种节奏中取出若干个音步，形成诗格。例如，六音步长短短格是从"长短短"这一节奏流中切分出来的"部分"。作者认为，节奏和语言及音调一样，是摹仿的媒介。

10 亦可译作：经过逐步提高上述素质。

11 或：好的行动和好人的行动。Kai("和")在此似可作"即"解(另参考第 5 章注 17 等处；比较第 9 章注 24 和 34，第 23 章注 17 等处)。Kalas

("好"、"佳好")是个很普通的词,在此等于 spoudaious(参考第 2 章注 2)。与 agathos 相比(参考第 15 章注 33),kalos 包含较多审美的含义(参考译文第 7 章第 12 行)。Kalos 的应用面很广,柏拉图不止一次地说过,agathon 即 kalon("好即美",参考《提迈俄斯篇》87C,《鲁西斯篇》216D)。关于"行动",参见第 6 章注 6。

12 柏拉图的"共和国"或"理想国"容不得现有的史诗、悲剧和喜剧,但却给颂神诗(humnos)和赞美诗(enkomion)保留了一席之地(《国家篇》10. 607A,《法律篇》7. 801D—E,8. 829C—D)。作者将柏拉图推崇的两种诗定为诗歌的原始形式,读来颇有回味的余地。

13 Psogoi(单数 psogos)。在古希腊,诗歌从一开始便具备了两种社会功能,即 epainos("赞颂")和 psogos(另见附录十四注 50)。Psogoi 的攻击对象多为具体的个人(参见第 9 章第 13—14 行),所取的是未经普遍性"筛选"的具体事例。生活在公元前七世纪的帕罗斯(Paros)诗人阿耳基洛科斯(Arkhilokhos)尤其擅写此类作品。据传亚里士多德曾专文评论过阿耳基洛科斯作品中的问题,可惜不得传世。作者认为,诗的一个特征是描写带普遍性的事件(见第 9 章第 6—7 行),从这个意义上来说,他或许无意把讽刺诗作者当作严格意义上的诗人。

14 原文作 poiēma,指具体的诗作(另参考第 1 章注 2)。自公元前三世纪起,一些学者对如何区辨 poiēma 和 poiēsis(或 poema 和 poesis)进行了具体的研究(参阅 C. O. Brink, *Horace on Poetry*, Cambridge: Cambridge University Press, 1963, pp. 65—73)。

15 根据传说,俄耳斐乌斯(Orpheus)、利诺斯(Linos)和慕赛俄斯(Mousaios)等诗人的生活年代均在荷马之前,但他们不是讽刺诗人。作者所指究为何人,不明。对脏话或辱骂(aiskhrologia),作者和柏拉图一样无意恭维(参考《法律篇》11. 934E,935B—C)。亚氏主张,不应让公民,尤其是年轻人听到不雅的言谈,因为肮脏的言论是肮脏的行为的先行。在孩子们尚未长到能喝烈酒的年龄之前，不要让他们看讽刺作品或喜剧（详见《政治学》7. 17. 1336[b]3—23，另参考《尼各马可斯伦理学》4. 8. 1128[a]22ff.）。

16 *Margitēs*（比较 margos，“疯狂的”）。作品的主人公“所知不少”，但对诸事的理解“无一正确”。他数数不能超过五，也不知究竟是父亲还是母亲生了他。因此，有人称这部作品为“傻瓜史诗”。现存最长的一个片断描述了一场发生在夜间的恶作剧。诗中混用了六音步长短短格和三音步短长格。亚氏以为此作出自荷马（另见《尼各马可斯伦理学》6. 7. 1141[a]14），依据什么，不得而知。根据普鲁塔耳科斯的记叙和《舒达》的记载，《马耳吉忒斯》是公元前六世纪的作品，作者是庇格瑞斯（Pigrēs）。作者把诗分作严肃的和非严肃的两类；和前者一样，后者也将通过不断的发展和扬弃，最终实现自己的目的。

17 可能指其他诗人的作品。

18 短长格接近于口语的节奏（见第 51—52 行，第 22 章第 55—56 行）。

19 Iambizein。

20 Iambion 和 iambizein 可能都和 iambos（“嘲讽”、“短长格诗”）同源。Iambos 的词源尚难以确定。

21 即史诗诗人。

22 “戏剧化的摹仿”可作两种解释：（一）摹仿完整划一的行动（见第 23 章第 2—3 行），（二）表演式摹仿（参见第 3 章第 3—4 行，第 24 章第 33—34 行）。这里指的可能是第一种意思。

23 上文说过，诗的发展依诗人性格的不同而分成两大类，稳重之士和肤浅之辈分别制作两种不同的诗歌。但此间的论述似乎要人们接受一个“例外”——荷马不仅精于史诗，而且谙熟编制滑稽作品的门道。在古希腊，悲剧诗人可兼作萨图罗斯剧（有的亦写过狄苏朗勃斯），但绝不兼作喜剧。

24 关于"滑稽"的定义,见第 5 章首段。注意,作者在此把《马耳吉忒斯》当作一部滑稽作品,尽管上文似乎已把它列入讽刺诗之列。

25 如果承认《马耳吉忒斯》是荷马的作品,那么,它的出现理应早于阿耳基洛科斯的讽刺诗(见注 13),换言之,非严肃诗歌的发展在历史上曾出现过令人费解的"倒退"现象。作者没有提及阿耳基洛科斯,可能不是出于简单的疏忽。大学问家的高明,就在于懂得如何成功地摆脱历史事实的局限性。作者认为,《马耳吉忒斯》已不是典型意义上的 psogos,它的主人公虽然愚笨,但不是恶人。此外,作品已具某些戏剧特点,如人物以第一人称身份讲话等。在《马耳吉忒斯》里,作者看到了非严肃诗歌的发展方向,看到了滑稽作品的明天。从这个意义上来说,作者跃过阿耳基洛科斯,而把《马耳吉忒斯》和喜剧直接挂起钩来的做法,是可以理解的。当然,该诗很可能是公元前六世纪的作品(见注 16),因此,从时间上来看,诗的发展并没有出现过上文假设的"倒退"。

26 《伊利亚特》(*Ilias*)以阿伽门农(Agamemnōn)和阿基琉斯(Akhilleus)的争执开篇,以阿基琉斯击杀赫克托耳(参见第 24 章注 34)后,特洛伊人赎回他的尸体并为他举行葬礼收尾。全诗分作二十四卷,共 15,693 行。

27 《奥德赛》(*Odusseia*)可能是荷马的晚年之作(朗吉诺斯(Longinos)《论崇高》(*Peri Hupsous*)9.13),分二十四卷,计 12,105 行。关于《奥德赛》的梗概,参见第 17 章第 28—31 行。《伊利亚特》和《奥德赛》的成诗年代大概不会迟于公元前 700 年。据说早在公元前七世纪即已有人引用其中的诗行。

28 柏拉图称荷马为悲剧大师(《国家篇》10.607A,《瑟埃忒托斯篇》152E;另参考附录十三注 2)。

29 观众的标准不一定总是和艺术的标准相符合。比如,观众喜看以皆大欢喜结尾的戏,而用艺术的标准来衡量,此类作品并不是第一流的(参见第 13 章末段)。

30 “论题”原文作 logos。“成分”(eidē)可能指第 6 章论及的六个 merē 和第 12 章提及的“部分”,亦可能指第 18 章论及的悲剧的四个种类。

31 诸如此类的演唱形式源远流长(比较《伊利亚特》24.721,747,761)。“领队”(exarkhōn)本身即为诗人,往往负有训练歌队的任务(另参考第 1 章注 34)。阿耳基洛科斯声称:只要美酒浇开我的诗兴,我就能引导众人用动听的狄苏朗勃斯赞颂狄俄尼索斯(片断 77)。关于狄俄尼索斯,参见第 21 章注 18。

32 抄本似有损蚀,卡塞尔取 phallika。在古希腊,人们通过此种活动表示对狄俄尼索斯和生殖的崇拜。在雅典,它是狄俄尼索斯庆祭活动的一部分。在领队的带领下,放荡的人群一边簇拥着男性生殖器模型行进,一边唱着言词污秽的歌(参考阿里斯托芬《阿卡耳那伊人》241—279)。公元前四世纪后,此类活动仍在一些地方盛行不衰。倘若订作 phaula(“低级的”),似乎也符合下文的意思,但多数专家倾向于取 phallika。顺便提一下,在雅典,演出中的喜剧演员经常佩带生殖器模型,但歌队成员一般不带。

33 作者的艺术观颇具“进化论”的倾向,但他的“进化论”受到在他的哲学体系中占有更重要地位的目的论的制约。亚里士多德认为,事物包含可以实现的潜力(dunamis),而化潜力为现实的过程,即为实现目的或获取事物本身的自然属性(phusis)的过程。因此,一个充分发展了(即实现了本身的目的)的事物,即为实现或获取了自己的 phusis 的事物(hē de phusis telos estin,详见《政治学》1.2.1252^{b}30ff.,另参考《物理学》2.1,《形而上学》5.4)。悲剧的完善需要一个过程,而目的的实现则意味着这一过程的中止。悲剧走过了漫长的行程,它继承了颂神诗和史诗的“精神”,采用了史诗的内容,改良了狄苏朗勃斯的表演形式,经过许多演变,终于成为艺术王冠上的一颗璀璨的明珠。从悲剧和观众的关系来看,悲剧的目的或功效(ergon)体现在它的效果之中(参见第 6 章注 38)。

34 埃斯库罗斯(Aiskhulos,公元前525—456年)出生在厄琉西斯(Eleusis)的一个贵族之家,当过兵,于公元前484年首次在戏剧比赛中获胜。一生中写过九十余部作品,现仅存七部。一般认为,埃氏对悲剧艺术的贡献之一在于起用了第二位演员(参考注35)。埃氏擅写简单剧(参考第10章)。

35 作者不曾提及瑟斯庇斯(Thespis),不知何故。一般认为,瑟斯庇斯是把歌队领队或队长(exarkhōn)变为hupokritēs("回答者"、"述说者"、"演员")的第一人。由于埃斯库罗斯(及其同行们)的革新,才使Thespis式的问答升格为正式的戏剧对话。在悲剧发展史上,这是重要的一步。但是,在埃氏的作品里,合唱仍然占有较大的比重。另据美国学者埃尔斯(G. F. Else)考证,这里说的"演员"不包括悲剧诗人,后者在公元前五世纪被称做tragōidos(复数tragōidoi)。埃斯库罗斯本人是一位tragōidos,和演员(hupokritēs,复数hupokritai)一起参加演出。悲剧的标准阵容由一位tragōidos、两位hupokritai和歌队组成(详见"The Case of the Third Actor", *Transactions of the American Philological Association* 76 (1945), pp. 1—10;比较John B. O'Connor, *Chapters in the History of Actors and Acting in Ancient Greece*, Chicago: The University of Chicago Press, 1908, p. 2)。

36 Khoros("歌队"),原意为"舞蹈"或"歌舞"(比较khoreuō,"我在跳舞")。柏拉图认为,khoros派生自khora,意为"欢呼"(《法律篇》2. 654A)。在悲剧里,歌队有时是剧情的评论者,有时是理想的观众,有时还可与角色进行简短的对话。作者要求诗人像索福克勒斯那样使用歌队(第18章第28行)。悲剧歌队的排列一般呈长方形,狄苏朗勃斯歌队的标准队列为圆形。歌队的活动一般在orkhēstra("舞场")里进行。据说索福克勒斯把歌队的人数从十二名增至十五名(在悲剧的草创时期,歌队的人数可能和狄苏朗勃斯歌队的人数相等,即五十人)。

37 即 logos,在此和 dialektos(“对话”)等义(参见第 22 章注 29)。详见附录“Logos”。

38 埃斯库罗斯于公元前 458 年推出了 *Oresteia*(《阿伽门农》(*Agamemnon*)、《奠酒人》(*Choephori*)和《复仇女神》(*Eumenides*)三连剧的总称),据信上演该剧需用三位表演者。索福克勒斯于前 468 年首次参赛,有人认为索氏启用三位演员的时间可能迟于前 458 年。

39 据记载,画家阿伽萨耳科斯(Agatharkhos)曾于公元前 468—456 年间为埃斯库罗斯置景。阿伽萨耳科斯是第一位较为系统地在大作业面上运用透视法的画家,很难设想他不愿通过画景的机会一展这方面的才华。究竟是不是索福克勒斯最早使用画景,已难查考。

40 萨图罗斯剧是一种较为古老的戏剧形式,内容一般取自传说。萨图罗斯剧的歌队由一群戴着马尾和马耳的 saturoi 组成(在传说中,saturoi 是狄俄尼索斯的随从,据说黑西俄得称他们是一群“调皮捣蛋的废物”),舞蹈中带着较多跳跃动作。一般认为,对萨剧的形成(约在公元前五世纪),弗利乌斯(Phlious)诗人帕拉提那斯(Pratinas)做出过重要的贡献。现存唯一的一出完整的萨图罗斯剧是欧里庇得斯的《圆目巨人》(*Cyclops*)。萨图罗斯剧一般比悲剧短,《圆目巨人》仅 709 行(比较第 7 章注 22)。

41 原文作:……从原来的四音步(或四音段)改为短长格。埃斯库罗斯的《波斯人》(*Persae*)中尚有较多的四音步长短短格诗行。此种格律适用于舞蹈和在阿洛斯伴奏下的念诵。《修辞学》3.1.1404a31 亦提到了这一转变。

42 上文说过,悲剧是从狄苏朗勃斯歌队领队的表演发展而来的(这一观点在今天仍然很有吸引力)。既然如此,这里又何以把悲剧和萨图罗斯剧扯在一起呢? 这个问题不易解答。至少,我们不应仅凭此间的论述,便贸然做出“一边倒”的结论。当然,早期的悲剧可能比较粗糙,也不够庄严。有一点可以肯定,即上述三种艺术的产生和发展,似乎都与狄俄尼索斯庆祭活动有关。

43 原文作：……自然属性(phusis)本身找到了合适的格律。“念白”(或“对话”)原文作 lexis(在《诗学》里常作“言语”解，见第 6 章注 15)，意为“话语”或“对话”(另见第 22 章注 41)，和“唱”形成对比(另比较注 37)。据《诗人篇》介绍，瑟斯庇斯是使用开场白(prologos)和话语(rhēsis)的第一人。

44 比较第 22 章第 55—56 行。《修辞学》3. 1. 1404[a]30—31，3. 8. 1408[b]33—35 中亦有类似的论述。根据这段话推测，当年瑟斯庇斯把 rhēsis 引入作品时所用的诗格，应该是三音步(实为三双音步即六音步，习惯上称三音步)短长格，而不是四音步(实为四双音步即八音步，习惯上称四音步)长短格(参考 A. W. Pickard-Cambridge, *Dithyramb*, *Tragedy*, *and Comedy*, second edition, revised by T. B. L. Webster, Oxford: Clarendon Press, 1962, p. 79)。

45 Epeisodion(复数 epeisodia)，原意为“另一个人物的出场”(即与歌队会合，ep-eisodos)，可表示“场”或“幕”的开始。古希腊剧场里没有幕，场次(或 epeisodia)的转换由歌队的表演来表示。在公元前五世纪，“开场白”和“退场”之间的场次似没有严格的规定，一般在四场左右。至公元前四世纪，场次减为三场(至少在新喜剧中是如此)，加上开场白和退场，共为五场，由此开出“五场剧”的先河。1452[b]16(第 12 章第 3 行)和 1456[a]31(第 18 章第 39 行)中的 epeisodion 亦作“场”解。关于“场”的定义，见第 12 章第 6—7 行。Epeisodion 的另一个意思是“穿插”(参见第 17 章注 20，第 9 章注 28)。

第 5 章

如前所述，[1]喜剧摹仿低劣的人；这些人不是无恶不作的歹徒——滑稽只是丑陋的一种表现。[2]滑稽的事物，或包含谬误，[3]或其貌不扬，但不会给人造成痛苦或带来伤害。[4]现成的例子是喜剧演员的面具，[5]它虽然既丑又怪，却不会让人看了感到痛苦。

悲剧的演变以及促成演变的人们，我们是知道的。[6]至于喜剧，
1449b 由于不受重视，从一开始就受到了冷遇。早先的歌队由自愿参加者组成，而执政官指派歌队给诗人已是相当迟的事情。[7]当文献中出现喜剧诗人[8]（此乃人们对他们的称谓）[9]时，喜剧的某些形式已经定型了。谁最先使用面具，[10]谁首创开场白，[11]谁增加了演员的数目，[12]对这些以及诸如此类的问题，我们一无所知。有情节的喜剧[13][厄庇卡耳摩斯和福耳弥斯][14]最早出现在西西里。在雅典的诗人中，克拉忒斯[15]首先摒弃讽刺形式，[16]编制出能反映普遍性的剧情，即情节。[17]

就以格律文的形式[18]摹仿严肃的人物而言，史诗“跟随”悲剧；[19]它们的不同之处在于前者只用一种格律，[20]并且只用叙述的方式。在长度[21]方面，悲剧尽量把它的跨度限制在“太阳的一周”[22]或稍长于此的时间内，而史诗则无需顾及时间的限制[23]——

这也是史诗不同于悲剧的地方，虽然早先的诗人在写悲剧时也和作史诗一样不受时间的限制。至于成分，[24]有的为二者所共有，有的则为悲剧所独具。所以，能辨别悲剧之优劣[25]的人也能辨别史诗的优劣，因为悲剧具备史诗所具有的全部成分，而史诗则不具备悲剧所具有的全部成分。[26]

【注释】

1 参见译文第 2 章第 16 行，第 4 章第 18 行。

2 “丑陋”兼指外貌的丑和心智的“丑”（或愚笨）。喜剧不同于咒骂（psogos，见第 4 章注 13），它所表现的是于人无害的滑稽（to geloion）。喜剧的目的在于通过滑稽的表演和情景逗人发笑。

3 Hamartēma。喜剧人物的“错误”恐怕主要应归咎于自己的低能、笨拙或生理上的缺陷，因此不同于悲剧人物的 hamartia，后者可能给当事人带来毁灭性的灾难（参见第 13 章第 15—16 及第 22—23 行）。

4 换言之，喜剧不应表现流血和残杀等令人悲痛的事件（比较第 11 章第 20—21 行）。柏拉图认为，喜剧式的快感中包含痛苦的成分。他有时似乎不那么严格区分可笑的事物和坏的事物。在《菲勒波斯篇》里，无知既是一种滑稽，又是一种邪恶（49A—E）。但在《法律篇》里，柏拉图（在有所保留的前提下）表示可以接受某些无害的喜剧（11. 935D—936B）。

5 直译：滑稽可笑的面具。据传瑟斯庇斯发明了悲剧面具，但他的实际功绩可能仅限于对原始面具作了某些改进。

6 字面意思为：没有被忘记；亦可作“有记录可查的”解。

7 在雅典，准备参赛的诗人必须事先向民事执政官（arkhōn epōnumos）提出申请，若获批准，即由后者拨给歌队并指派一位富有的公民负责支付

排练所需的花费(此人即为 khorēgos)。比赛结果要专门注册备案。根据此类记录,我们得知喜剧在公元前 486 年被首次接纳进城市狄俄努西亚。“配备歌队”(khoron edōke)几乎是“准予参赛”的同义语。这里谈论的应是雅典的情况,因为只有雅典才有执政官。

8 原文意为:它的制作者们(“它”指喜剧)。

9 作者或许并不认为这些人是严格意义上的诗人。括弧为译者所加。

10 指喜剧面具。

11 开场白的出现,说明喜剧有了第一位演员(参考第 4 章注 43 等处)。开场白属于作品中表示“量”的部分(详见第 12 章)。

12 或:确定了演员的数目。演员的增加意味着喜剧的发展和完善(比较第 4 章第 43—45 行)。原文中的排列顺序(即面具、开场白和演员人数)从某个侧面反映了喜剧发展的历史进程。

13 或“情节的编制”。诗人是“情节的编制者”(第 9 章第 25 行)。

14 福耳弥斯(Phormis,或 Phormos),喜剧诗人,据说出生在阿耳卡迪亚(Arkadia),但长期住在西西里。福氏当过西西里的统治者格隆(Gelōn,约公元前 540—478 年)的孩子们的家庭教师,从这一点上或许可以大致推测出他的活动年代。关于厄庇卡耳摩斯,参见第 3 章注 14。从语法上来看,“厄庇卡耳摩斯和福耳弥斯”似和上下文难以协调,疑是后来的增补。

15 克拉忒斯(Kratēs),雅典喜剧作家,其创作年代可能主要在公元前 450—430 年间。克氏在成为剧作家之前已是一位演员。*De Comoedia* 说他写过七部作品,《舒达》收录了他的六部作品的名称,包括《邻居》(*Geitones*)和《野兽》(*Thēria*)等。阿里斯托芬对他作过一番褒贬陈杂的评价(《骑兵》(*Equites*)537—540)。

16 参考第 4 章注 13,比较第 9 章第 12—14 行。

17 Logous kai muthous。Logos 是个多义词,在此似亦可作“故事”解,关于

muthos，详见附录一。Kai 在此似可作“即”解（另参考第 4 章注 11 等处）。

18 原文作 meta metrou logōi，“带格律的话语”。

19 史诗和悲剧同为严肃文学（或艺术）。它们摹仿同一种对象，并且具有相似的类型和成分（参见第 24 章第 1—3 行）。在谈论悲剧时，作者会很自然地引用史诗中的例子（参见第 13 章第 35—37 行，第 15 章第 19 行，第 16 章第 7—9 行）；事实上，他有时似乎倾向于把二者当作同一种艺术的两种表现形式（参考第 26 章中的有关论述）。作者不仅论证了史诗和悲剧的共性，而且还指出了二者的“级差”。他认为，尽管史诗有其独特的优势，但总的说来，悲剧优于史诗（见第 26 章第 22—23、41—42 行）。悲剧是严肃作品的“典范”和“代表”，因而比史诗更能体现此类作品的特点和“精神”（悲剧亦能比史诗更好地实现此种艺术的功效）。因此，尽管从时间上来看史诗比悲剧古老，作者却把它看作是后者的“追随者”。

20 即六音步长短短格或英雄格（参考第 6 章注 1）。

21 “长度”（mēkos）指作品的时间跨度，对下文中的“时间”也应作如是解。比较第 26 章注 23。

22 Periodon Hēliou。对如何解释这个短语，学术界一直存在着两种意见。一种主张把它解作“一天”（包括白天和黑夜，即二十四小时），另一种则认为把它解作“白天”（十二小时）更合适。在索福克勒斯和欧里庇得斯的作品里，行动所用的时间一般不超过十二小时。参考 O. J. Todd, “One Circuit of the Sun”, *Transactions of the Royal Society of Canada* 36 (1942), pp. 119—132。少数悲剧的时间跨度似乎超过了一天，如《阿伽门农》和《复仇女神》。在《复仇女神》里，俄瑞斯忒斯（参考第 13 章注 21）从德尔福（Delphoi）到雅典，少说也需用三天时间。可能是根据此番话语，十七世纪的意大利学者们提出了三整一律中的“时间整一律”。剧中人的活动时间一般在白天——在现存的悲剧中，只有《雷索斯》

(*Rhēsos* 或 *Rhesus*,有人认为系欧里庇得斯所作,但不甚可信)是个例外,虽然还有几部悲剧始于拂晓之前,如《阿伽门农》、欧里庇得斯的《厄勒克特拉》(*Electra*)和《伊菲革涅娅在奥利斯》(参考第 15 章注 16)。关于悲剧的长度(就行次而言),参见第 7 章注 22。

23 《伊利亚特》和《奥德赛》的时间跨度分别为五十和四十天左右。另参考第 24 章注 11。

24 Merē,"成分"、"部分"。

25 "优劣"原文作 spoudaias kai phaulēs(比较第 2 章注 2)。

26 参见第 26 章。

第　6　章

用六音步格摹仿的诗[1]和喜剧，我们以后再谈。[2]现在讨论悲剧，先根据上文所述，[3]给它的性质[4]下个定义。

悲剧是对一个严肃、完整、[5]有一定长度的行动[6]的摹仿，它的媒介是经过"装饰"的语言，[7]以不同的形式分别被用于剧的不同部分，[8]它的摹仿方式是借助人物的行动，而不是叙述，通过引发怜悯和恐惧使这些情感[9]得到疏泄。[10]所谓"经过装饰的语言"，指包含节奏和音调[即唱段][11]的语言，所谓"以不同的形式分别被用于不同的部分"，指剧的某些部分仅用格律文，而另一些部分则以唱段的形式组成。[12]

既然摹仿通过行动中的人物进行，那么，戏景[13]的装饰就必然应是悲剧的一部分；[14]此外，唱段和言语亦是悲剧的部分，因为它们是人物进行摹仿的媒介。所谓"言语"，[15]指格律文的合成本身，至于"唱段"[16]的潜力，我想不说大家也知道。既然悲剧是对行动的摹仿，[17]而这种摹仿是通过行动中的人物进行的，这些人的性格 1450a
和思想就必然会表明他们的属类[18]（因为只有根据此二者我们才能估量行动的性质[19][思想和性格乃行动的两个自然动因]，而人的成功与失败取决于自己的行动）。因此，情节是对行动的摹

仿；[20]这里说的“情节”[21]指事件的组合。所谓“性格”，[22]指的是这样一种成分，通过它，我们可以判断行动者的属类。“思想”[23]——我的意思是——体现在论证观点或述说一般道理的言论里。[24]

由此可见，作为一个整体，悲剧必须包括如下六个决定其性质的成分，[25]即情节、性格、言语、思想、戏景和唱段，其中两个指摹仿的媒介，一个指摹仿的方式，另三个为摹仿的对象。[26]形成悲剧艺术的成分尽列于此。[†] 不少诗人[†]——或许可以这么说——使用了这些成分，[27]因为作为一个整体，戏剧包括戏景、[28]性格、情节、言语、唱段和思想。

事件的组合[29]是成分中最重要的，因为悲剧摹仿的不是人，而是行动和生活[30][人的幸福与不幸均体现在行动之中；生活的目的是某种行动，而不是品质；[31]人的性格决定他们的品质，但他们的幸福与否却取决于自己的行动。][32]所以，人物不是为了表现性格才行动，而是为了行动才需要性格的配合。[33]由此可见，事件，即情节是悲剧的目的，[34]而目的是一切事物中最重要的。此外，没有行动即没有悲剧，但没有性格，悲剧却可能依然成立。[35]事实上，当代大多数悲剧诗人[36]的作品缺少性格，一般说来，许多诗人的作品也都有这个毛病。再以画家为例：比较珀鲁格诺托斯和宙克西斯[37]的作品可以看出，前者善于刻画性格，而后者的画作却无性格可言。再则，要取得我们所说的悲剧的功效，[38]只靠把能表现性格，[39]言语和思想都处理得很妥帖的话语连接起来是不够的；[40]相反，一部悲剧，即使在这些方面处理得差一些，但只要有情节，即只要是由事件组合而成的，却可在达到上述目的方面取得好得多的成效。另外，悲剧中两个最能打动人心的成分是属于情节的部分，即突转和发现。[41]还有一点可资证明：新手们一般在尚未熟练掌握编排情节的本领之前，即能娴熟地使用言语和塑造性格——在这一点上，过去的诗人也几无例外。[42]

因此，情节是悲剧的根本，用形象的话来说，是悲剧的灵魂。[43]性格的重要性占第二位（类似的情况也见之于绘画：一幅黑白素描 1450b
比各种最好看的颜料的胡乱堆砌更能使人产生快感）。悲剧是对行动的摹仿，它之摹仿行动中的人物，是出于摹仿行动的需要。[44]

第三个成分是思想。思想指能够得体地、恰如其分地表述见解的能力；[45]在演说中，[46]此乃政治[47]和修辞艺术的功用。[48]昔日的诗人让人物像政治家似地发表议论，[49]今天的诗人则让人物像修辞学家似地讲话。[50]性格展示抉择[51]（无论何种）[52]的性质［在取舍不明的情况下］，[53]因此，一番话如果根本不表示说话人的取舍，是不能表现性格的。思想体现在论证事物的真伪或讲述一般道理的言论里。[54]

第四个成分是† 话语中的† 言语。[55]所谓“言语”，正如我们说过的，[56]指用词表达意思，其潜力在诗里和在散文[57]里都一样。在剩下的成分里，唱段是最重要的“装饰”。[58]戏景虽能吸引人，却最少艺术性，[59]和诗艺的关系也最疏。一部悲剧，即使不通过演出[60]和演员的表演，也不会失去它的潜力。[61]此外，在决定戏景的效果方面，服装面具师[62]的艺术比诗人的艺术起着更为重要的作用。

【注释】

1 即史诗。史诗取六音步格（hexametros），每个音步由一个长音节和两个短音节构成。在占时方面，两个短音节大致等于一个长音节。六音步格又名“英雄格”(hērōos、hērōikon 或 hērōikon metron)。这里指的是用六音步格作成的摹仿型作品,因而不包括诸如恩培多克勒的《论自然》一类的著作。六音步长短短格适用于史诗,因为它“最庄重,最有分量”(第24章第22行)。

2 关于史诗的论述始于第23章。《诗学》第2卷(或另一部分)讨论喜剧,可惜早已失传(详见“引言”第18段(第8—9页))。

3 上文已经论及或涉及的内容包括:悲剧(一)是一种摹仿艺术(译文第1章第5—6行),(二)摹仿高贵者的(即严肃的)行动(参见第4章第18行),(三)应有一定的长度(参考第4章第45行),(四)摹仿的媒介是节奏、唱段和格律文(第1章第32行),(五)由不同的部分(即对话和合唱)组成(第1章第32—33行),(六)采用表演的方式(第3章第9—10行)。上文尚未涉及行动的完整性的问题(参考第七章)。

4 “性质”原文作 ousia。在亚里士多德哲学里,ousia 是一个重要的概念(参考附录四注47)。

5 Teleias。一个物体如果有了应该具有的一切,即包容了组成这个事物所必需的一切要素和部分,这个物体便是完整划一的(teleion kai holon,《物理学》3.6.207a9,另参考第7章注4)。用于形容产品和艺术品时,teleios 意为“完美的”或“精美的”,近似于拉丁词 perfectus。关于“严肃的”,见第2章注2。

6 亚里士多德伦理学认为,行动(praxis)即不同于生产(poiēsis),也不同于纯度很高的思辨活动(见《尼各马可斯伦理学》6.4.1140a1ff.,6.2.1139a26ff.)。Praxis 的主体是人,因而是一种受思考和选择(proairesis,参见注51)驱动的、有目的的实践活动(参考上引亚氏著作,6.2.1139a31—b5)。严格说来,只有智力健全的成年人才有组织和进行 praxis 的能力(《欧德摩斯伦理学》2.8.1224a28—30)。所以,对行动引起的后果,当事人必须承担应该由他承担的责任(或某一部分责任)。

7 Hēdusmenōi logōi。Hēdusma 原意为“调味品”(参见《尼各马可斯伦理学》9.10.1170b29,另参考注 58)。

8 Tois moriois;moria 在此指与悲剧的“量”有关的“部分”,等于第 12 章论及的 merē(参考第 1 章注 3)。“不同的形式”直译作“每一种类型”(eidos)。

9 根据原文,似亦可作“此类情感”解。比较第 19 章第 4 行:情感的激发(如怜悯、恐惧和愤怒等);另参考《修辞学》2.1.1378a19—22,《政治学》8.8.1342a12。《修辞学》第 2 卷对怜悯和恐惧作了详细的阐述(参考附录三)。

10 在定义所包括的内容中,“净化”(katharsis)是《诗学》现存部分没有作过说明的唯一的一项内容(参考“引言”第 18 段(第 9 页))。另参考附录“Katharsis”。

11 Harmonia[kai melos]。Harmonia 和 melos 意思接近(参考第 1 章注 43),但后者似更明确地包含“有歌词”之意。Kai melos (参考第 4 章注 11)是对 harmonia 的(或许是可有可无的)说明。比较第 1 章第 11、32 行。

12 比较第 1 章第 33 行。

13 Opsis,原意为“外观”、“形貌”等,译作“戏景”,表“演出情景”之意。Opsis 是重要的,因为观看演出实际上是观看人物在戏场或戏台上的活动;opsis 又不是那么重要的,因为即使仅凭阅读或听人讲诵,人们也能领略到悲剧的美和气势(参考译文第 14 章第 2—4 行,第 26 章第 21—22、27 行及该章注 16,本章第 59—60 行)。作者在下文中用了“装饰”(kosmos)一词,绝非出于偶然。Opsis 可能主要指人物的外观,不过,我们有时似乎很难把人物的活动和周围的环境分割开来。原文 1453b1(第 14 章第 1 行)中的 opsis 似可作泛指的“剧景”解。

14 Meros,即下文中的“成分”。

15 像 dianoia(见注 23)等词汇一样,lexis 也是个不易准确释译的术语。译作“语言”,似嫌泛了点;译作“措词”,难免显得有些拘谨;译作“文体”或“风格”,读来又略带几分生硬。作“言语”或“话语”解,虽说相对好一些,亦不能完整表达 lexis 的内涵(当然,即使在《诗学》里,lexis 亦可表示不同的意思,参考第 4 章注 43,第 20 章注 2 等处)。Lexis 的词根是 leg-(比较 legein,“说”、“讲”),加上后缀,包含动作之意(参考附录四注 2),故不仅可作“言语”解,而且还带有“正确地使用语言”的意思(参考《修辞学》3.1.1403^{b}16)。难怪作者认为,lexis 即“格律文的合成”或“通过词(或语言)表达意思”(见第 57 行)。Lexis 指格律文或散文,不指词和音乐的接合,即 melos(但亚氏亦用 lexis 指狄苏朗勃斯中的“言词”,《修辞学》3.3.1406^{b}2)。第 20—22 章对 lexis 作了较为细致的分析。

16 Melopoiia,即“歌的制作”。悲剧的写作包括两个部分,即格律文(念白、对话)的合成(lexis)和唱段(或歌)的合成(melopoiia)。因此,悲剧诗人既是格律文的写作者,又是唱段的写作者(melopoios)。欧里庇得斯称埃斯库罗斯为“一个蹩脚的 melopoios”(阿里斯托芬《蛙》(*Ranae*)1249—1250)。

17 作者反复强调了悲剧是对行动的摹仿的观点(另见第 4 章第 17—19 行,本章第 47—48 行和第 9 章第 23—24 行)。比较:悲剧是对行动和生活的摹仿(第 27—28 行);悲剧摹仿的不仅是一个完整的行动,而且是能引发恐惧和怜悯的事件(第 9 章第 35—36 行)。

18 或:这些人必须在性格和思想方面具备某些特性(poious tinas)。To poion 亦可作“性质”或“品质”解。

19 Poias tinas(参考注 18)。

20 比较第 13—14 行:悲剧是对行动的摹仿。

21 作者对 muthos 进行了限定:muthos 在此指“情节”,而不是通常所说的“故事”(参考附录“Muthos”)。

22 亚氏认为，性格（ēthē）属伦理美德的研究范畴。伦理美德得之于习惯（ethos）或习惯性活动。人们通过正义的行动而成为有正义感的人（详见《尼各马可斯伦理学》2. 1. 1103ª31—ᵇ2）。性格出自实践，也体现在实践之中，也就是说，通过一个人的抉择或行动，人们可以看出他的性格。另参考第 2 章注 3，第 13 章注 11。

23 Dianoia 指在理智和智能指导下的精神活动，可解作“推理”、“思想”和“思考”等。在亚里士多德哲学里，psukhē（“心灵”）包括可引发行动（praxis）的三个成分，即 aisthēsis（“感觉”）、orexis（“欲望”）和 nous（“理智”）。参考《尼各马可斯伦理学》6. 2. 1139ª17—18。Nous 是 psukhē 的精华，其功用是思考（dianoia）。作为一种推理思考，dianoia 可包括以下三个方面的知识，即 epistēmē（“科学或系统知识”）、tekhnē（“制作知识”）和 phronēsis（“实践或行为知识”）（《分析续论》（*Analytica Posteriora*）1. 33. 89ᵇ7—9）。《诗学》赋予 dianoia 如下两个“特点”：（一）体现在（某些）言论之中（另见第 19 章第 3—4 行，参考该章第 8—9 行），（二）可以反映人的说理能力（见本章第 54—55 行）。另参考注 51、54。

24 或：指论证观点或说明道理的言论。Gnōmē 指具一定概括力的、能说明某个道理的言论。对一般人而言，它是经验的总结，生活的教训；它的作用是告诉人们如何为人处世（参见《修辞学》2. 21. 1394ª21—25）。Gnōmē 不回答纯理论问题，既不解释数学定义，也不从哲学的高度分析和说明宇宙的起源、极限和归向。Gnōmē 不是智慧（sophia）的最高表现形式，也不是人对世界的最后解释，因此不同于纯哲学的结论或“第一哲学”的研究内容和成果。

25 Merē，指和悲剧的“质”有关的“成分”和“部分”（比较注 8）。

26 媒介：言语和唱段；方式：戏景；对象：情节、性格和思想。

27 Eidē 等于 merē（参考第 1 章注 3）。

28 校订本作†opsis ekhei pan†，其中 ekhei pan 可作“具所有的成分”解。但

如果说每部悲剧都包括这里提及的六个成分，我们又该如何解释第33—34行中的内容呢？

29 即情节。

30 艺术摹仿生活的观点在公元前四世纪大概已相当流行。和作者同时代的演说家鲁库耳戈斯(Lukourgos)说过，诗人"摹仿生活"(《谴责莱俄克拉忒斯》(*Kata Leōkratous*)102)；亚氏本人也曾引述过阿尔基达马斯(Alkidamas)的话：《奥德赛》是生活的镜子(《修辞学》3.3.1406ᵇ12—13)。

31 或：而不是为了形成(某种)品质(poiotēs，比较注18)。

32 生活的目的(telos)是追求幸福(eudaimonia)。亚氏一再指出，幸福不是"状态"，而是"活动"(energeia，《尼各马可斯伦理学》1.6.1098ᵃ16，10.6.1176ᵇ6—7；《政治学》7.3.1325ᵃ32—34)。"活动"(或行动)包括我们今天所说的某些"状态"，如幸福、思考等。亚里士多德认为，幸福本身即包含自己的目的(《尼各马可斯伦理学》10.6.1176ᵇ30—31)。

33 悲剧摹仿人物的行动，而不是他们的性格，因为只有通过表现行动，才能揭示生活的目的(即对幸福的追求)和人生的意义。具有某种品质或养成某种性格和习性，不是生活的最终目的。所以，在作者看来，性格"屈从"于行动(即情节)是很自然的事(今天的诗人、剧作家和小说家们或许不会完全同意这一点)。亚氏的戏剧理论明显地受到他的伦理学思想的影响。

34 这里，"事件"(pragmata)和"情节"等义。"即"原文作kai(参考第4章注11)。作者认为，情节是悲剧中最重要的成分，因此是悲剧的目的(telos tragōidias)。

35 当时是否有人主张重性格，轻情节，不得而知。

36 指欧里庇得斯以后，即公元前四世纪的悲剧诗人。

37 宙克西斯(Zeuxis)出生在鲁卡尼亚(即Lucanus)境内的赫拉克雷亚(Hērakleia)。在柏拉图的《普罗塔哥拉斯篇》(指对时间可能为公元前430年左右)里，他还是一位刚到雅典不久的年轻人。宙克西斯是一位誉满希腊城邦的画家(另参考西塞罗《论创造》(*De Inventione* 或 *De Inventione Rhetorica*)2.1.1),以画面绮丽和逼真著称。他画的葡萄曾使飞鸟"受骗"(帕里尼乌斯《自然研究》35.65)。尽管作者认为宙氏的作品不表现性格,帕里尼乌斯却称他的"裴奈罗珮"是一幅展现人物道德情操的画作(同上,35.63)。关于珀鲁格诺托斯,参见第 2 章注 6。

38 作者不曾用整段的文字讲述悲剧的功效(ergon tragōidias),有关论述散见在几个章节之中。简言之,悲剧的 ergon 是:通过能使人惊异的剧情引发怜悯和恐惧并使人们在体验这些情感中得到快感(参见本章第 6 行,第 14 章第 7—9 行,第 18 章第 31 行,第 25 章第 19 行,第 26 章第 42—43 行)。从某种意义上来说,ergon 的实现,也就意味着悲剧达到了预期的或应该达到的目的;不过,实现这个目的似应有观众或读者的参与(比较第 4 章注 33)。作者喜用 ergon 一词。比较:"此种艺术的功效"(第 26 章第 42 行),"政治和修辞艺术的功用"(本章第 50 行),"诗人的 ergon"(第 9 章第 1 行)和"说话者的 ergon"(参见第 19 章注 9)。

39 讲演者不仅应通过语言准确地表达意思,而且还应用合适的词语表现自己的性格,以争取听众的了解和支持(详见《修辞学》2.1.1377^{b}23ff.)。在讲演中,话语分三类,即表示性格的话语(ēthikos logos)、激发情感的话语(pathētikos logos)和说理的话语(apodeiktikos logos)。

40 比较柏拉图《法伊德罗斯篇》268C—D。

41 《诗学》九次连用突转(peripeteia)和发现(anagnōrisis),可见二者的关系之密切。突转和发现(或认出、意识到)是区别复杂情节和简单情节的两个成分(见第 10 章)。第 11 章 1、2 段分别对突转和发现下了定义。

42 在现存的悲剧中,除《雷索斯》被疑为是欧里庇得斯早年的作品外(参考第 5 章注 22),其余的都不是作者"初出茅庐"时的作品。

43 灵魂(psukhē)是生命之根本,即 arkhē(《论灵魂》1.1.402^{a}6—7)。Psukhē 乃事物中最重要的、决定其性质、功用和意义的部分。布莱希特

(Bertolt Brecht)不是亚氏戏剧理论的“信徒”,但仍在某种程度上同意情节是悲剧之灵魂的观点(参见《安提戈涅模式》(*Antigonemodell*)5)。

44 此番解释当有助于我们更好地理解第2章中的有关论述(见该章第1、15—17行)。关于悲剧是对行动的摹仿,参考注17。

45 或:思想指说可以说的和合适的话的能力。

46 Epi tōn logōn,亦可作“在讲话中”解。

47 Politikē,即关于城邦(polis)生活的艺术。当时的politikē还包括伦理学等(参考《尼各马可斯伦理学》1. 2. 1094a26—b10,《修辞学》1. 2. 1356a25—27),因此比我们今天所说的“政治”含义广一些。政治是全体公民的事,关心政治(即城邦的事务)是全体公民的义务。

48 译作“政治和修辞艺术中的演说即具此种功用”,似乎也过得去。

49 或:……像公民似地讲话。

50 原文用了副词rhētorikōs。在公元前四世纪,雅典文坛上不乏重修辞的悲剧诗人。瑟俄得克忒斯(修辞大师伊索克拉忒斯(Isokratēs)的学生)既是出色的修辞学家(西塞罗很欣赏他的文采,见《演说家》51. 172),又是多产的悲剧诗人(见第16章注27)。阿斯图达马斯(参见第14章注23)和阿法柔斯(Aphareus)等名诗人也都专门学过修辞(详见G. Xanthakis-Karamanos, “The Influence of Rhetoric on Fourth-Century Tragedy”, *Classical Quarterly*(N. S.)29(1979), pp. 66—69)。在公元前五世纪的诗人中,欧里庇得斯写过大段的“演说词”(参见《特洛伊妇女》(*Troades*)914—1032)。自公元前五世纪末起,修辞可能已带有为了实现某种政治目的而不合适地利用言论控制和引导舆论的含义。

51 Proairesis指智力正常的人在经过认真考虑(bouleusis)后作出的“抉择”或“决定”(参见《尼各马可斯伦理学》3. 3. 1113a9—12)。一般说来,proairesis是对有助于实现某个目的的方式的选择(同上,3. 3. 1113a12—14,6. 2. 1139a31—33)。Proairesis是亚里士多德行为哲学中的一个不可忽视的成分，与之相关的重要概念包括 nous（“理智”）、dianoia（“思考”）和 ēthē（“性格”）（同上，3.3.1139a33—35）。根据亚氏的伦理思想，选择是一种带倾向性的行为（参考第 15 章第 2—4 行），因而也就可以和应该接受道德标准的检验。由此可见，将这句话译作“性格显示人的道德意向”，亦是可以的。

52 括弧为译者所加。

53 阿拉伯译本中没有这一“说明”。

54 Dianoia 包含运用智力进行思考或推理之意（参考注 23），故这句话似亦可作如下解：人们通过推理论证事物的真伪或发表包含一般性道理的言论。

55 “话语中的”一语是个不必要的“说明”，因为 lexis 即指供念诵的“话”或“台词”（参见注 15），而不是供唱诵的歌词或唱词。

56 指第 12 行中的内容。

57 Epi tōn logōn。Logos 在此与“诗”或“格律文”形成对比（另见第 1 章第 16 行等处）。

58 参考注 7。演说者不应把“调料”（修饰性词语）当“菜肴”（《修辞学》3.3.1406a18—20）。

59 换言之，戏景是个相对次要的成分。高明的诗人不应借助戏景引发怜悯和恐惧，因为那是缺少艺术性的做法（见第 14 章第 5—6 行）。有无艺术性亦是作者评判发现之优劣的标准（参见第 16 章中的有关论述）。

60 Agōn，（公开）“演出”、“比赛”（参考第 7 章第 20 行，第 13 章第 32 行）。

61 “潜力”原文作 dunamis。根据亚氏的哲学思想，事物的 dunamis 是属于事物本身的东西。因此，即使事物没有进入运作状态，它的潜力依然存在。从这个意义上来说，悲剧，即便躺在书架上，也不会失去它的 dunamis。另参考第 1 章注 4。

62 Skeuopoios，由 skeuos（“器械”、（演员的）“服装”）和 poiein（“制作”）组成，此间所指可能比“服装面具制作师”的含义广一些。

第 7 章

定义有了，[1]现在讨论应如何编组事件的问题，因为在悲剧里，情节是第一，也是最重要的成分。[2]

根据定义，[3]悲剧是对一个完整划一，[4]且具一定长度的行动的摹仿，因为有的事物虽然可能完整，却没有足够的长度。[5]一个完整的事物由起始、中段和结尾组成。[6]起始指不必承继它者，但要接受其他存在或后来者的出于自然之承继的部分。与之相反，结尾指本身自然地承继它者，但不再接受承继的部分，它的承继或是因为出于必须，或是因为符合多数的情况。[7]中段指自然地承上启下的部分。因此，组合精良的情节不应随便地起始和结尾，它的构合应该符合上述要求。[8]

此外，无论是活的动物，还是任何由部分组成的整体，若要显得美，[9]就必须符合以下两个条件，即不仅本体各部分的排列要适当，而且要有一定的、不是得之于偶然的体积，因为美取决于体积和顺序。[10]因此，动物的个体太小了不美（在极短暂的观看瞬间里，
1451a 该物的形象会变得模糊不清），[11]太大了也不美（观看者不能将它一览而尽，故而看不到它的整体和全貌——假如观看一个长一千里[12]的动物便会出现这种情况）。[13]所以，就像躯体和动物应有一

定的长度一样——以能被不费事地一览全貌为宜，[14]情节也应有适当的长度[15]——以能被不费事地记住为宜。

用艺术的标准来衡量，作品的长度限制[16]不能以比赛的需要和对有效观剧时间[17]的考虑来定夺。不然的话，若有一百部悲剧参赛，[18]恐怕还要用水钟来计时呢——[†] 就像人们传说的那样。[†19]但是，若从以事物本身的性质决定其限度的观点来看，只要剧情清晰明朗，篇幅越长越好，因为长才能显得美。[20]说得简要一点，作品的长度要以能容纳可表现人物从败逆之境转入顺达之境或从顺达之境转入败逆之境的一系列按可然或必然[21]的原则依次组织起来的事件为宜。长度若能以此为限，[22]也就足够了。

【注释】

1 事实上，作者没有给每个成分下定义（参考译文第 6 章第 13 行）。

2 或译作：这是第一、也是最重要的一件事。作者反复强调了情节的重要性（参见第 5 章第 12—13 行，第 6 章第 31—32、45 行，第 9 章第 25 行等处）。

3 参见第 6 章第 3—6 行。

4 Teleias kai holēs。悲剧的定义中有 teleias 一词（见第 6 章注 5），holēs 的出现，可能是为了强调。如果说 holon 和 teleion 不是严格意义上的同义词，它们的意思也是“十分接近的”（《物理学》3. 6. $207^{a}13$）。

5 Megethos，或作“体积”解。

6 另参见第 23 章第 3 行。类似的论述也见之于柏拉图的《法伊德罗斯篇》264C。

7 或：在大多数情况下是如此（参考《分析续论》2. 12. $96^{a}8$—10）。在下文中，作者用“必然”和“可然”表达了同样的意思。

8 直译：应该使用上述成分（ideai，即起始、中段和结尾）。

9 Kalon（参考第 4 章注 11）。美的要素包括顺序、比例和限度（《形而上学》12. 3. 1078a36—37，另参考《论题》（*Topica*）3. 1. 116b21—23）。

10 美的个体应有一定的体积（参考《政治学》7. 4. 1326a33，《尼各马可斯伦理学》4. 3. 1123b6—8，比较希罗多德《历史》1. 60）。“体积”原文作 megethos（比较注 5）；“顺序”原文作 taxis，亦可作“排列”解。

11 亚氏认为，物体的体积和对它进行观察所需的时间之间存在着某种必然的关联（参考《物理学》4. 13. 222b15）。物体太细小，使人难以分辨它的组成部分（美的个体应有完好的内部组织），也弄不清它是怎么组合起来的，自然就无美可言。

12 毫无疑问，这是一种夸张的说法。一个 stadion 等于六个 plethra，合六百零六英尺九英寸。

13 在原文中，括弧止于“全貌”。

14 参见第 23 章第 14 行及第 24 章第 12 行中相似的论述。

15 Mēkos，比较 megethos。

16 Horos，“限制”，亦可作“定义”解。

17 原文作 pros tous agōnas kai tēn aisthēsin，“与比赛和感察有关”。关于 agōn，参考第 6 章注 60。

18 当然，这是夸张的说法，学问家的严谨没有泯灭他的幽默感。在城市狄俄努西亚戏剧比赛中，一天内上演的悲剧一般不超过三部（参考附录“悲剧”第 3 段）。

19 或：正如人们有时提及的那样。阿拉伯译文作：正如人们惯常所说的那样。在法庭上，为了使卷入纠纷的双方有相等的说话时间，古希腊人曾用水钟计时。现存的古文献中查不到在悲剧比赛中用水钟计时的记载。

20 参考注 10。对这里的提法不可作过于机械的理解——作者大概不会鼓励诗人写一万行的悲剧。事实上，作者刚刚说过，情节的长度应以能被不费事地记住为宜。所以，即便是史诗，也不宜拉得过长（参考第 24 章第 11—12 行）。

21 可然（to eikos）和必然（to anankaion）可能是当时的学者们所熟悉的术语（柏拉图曾合用过这两个词，见《提迈俄斯篇》40E）。亚氏认为，事物的存在或不存在，事情的发生或不发生，若是符合一般人的看法，这种存在或不存在，发生或不发生便是可然的（《分析论》（*Analytica Priora*）2. 27. 70ᵃ2—6，另参阅《修辞学》1. 2. 1357ᵃ34ff.）。"必然"排斥选择或偶然：一个事物若是必然要这样存在，就不会那样存在；一件事情若是必然会发生，就不会不发生（《形而上学》4. 5. 1010ᵇ26—30）。"可然"和"必然"将在下文中反复出现。关于人物命运的变化，详见第 13 章。

22 参考注 16。对悲剧的长度，作者没有作出硬性的规定，这是明智的。公元前五世纪的悲剧一般不超过 1,600 行。在现存的索福克勒斯的悲剧里，《俄底浦斯在科罗诺斯》（*Oedipus Coloneus*）最长，为 1,779 行，《特拉基斯妇女》（*Trachiniae*）最短，为 1,278 行。在现存的欧里庇得斯的作品中，《赫拉克勒斯的后代》（*Heraclidae*）最短，仅 1,055 行。另参考第 24 章注 12。

第 8 章

有人以为，[1]只要写一个人的事，情节就会整一，其实不然。在一个人所经历的许多，或者说无数的事件中，有的缺乏整一性。[2]同样，一个人可以经历许多行动，但这些并不组成一个完整的行动。所以，那些写《赫拉克雷特》、[3]《瑟塞伊特》[4]以及类似作品的诗人，在这一点上似乎都犯了错误。[5]他们以为，既然赫拉克勒斯是单一的个人，关于他的故事[6]自然也是整一的。然而，正如在其他方面胜过别人一样，[7]在这一点上——不知是得力于技巧还是凭借天赋[8]——荷马似乎也有他的真知灼见。[9]在作《奥德赛》时，他没有把俄底修斯[10]的每一个经历都收进诗里，例如，他没有提及俄底修斯在帕耳那索斯山上受伤[11]以及在征集兵员时装疯[12]一事——在此二者中，无论哪件事的发生都不会必然或可然地导致另一件事的发生——而是围绕一个我们这里所谈论的整一的行动完成了这部作品。他以同样的方法作了《伊利亚特》。[13]

因此，正如在其他摹仿艺术里一部作品只摹仿一个事物，[14]在诗里，情节既然是对行动的摹仿，就必须摹仿一个单一而完整的行动。事件的结合[15]要严密到这样一种程度，以至若是挪动或删减其中的任何一部分就会使整体松裂和脱节。[16]如果一个事物在整体中的出现与否都不会引起显著的差异，那么，它就不是这个整体的一部分。

【注释】

1 《诗学》不指名地驳斥了某些人的意见（另参见译文第13章第20、29行，第26章第11行等处）。

2 或：有的不能并为一个整体。

3 公元前七至六世纪的培桑德拉（Peisandros）、公元前五世纪的帕努阿西斯（Panuasis）等都写过以赫拉克勒斯的经历为素材的史诗。赫拉克勒斯（Hēraklēs）是传说中著名的英雄，曾做过十二件极难、极危险的事情（Twelve Labours）。关于他的传说形形色色，不一而足。

4 以讲述瑟修斯的经历为主。瑟修斯（Thēseus）是埃勾斯（Aigeus）和埃丝拉（Aithra）之子，传说中的雅典英雄。和赫拉克勒斯一样，瑟修斯一生经历坎坷，颇多传奇。哪些诗人写过史诗《瑟塞伊特》，不明。

5 比较第23章第17—19行。

6 “故事”原文作 muthos（在此之前，该词一直作“情节”解，另参考第9章第20行等处；详见附录“Muthos”）。

7 参考第24章注26。

8 参考第17章注8，附录十四第22段（第285—286页）。

9 Kalōs idein，意为“看得很清楚”。

10 俄底修斯（Odusseus）乃莱耳忒斯（Laertēs）之子，忒勒马科斯（见第25章注49）和忒勒格诺斯（见第14章注24）的父亲，伊萨凯（Ithakē）国王。在《伊利亚特》里，他不仅英勇善战（11.312ff.），而且足智多谋，能言善辩（19.154ff.）。阿基琉斯死后，他争得了死者的甲胄。俄底修斯是《奥德

赛》的第一主角。

11 事实上,《奥德赛》原原本本地交待过这件事(19.392—466)。此外,该诗第21卷第217—220行、第23卷第73—74行及第24卷第331—332行对伤疤亦作过简单的提及,目的是为了证明俄底修斯的身份。现在的问题是,既然《奥德赛》对此事有过明确的交待,作者何以又有此番言论呢?亚里士多德不是圣人,自然不会无所不知,但总还不至孤陋寡闻到如此可悲的地步吧?专家们因此作了如下解释:作者认为史诗应该描述一个完整的行动(见下文,另参见第26章第39—40行),而某些与之无关的事件实际上和作品本身也没有什么实质性的关联,因此,说这些事件不在行动之中,是可以理解的。帕耳那索斯山(Parnassos)为品道斯(Pindos)山脉的一个分支,其主峰距德尔福仅几英里。

12 俄底修斯无心征战,故以装疯回绝阿伽门农的邀请,被帕拉梅得斯(Palamēdēs)识破。《奥德赛》的确没有提到这件事;此事可能出现在史诗《库普利亚》里。

13 此种方法显然是作者欣赏的(另见第23章第1—3行)。亚里士多德"剖析了《伊利亚特》和《奥德赛》的结构(第8、23章)以及这两部作品的区别性特征(第24章),在这些方面,亚里士多德的判断具有无可争辩的权威性"。古时的学者们有时没有真正理解亚氏的评析,"没有一个人具有那样深邃的洞察力"(D. B. Monro, *Homer's Odyssey* Books 13—24, Oxford: Clarendon Press, 1901, p. 418)。

14 参考第1章注13。

15 或"事件的部分的组合"。

16 "脱节",阿拉伯译本作"被摧毁"。

第 9 章

从上述分析中亦可看出，诗人的职责[1]不在于描述已经发生的事，而在于描述可能发生的事，即根据可然或必然的原则[2]可能发生的事。历史学家和诗人的区别不在于是否用格律文写作（希罗 1451b
多德[3]的作品可以被改写成格律文，但仍然是一种历史，[4]用不用格律不会改变这一点），[5]而在于前者记述已经发生的事，后者描述可能发生的事。[6]所以，诗是一种比历史更富哲学性、更严肃的[7]艺术，因为诗倾向于表现带普遍性的事，而历史却倾向于记载具体事件。所谓“带普遍性的事”，指根据可然或必然的原则某一类人可能会说的话或会做的事——诗要表现的就是这种普遍性，虽然其中的人物都有名字。[8]所谓“具体事件”，指阿尔基比阿得斯[9]做过或遭遇过的事。[10]

在喜剧里，这一点已清晰可见：[11]诗人先按可然的原则编制情节，[12]然后任意给人物起些名字，而不再像讽刺诗人那样写具体的个人。[13]在悲剧里，诗人仍在沿用历史人名，[14]理由是：可能发生之事是可信的；我们不相信从未发生过的事是可能的，但已经发生之事则显然是可能的，否则它们就不会发生。然而，即使在悲剧里，有的作品除了使用一两个大家熟悉的人名外，其余的都取自虚构，[15]有的甚至连一个这样的人名都没有，如阿伽松[16]的《安修斯》。[17]该剧的事件和人名都出自虚构，但仍然使人喜爱。因此，没有必要只从那些通常为悲剧提供情节的传统故事[18]中寻找题材。说实在的，这么做还真荒唐，因为即便是有名的事件，[19]熟悉它们的也只是少数人[20]——但尽管如此，它们仍然能给大家带来愉悦。

以上所述表明，用摹仿造就了诗人，[21]而诗人的摹仿对象是行动的观点来衡量，[22]与其说诗人应是格律文的制作者，倒不如说应是情节的编制者。[23]即使偶然写了过去发生的事，他仍然是位诗人，因为没有理由否认，在往事中，有些事情的发生是符合可能性[和可能发生]的[24]——正因为这样，他才是这些事件的编制者。[25]

在简单情节和行动中，[26]以穿插式的为最次。[27]所谓“穿插式”，指的是那种场与场[28]之间的承继不是按可然或必然的原则连接起来的情节。拙劣的诗人写出此类作品[29]是因为本身的功力问题，而优秀的诗人写出此类作品则是为了照顾演员的需要。[30]由于为比赛而写戏，他们把情节拉得很长，使其超出了本身的负荷能
1452a 力，并且不得不经常打乱事件的排列顺序。[31]

悲剧摹仿的不仅是一个完整的行动，而且是能引发恐惧和怜悯的事件。[32]此类事件若是发生得出人意外，但仍能表明因果关系，[33]那就最能[或较好地]取得上述效果。如此发生的事件比自然或[34]偶尔发生的事件更能使人惊异，[35]因为即便是出于意外之事，只要看起来是受动机驱使的，亦能激起极强烈的惊异之情，比如阿尔戈斯的弥图斯塑像倒下来砸死了正在观赏它的、导致弥图斯之死的当事人一事，[36]便是一个佐证——此种事情似乎不会无

缘无故地发生。所以,此类情节一定是出色的。

【注释】

1 Ergon,即“功用”或“功效”(参考第 6 章注 38)。

2 参见第 7 章注 21。

3 希罗多德(Herodotos,约公元前 482—425 年)出生在哈利卡耳那索斯(Halikarnassos)的一个贵族之家,一生中阅历广博,著有《历史》(*Historiai*),即《希波战争史》,共九卷,着重描述了希波战争(止于前 479 年)的起因和过程。希罗多德的工作在一些方面具有开创性的意义,被后人(如西塞罗)尊为“历史之父”。他的作品体现了荷马的风范(朗吉诺斯《论崇高》13.3)。

4 据说萨摩斯(Samos)诗人科伊里洛斯(Khoirilos)曾参考希罗多德的《历史》写过一部史诗。作者引用过科伊里洛斯的诗行(《修辞学》3.14.1415[a]4,16—18),并以他在处理明喻方面的不足衬托荷马的高明(《论题》8.1.157[a]14—17)。

5 比较第 1 章第 22—26 行。

6 作者视历史为一本记述已发生之事的“流水账”。历史学家的任务是按年代把一段时间内发生的事情全部记下来,而诗人的任务是摹仿完整的行动(参见第 23 章第 1—8 行)。在谈及历史时,作者没有用“摹仿”一词。其实,希罗多德的《历史》所介绍的并不都是“已发生过的事”,某些描述明显地出自作者的构思和想象(参考 W. V. Harris, *Ancient Literacy*, Cambridge (Massachusetts): Harvard University Press, 1989, p.80;另参考附录“Historia”第 4 段)。

7 Spoudaioteron(参考第 2 章注 2),在此亦可作“更高的”或“更重要的”解。

8 古希腊人一般有名无姓。

9 阿尔基比阿得斯(Alkibiadēs)是苏格拉底的学生和朋友,雅典政治家,受过欧珀利斯(Eupolis)、斐瑞克拉忒斯(Pherekratēs)和阿里斯托芬等喜剧诗人的嘲讽。

10 在《论阐释》(*De Interpretatione*)7.17ᵃ38—ᵇ1 里,作者对普遍和具体作了抽象度更高的定义。普遍高于具体,因为前者可以展现事物存在和变化的原因(《分析续论》1.31.88ᵃ5—7,另参考《论灵魂》2.5.417ᵇ22—24)。历史学专家科林伍德(R. G. Collingwood)分析道:历史告诉人们克罗伊索斯(Kroisos)失败了,而诗告诉人们一些很富有的人失败了,但后者还只是一个具体的科学结论,因为人们不一定能从诗中领悟到"富人为什么会失败的道理"。诗所展现的普遍性不能通过三段论的形式反映出来,虽然用哲学的观点来看,此种普遍性仍然具有重要的价值,因为人们可以把它当作组成一个包含新的内容的推理模式的前提(*The Ideas of History*, Oxford: Clarendon Press, 1946, p.24)。亚氏的此番论述似乎没有得到同时代的学者们的重视。相比之下,伊索克拉忒斯的论述却在某种程度上影响过当时的史学家。著名历史学家珀鲁比俄斯(Polubios,约公元前 203—120 年)曾比较过历史和悲剧,认为前者优于后者(《历史》(或《罗马史》)2.56)。

11 在放手编制情节和任意选用人名方面,喜剧诗人走在悲剧诗人的前头(参考第 5 章第 10—13 行)。据传阿尔基比阿得斯曾主持制定过一条法律,禁止喜剧诗人"指名道姓"地讽刺公民。这里所说的喜剧,可能包括阿里斯托芬后期的作品和所谓的中期喜剧。在当时,新喜剧尚未诞生,梅南德罗斯(Menandros)的第一部作品在公元前 321 年问世。

12 或:用可然的事件组织情节。

13 参考译文第 4 章第 17—20 行及该章注 13。

14 和他的同胞们一样,作者大概相信,传说中的英雄或其中相当一部分人

(如阿伽门农、阿基琉斯等),是历史上确有其名的人物(genomenoi,另参考附录十三注 37,十四注 48)。不过,我们不能因此假设作者缺乏起码的历史知识。可以相信,尽管他的历史观明显地带着时代的烙印和局限性,亚氏不会以为关于特洛伊战争的传说和描述波斯战争的史篇具有完全同等的历史真实性。

15 欧里庇得斯的《海伦》(*Helena*)和《厄勒克特拉》中的某些人名可能出自虚构。

16 阿伽松(Agathōn),雅典悲剧诗人,公元前 416 年在莱那亚(Lēnaia 或 Dionusia ta epi Lēnaiōi)戏剧比赛中首次获胜,其时可能还不到三十岁。阿伽松是一位有才华、富创新精神的剧作家,亚氏引用过他的诗行(《尼各马可斯伦理学》6.2.1139^{b}9—11, 6.4.1140^{a}19—20;另参考第 18 章第 27—28 行,比较第 25 章第 87—90 行)。阿里斯托芬揶揄过他的诵唱(《妇女的节日》(*Thesmophoriazusae*)101ff.),作者亦对他使用与作品的主题或情节不相干的"插曲"(embolima)的做法提出了批评(见第 18 章第 38—39 行)。阿伽松的作品仅剩少量片断传世。

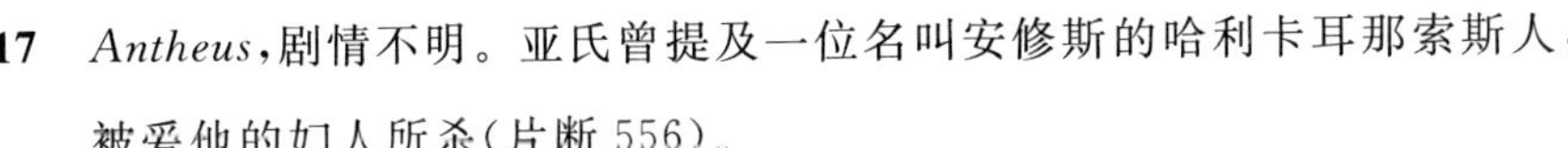

17 *Antheus*,剧情不明。亚氏曾提及一位名叫安修斯的哈利卡耳那索斯人,被爱他的妇人所杀(片断 556)。

18 "故事"原文作 muthos(另见第 8 章第 6 行,第 13 章第 25、40 行等处)。

19 或:有名的故事。

20 这句话不易理解。我们知道,古希腊民众从小接受诗的熏陶,对世代相传的故事一般是比较熟悉的(人们都了解阿基琉斯的生平和经历,见《修辞学》3.16.1416^{b}28;另参考附录十四第 6 段)。当然,普通民众对传统故事的了解大概不会很细,也不会很全面。真正熟悉故事的来龙去脉,有能力对复杂的内容进行综合辨析的,可能只是少数人。

21 比较第 1 章第 21—24 行。

22 参考第 6 章注 17。

23 情节是悲剧的“根本”(第 6 章第 45 行),因此诗人首先应是编制情节的里手。作者并非主张写诗应该不用格律,他的用意是提请人们注意诗的某些在他看来应该予以重视的特点,如具有情节和进行摹仿等。在亚氏看来,格律文作者不一定都是严格意义上的诗人。

24 字面意思为:因为没有什么可以阻止已经发生的某些事情……。[Kai dunata genesthai]中的 kai 亦可作“即”或“或”解(参考第 4 章注 11)。

25 “编制者”原文作 poiētēs,即“诗人”(参考第 1 章注 2)。

26 “情节”和“行动”在此几乎同义(另见第 11 章第 12 行,比较第 6 章注 34)。

27 复杂情节优于简单情节(见第 13 章第 4 行;第 10 章将讨论这两种情节),而在简单情节中又以穿插式的为最次。在《诗学》里,名词 epeisodia(“穿插”)几乎是个中性词,但形容词 epeisodiōdēs(“穿插式的”)则明显地包含贬薄之意(参考 G. M. A. Grube, *Aristotle on Poetry and Style*, New York: The Liberal Arts Press, 1958, p. 20)。不是所有用了穿插的作品都是“穿插式”的(参考第 17 章注 20 等处)。

28 Epeisodia,在此似亦可作“部分”解。参考第 4 章注 45。

29 或:编出此类情节。

30 在当时的戏剧比赛中,演技已是一个重要的评审内容(城市狄俄努西亚和莱那亚均设表演奖),演员的重要性“已超过诗人”(《修辞学》3. 1. 1403^{b}33)。供辩说的文体适用于表演,所以演员在寻找能表现辩才的剧本,诗人也在寻找有较强表达能力的演员(参考同上,3. 12. 1413^{b}8—12)。

31 或:打乱情节的连贯性。

32 换言之,悲剧应摹仿由能引发怜悯和恐惧的事件组成的完整的行动(参考第 6 章注 17)。

33 直译:因为这个和那个的关系(参考第 10 章第 6 行)。

34 “或”原文作 kai,亦可作“和”或“即”解。

35 悲剧应包容能使人惊异的内容(第 24 章第 36 行,另参考第 16 章第 38—39 行)。

36 据普鲁塔耳科斯所叙,当事人其时正在市场里,弥图斯(Mitus)的铜像倒下来砸死了他(《道德论》553D)。弥图斯可能死于公元前 374 年左右。阿耳戈斯(Argos)在伯罗奔尼撒的东北部。

第 10 章

由于情节所摹仿的行动明显地有简单和复杂之分，故情节也有简单和复杂之别。所谓“简单行动”，正如上文解释过的，[1]指连贯、整一，其中的变化[2]没有突转或发现伴随的行动。所谓“复杂行动”，指其中[3]的变化有发现或突转、或有此二者伴随的行动。这些应出自情节本身的构合，[4]如此方能表明它们是前事的必然或可然的结果。[5]这些事件与那些事件之间的关系，是前因后果，还是仅为此先彼后，大有区别。[6]

【注释】

1 参考第 7 章，尤其是该章第 26—27 行。

2 Metabasis，大概指人物命运的变化（比较第 11 章注 1）。

3 原文中的 ex hēs 可作“出自此种行动”或“由于此种行动的展开”解。

4 作者反复强调了以情节为本的观点（参见译文第 14 章第 1 行，第 15 章第 18 行，第 16 章第 14、38 行等处）。

5 比较第 15 章第 15—17 行。

6 比较第 8 章第 9—12 行，第 9 章第 30—31 行。

第 11 章

突转，[1]如前所说，[2]指行动的发展从一个方向转至相反的方向；我们认为，此种转变必须符合可然或必然的原则。例如在《俄底浦斯》[3]一剧里，信使的到来本想使俄底浦斯高兴并打消他害怕娶母为妻的心理，不料在道出他的身世后引出了相反的结果。[4]又如在《伦丘斯》里，伦丘斯被带去处死，达那俄斯跟去执刑，结果，作为前事的结局，后者被杀，前者反而得救。[5]

发现，如该词本身所示，[6]指从不知到知的转变，即使置身于顺达之境或败逆之境中的人物认识到对方原来是自己的亲人或仇敌。[7]最佳的发现与突转同时发生，如《俄底浦斯》中的发现。[8]当然，还有它种发现：上述形式的发现可以和[9]无生命物[10]和偶然发生之事联系在一起；此外，还可发现某人是否做过某事。[11]但是，和情节，即行动[12]关系最密切的发现，是前面提到的那一种，因为这样的发现和突转能引发[13]怜悯或恐惧（根据上文所述，[14]悲剧摹仿的 1452b
就是这种行动）；此外，[15]通过此类事件还能反映人物的幸运和不幸。[16]既然发现是对人的发现，[17]这里就有两种情况。有时，一方的身份是明确的，因此发现实际上只是另一方的事；有时，双方则需互相发现。例如，通过伊菲革涅娅托人送信一事，俄瑞斯忒斯认出了她，[18]而伊菲革涅娅则需另一次发现才能认出俄瑞斯忒斯。[19]

突转和发现是情节的两个成分，[20]第三个成分是苦难。[21]在这些成分中，我们已讨论过突转和发现。苦难指毁灭性的或包含痛苦的行动，如人物在众目睽睽之下的死亡、[22]遭受痛苦、受伤以及诸如此类的情况。[23]

【注释】

1 “突转”(peripeteia)不完全等同于 metabasis(见第 10 章注 2)，前者是复杂剧的标志，且有发现的伴随，后者(从理论上来说，可以)出现在所有的悲剧里。另参考第 6 章注 41。

2 上文并没有专门讨论过突转(参见译文第 6 章第 41 行)。

3 即《俄底浦斯王》(*Oedipus Tyrannus*)，作者索福克勒斯。瑟拜(Thēbai 或 Thēbē)国王拉伊俄斯(Laios)知其子俄底浦斯(Oedipus)日后会弑父娶母，遂差人将其遗弃。科林索斯(Korinthos)国王收养了男孩。此君成年后，为躲避预言中的横祸出走瑟拜，路杀一老人(即拉伊俄斯)。抵瑟拜，娶王后伊娥卡丝忒(Iokastē)为妻；在弄清自己是杀父娶母的罪人后，扎瞎了双眼。据荷马所述，俄底浦斯的母亲名叫厄庇卡丝忒(Epikastē)。俄氏杀父娶母，待发现后，厄庇卡丝忒悬梁自尽，俄氏则照旧统治国内的臣民(《奥德赛》11.271—276，另参考《伊利亚特》23.679)。据黑西俄得的《农作和日子》，瑟拜曾发生过争夺俄家牲畜的械斗，一些英雄死于混战之中(162—163)。除索福克勒斯外，至少还有埃斯库罗斯、卡耳基诺斯(见第 16 章注 5)、欧里庇得斯、尼各马可斯(Nikomakhos)、瑟俄得克忒斯等多位诗人写过有关俄底浦斯的悲剧。

4 作者的“小结”太过简练，以致不完全符合有关剧情。信使自科林索斯来，带来的消息是：老国王珀鲁波斯（Polubos）已死，国民已拥戴俄底浦斯为王。信使以为俄氏听了这则消息后会感到高兴——可见他的到来并不是为了打消俄氏的恐惧心理。直至了解到对方正为自己可能成为杀父娶母的罪人而担忧时，为了安慰他，信使方说出了俄氏的身世，却不料引出了相反的结果（参阅该剧 924ff.）。

5 *Lunkeus* 的作者是当时已蜚声雅典的瑟俄得克忒斯。此剧的内容别处均无记载，作者的两次提及（另见第 18 章第 4 行）囊括了我们所掌握的关于该剧的全部信息。瑟氏依据的可能是如下传说：阿耳戈斯国王达那俄斯（Danaos）有五十个女儿，他的兄弟埃古普托斯（Aiguptos）的五十个儿子欲娶她们为妻。达那俄斯命令女儿们于新婚之夜尽杀新郎。唯有伦丘斯（Lunkeus）的新娘呼柏耳奈丝特拉（Hupermnestra）手下留情，藏起了夫婿，并为他生子阿巴斯（Abas）。《伦丘斯》的突转究为如何，不得而知，可能与阿巴斯的突然出现有关。

6 比较：anagnōrisis（“发现”）、gnōsis（“知晓”）、agnoia（“无知”）。

7 直译作：使……意识到 philia 或敌意。philia 在此可作“亲缘”解，其含义远较一般的“友谊”为强（比较第 13 章第 41 行中的“朋友”）。

8 《俄底浦斯王》一剧的高潮始于信使的到来（第 924 行）。稍后，伊娥卡丝忒发现了俄底浦斯的真实身份（参见第 1056—1072 行）；俄氏的发现来得迟一些，约在第 1167 行以后。某些悲剧中的发现似乎没有导致命运的变化，如《发疯的赫拉克勒斯》（*Heraklēs Mainomenos* 或 *Hercules Furens*）中赫拉克勒斯的发现和《巴科斯的女信徒们》（*Bacchae*）中阿伽维（Agauē）的发现。“发现”首先是对人之真实身份的发现。

9 原文放在† †号内，意为：正如（刚才）所说的（也会）发生（在）……。

10 参考第 16 章第 1 段。

11 例如菲洛克忒特斯（Philoktētēs）意识到尼俄普托勒摩斯（Neoptolemos）偷了他的弓。关于发现的种类，见第 16 章。另参考该章注 30。

12 “情节”在此和“行动”等义(参考第 9 章注 26)。原文中的 kai 作“即”解。

13 Hekhei,亦可作“包容”解。

14 参考第 6 章第 5—6 行,第 9 章第 35—36 行。

15 参考了布切尔(S. H. Butcher)等人的校勘本。卡塞尔校勘本作“因为”。

16 参考第 6 章第 27—28 行。

17 此乃发现的一个重要内容。

18 这里指的是欧里庇得斯的《伊菲革涅娅在陶罗依人里》(参见第 14 章注 33)中的一段剧情。伊菲革涅娅(Iphigeneia)身陷异乡,托俄瑞斯忒斯(见第 13 章注 21)的随从带信给俄瑞斯忒斯。但俄瑞斯忒斯当时即在现场,故而认出了伊菲革涅娅(该剧 759—797)。关于此事,另参见第 16 章第 15—16 行。该剧的梗概见第 17 章第 16—21 行。据《伊利亚特》,阿伽门农有一子(俄瑞斯忒斯)三女(克鲁索瑟弥丝(Khrusothemis)、劳迪凯(Laodikē)和伊菲阿娜莎(Iphianassa))。伊菲阿娜莎可能即为伊菲革涅娅。

19 参阅《伊菲革涅娅在陶罗依人里》800—830,另参考第 16 章第 12—14 行及该章注 16。

20 Merē。作者在此再次重申了突转和发现是属于情节的两个成分的观点(参见第 6 章第 41—42 行;另比较第 18 章第 7—8 行,第 24 章第 3 行)。

21 “苦难”原文作 pathos(比较第 1 章注 21,第 19 章注 5)。和突转及发现不同,苦难既可出现在复杂情节,亦可出现在简单情节之中。此外,有无 pathos 还是区别悲剧和喜剧的一个特征(参考第 5 章第 1 段)。

22 在现存的悲剧中,除阿尔开斯提斯(Alkēstis)和希珀鲁托斯(Hippolutos)等少数人物是在 skēnē(参见第 12 章注 7)上死去的外(索福克勒斯笔下的埃阿斯(Aias)亦有扑剑之举),此类情况实不多见。作者在论及史诗时指出,史诗也应表现突转、发现和苦难(第 24 章第 3 行)。由此看来,pathos 似亦可指肉眼看不见的残杀和人物所遭受的磨难。

23 如赫拉克勒斯和菲洛克忒特斯的伤痛以及普罗米修斯(Promētheus)、俄底浦斯、珀鲁梅斯托耳(Polumēstōr)等所遭受的苦痛等。

第 12 章[1]

悲剧中的应被用作合成成分的部分，[2]上文已作过说明。[3]从量的角度来分析，[4]悲剧的部分，[5]即把悲剧切分成节段的部分是：开场白、场、[6]退场及合唱。合唱分帕罗道斯和斯塔西蒙，此二者为所有的剧所共有；至于演员在戏场上所唱的段子[7]及孔摩斯，则只有某些剧才有。[8]

开场白[9]指悲剧中歌队演唱帕罗道斯之前的整个部分，场是悲剧中介于两次完整的合唱之间的整个部分，[10]退场[11]是悲剧中的一个完整的部分，其后再无歌队的合唱。在合唱中，帕罗道斯[12]是歌队第一次完整的表述；[13]斯塔西蒙[14]由歌队演唱，其中没有短短长格或长短格诗行；[15]孔摩斯[16]是歌队和戏台上的演员轮唱的哀歌。

悲剧中的应被用作〈合成成分〉的部分，上文已作过说明。这里，我们从量的角度出发列举了悲剧的部分，即把悲剧切分成节段的部分。

【注释】

1 本章打断了从第 7 章开始的对情节的讨论。根据这一点及其他理由（参见注 13、15、16)，有人将本章内容定为后世语法学家(grammatikoi)的续笔。本段文字中的确有一些“疑点”，但我们不能仅凭“疑点”下结论。就内容而言，本章所述似乎没有超出《诗学》本身所限定的讨论范畴(参考第 1 章第 1 段)。就结构而言，《诗学》既有“纵向”(即对“质”)的分析，似亦应有与之对应的“横向”(即对“量”)的分析(其对象即本章论及的四个部分，似亦可包括第 18 章论及的“结”和“解”)。因此，对审定本章的真伪，我们应持谨慎的态度。

2 在本句里，作者用了 merē 和 eidē，均可作“成分”或“部分”解。我们说过，在《诗学》里，meros、eidos 和 morion 等经常是没有实质性区别的近义词(参考第 1 章注 3，本章注 5)。

3 参见第 6 章，重点参考该章第 21—26 行。

4 有别于 kata to poion(“从质的角度来分析”)。

5 在 1449^b26(译文第 6 章第 5 行)里，作者称此类部分为 moria。

6 Epeisodion(参考第 4 章注 45)。

7 Ta apo tēs skēnēs，即“在 skēnē 上来的歌”。比较：apo skēnēs(1452^b25，本章第 10 行)，epi tēs skēnēs，即“在 skēnē”上或“在 skēnē 前”(1455^a28，第 17 章第 6 行；1459^b25，第 24 章第 13 行)，epi skēnēs(1460^a15，第 24 章第 38 行)，epi tōn skēnōn(1453^a27，第 13 章第 32 行)。下文没有解释 ta apo tēs skēnēs。Skēnē(复数 skēnai)原意为“棚”或“棚屋”，指剧场内供演员换装的简易建筑。后来，经过改装的 skēnai 被兼用作演出的背景建筑(同时亦负有提供演出设施，包括“机械送神”(参见第 15 章注 20)的“任务”)。一般认为，在埃斯库罗斯活动的年代即已有了此类 skēnai，因为上演他的《俄瑞斯忒斯三连剧》(约公元前 458 年)需要一栋这样的背景建筑。泛指的 skēnē 包括建筑物前面的演出场地。演出场地前面是 orkhēstra，即歌队的活动场地。歌队的合唱在形式及音调方面都和演员在 skēnē 上唱的段子有所不同(参见《问题》19. 15. 918^b26ff.，30.

920a 8ff.,48.922b 10ff.)。当时的剧场内是否已有高出地面的戏台,现存的古文献没有为我们提供明确的答案(参考 A. W. Pickard-Cambridge, *The Theatre of Dionysus in Athens*, Oxford: Clarendon Press, 1946, pp.73—74)。尽管如此,不少专家学者在这个问题上仍倾向于持肯定的态度。

8 大致说来,开场白、场和退场属 lexis("言语")或 metron("格律文")的范畴,合唱和独唱属 melos("歌"或"唱段")的范畴(参考第 1 章注 43,第 6 章注 16;另比较本章注 13)。

9 Prologos(另参考第 5 章注 11,第 4 章注 43)。少量悲剧以帕罗道斯开场,如埃斯库罗斯的《波斯人》和《祈求者》(*Supplices*)。

10 Epeisodion 中亦可包容较短的合唱(参考《希珀鲁托斯》(*Hippolutos*) 362—372,669—679;《菲洛克忒特斯》(*Philoktetes*) 391—402,507—518),但这些算不得"完整的合唱"。埃斯库罗斯的《祈求者》中的某个可作 epeisodion 计的部分里,有一段近百行的合唱(625—709)。

11 Exodos,原来大概指歌队离开 orkhēstra 时唱的段子,即退场歌,和 parodos 遥相呼应。最后的 khorou melos("合唱歌")有时远在剧终之前,在这种情况下,exodos 的长度可达数百行(如《发疯的赫拉克勒斯》1042—1428)。

12 Parodos 是歌队入场(即进入 orkhēstra)时唱的段子,因而包容某些"行进格律"(如短短长格和长短格,后者在公元前五世纪仅为喜剧所用)。在帕罗道斯里使用短短长格诗行,是一种较为古老的做法,埃斯库罗斯用过此法,索福克勒斯仅在《埃阿斯》和《安提戈涅》(当然是就现存的作品而言;关于《安提戈涅》见第 14 章注 28)的帕罗道斯里写过此类诗行。不过,不能完全排除公元前四世纪的剧作家们在帕罗道斯里重新启用此种诗格的可能性(遗憾的是,公元前四世纪的悲剧无一幸存)。短短长格分双音步和四音步,前者为正常的入场节奏,后者则适合于伴随较快的行进步伐(参阅 A. M. Dale, *Collected Papers*, edited by T. B. L. Webster and E. G. Turner, Cambridge: Cambridge University Press, 1969, pp. 34—40)。在公元前五世纪末,帕罗道斯常被孔摩斯(见注 16)所取代。

13 “表述”原文作 lexis。在这句话里,lexis 是个可能引起误解的词汇,因为它的一般所指是“言语”(参考第 6 章注 15),而不是合唱,后者属 melos 的范畴。我们知道,帕罗道斯中可以包容短短长格诗行,而遇到此类诗行,行进中的歌队成员可能不是把它们唱出来,而是把它们念诵或吟诵出来的。作者称 parodos 为 lexis,所依据的是否就是这一点呢?

14 Stasimon,即“歌队入场后唱的段子”或“站着唱的歌”。通过分析现存悲剧中的斯塔西蒙可以看出,某些段子的演唱似应有舞蹈的伴随,因此第一种意思可能更为可取,虽然我们似乎没有理由忽略喜剧诗人普拉同(Platōn,写作年代约在公元前 420—前 390 年间)的“抱怨”:如今的歌队成员啥都不干,个个都像呆子似地站在那里嚎叫(片断 130)。

15 事实上,短短长格和长短格诗行在斯塔西蒙中均有出现。作者的意思或许是:斯塔西蒙中没有供念诵的短短长格和长短格诗行。

16 Kommos(“哀歌”),派生自动词 koptein(“捶胸悲悼”,参阅《奠酒人》306ff.,重点参考第 423 行)。事实上,在演员和歌队的轮唱中,半数以上的唱词不表示悲悼性的内容;由此看来,kommos 的含义或许会比词义所示的范围广一些。

第 13 章

承上文所述，[1]现在似有必要讨论如下问题：在组织情节时，诗人应追求什么，避免什么，[2]以及应该怎样才能使悲剧产生它的功效。[3]

既然最完美的悲剧的结构应是复杂型、而不是简单型的，[4]既然情节所摹仿的应是能引发恐惧和怜悯的事件（这是此种摹仿的特点），那么，很明显，首先，悲剧不应表现好人[5]由顺达之境转入败逆之境，因为这既不能引发恐惧，亦不能引发怜悯，倒是会使人产生反感。[6]其次，不应表现坏人由败逆之境转入顺达之境，因为这与悲剧精神背道而驰，在哪一点上都不符合悲剧的要求——既不能 1453a
引起同情，[7]也不能引发怜悯或恐惧。再者，不应表现极恶的人由顺达之境转入败逆之境。此种安排可能会引起同情，却不能引发怜悯或恐惧，因为怜悯的对象是遭受了不该遭受之不幸的人，而恐惧的产生是因为遭受不幸者是和我们一样的人。[8]所以，此种构合不会引发怜悯和恐惧。[9]介于上述两种人之间还有另一种人，[10]这些人不具十分的美德，[11]也不是十分的公正，他们之所以遭受不幸，不是因为本身的罪恶或邪恶，而是因为犯了某种错误。[12]这些人声名显赫，生活顺达，如俄底浦斯、[13]苏厄斯忒斯[14]和其他有类似家庭背景的著名人物。

由此看来，一个构思精良的情节必然是单线的，[15]而不是——像某些人所主张的那样——双线的。[16]它应该表现人物从顺达之境转入败逆之境，而不是相反，即从败逆之境转入顺达之境；[17]人物之所以遭受不幸，不是因为本身的邪恶，而是因为犯了某种后果严重的错误——当事人的品格应如上文所叙，也可以更好些，但不能更坏。[18]事实证明，我们的观点是正确的。起初，诗人碰上什么故事就写什么戏，而现在，最好的悲剧都取材于少数几个家族的故事，[19]例如，取材于有关阿尔克迈恩、[20]俄底浦斯、俄瑞斯忒斯、[21]墨勒阿格罗斯、[22]苏厄斯忒斯、忒勒福斯[23]以及其他不幸遭受过或做过可怕之事的人的故事。所以，用艺术的标准来衡量，最好的悲剧出自此类构合。因此，那些指责欧里庇得斯[24]以此法编写悲剧并批评他在许多作品里以人物的不幸结局的人，[25]犯了同样的错误，[26]因为正如我们说过的，这么做是正确的。一个极好的见证是，只要处理得当，在戏场上，[27]在比赛中，此类作品最能产生悲剧的效果。因此，尽管在其他方面手法不甚高明，[28]欧里庇得斯是最富悲剧意识的诗人。

第二等的结构[29]——一些人认为是第一等的——是那种像《奥德赛》那样包容两条发展线索，到头来好人和坏人分别受到赏惩的结构。[30]由于观众的软弱，此类结构才被当成第一等的；[31]而诗人则被观众的喜恶所左右，为迎合后者的意愿而写作。[32]但是，这不是悲剧所提供的快感——此种快感更像是喜剧式的。[33]在喜剧里，传说[34]中势不两立的仇敌，例如俄瑞斯忒斯和埃吉索斯，[35]到剧终时成了朋友，[36]一起退出，谁也没有杀害谁。[37]

【注释】

1 接第 11 章。

2 或:注意什么。

3 Ergon(参考第 6 章注 38)。

4 关于简单情节和复杂情节的区别,参见第 10 章。简单剧中以穿插式的为最次(第 9 章第 29 行)。

5 Epieikeis andres,此处应指“完美无缺的人”方能和下文的意思相吻合(比较第 15 行),因为有缺点的好人仍然是好人。第 15 章指出,诗人在摹仿易怒的、懒散的或性格上有其他缺陷的人物时,也应既求相似,又要把他们写成好人(用了 epieikeis 一词,见 1454^b13,译文第 28—29 行);人物的性格必须好(第 2 行)。阿基琉斯是个好人,但不是完人。应该承认,作者没有在用词上区别“好人”和“完人”是一个缺憾。

6 “反感”(miaron)不是悲剧应该引发的情感。关于怜悯和恐惧,参见附录三。

7 从词源上来看,philanthrōpon 和名词 philanthrōpia(“友善”、“善良”,由 phil-(“爱”)和 anthrōpos(“人”)组成)同“宗”,可作“同情”解。值得注意的是,在亚里士多德伦理学里,“同情”不是一个孤立的概念。对遭受苦难者的同情,包含了对导致苦难者的愤怒和乐于见到后者受惩的心情。人们同情不该遭受但实际上遭受了苦难的人,对命运之神使不配走运的人“发迹”感到愤懑不平(参考《修辞学》2. 9. 1386^b8—15)。所以,philanthrōpon 又可作“满足人的道德要求(或愿望)的”解。

8 校订本重复了怜悯和恐惧的对象:前者……,后者……,怜悯……,恐惧……。悲剧英雄或人物也是人,而不是神。他们有人的弱点和喜怒哀乐,也会像一般人那样犯错误。从这个意义上来说,他们和我们或一般人没有太大的区别。悲剧之所以感人,和这一点很有关系。但是,悲剧人物出身高贵，地位显赫，举足轻重——这些人往往和神有着直接和具体的交往，在一个崇尚力量和英雄的时代里有过不寻常的经历。这一切又是一般人所不可企及的。从这个意义上来说，悲剧摹仿或表现比今天的人好的人（第 2 章第 16—17 行，第 15 章第 25 行）。

9 根据逻辑推理，似还应有另一种境况变化，即好人由败逆之境转入顺达之境。为何不见提及此种变化，原因颇费猜度。是源出传抄者的遗误，还是因为作者觉得此类变化完全背离悲剧精神，故而不值一提？事实上，此种变化不仅悲剧中有，而且还出现在作者为之总结出一般性大纲的《伊菲革涅娅在陶罗依人里》里。作者不认为伊菲革涅娅应该杀了俄瑞斯忒斯，然后再表示追悔，相反，他很欣赏欧里庇得斯的处理方式（参见第 14 章第 44—45 行）。在《诗学》里，需要读者发挥想象力的地方颇多，这里所指，只是其中的一例而已（另参考第 4 章注 42，第 18 章注 7、14、21，第 26 章注 20 等处）。

10 可以称此种人为悲剧的“主人公”，但作者没有使用这个词。

11 Aretē（另参考第 22 章注 2）。美德（或德、德性）分两种，一种为心智美德（dianoētikai aretai），如哲学思辨，另一种为伦理美德（ēthikai aretai），如克制（《尼各马可斯伦理学》1.13.1103^{a}5—6）。参考附录七注 22。

12 关于“错误”（hamartia），详见附录五。比较第 5 章注 3。

13 参考第 11 章注 3。

14 苏厄斯忒斯（Thuestēs）和阿特柔斯（Atreus，阿伽门农和墨奈劳斯之父）同为裴洛普斯（Pelops）之子。裴洛普斯杀了神之信使赫耳梅斯（Hermēs）的儿子，赫耳梅斯因此发誓要让裴氏家族遭殃。他给了阿特柔斯一只象征王权的金羊。苏厄斯忒斯通过与阿特柔斯之妻通奸之便偷取了金羊，事发后被逐出城外。其后，阿特柔斯烹煮了苏厄斯忒斯的儿子，并以兄弟修好为名邀请苏氏赴宴（另参考第 16 章注 6）。索福克勒斯、阿伽松、卡耳基诺斯、阿波洛道罗斯（Apollodōros）、开瑞蒙、克勒俄丰以及罗马诗人厄纽斯（Guintus Ennius）和塞奈卡（Lucius Annaeus Seneca）等都写过苏厄斯忒斯的经历。索福克勒斯写过一出《苏厄斯忒斯》和一出《苏厄斯忒斯在西库昂》，均已失传。《苏厄斯忒斯在西库昂》的内容包括：苏厄斯忒斯在不知对方是自己的女儿裴洛庇娅（Pelopia）的情况下，同她生子埃吉索斯（参见注 35、21）。阿特柔斯把后者养大成人并指使他去杀苏厄斯忒斯。苏厄斯忒斯认出女儿后，裴洛庇娅含羞自尽；愤怒的埃吉索斯杀了阿特柔斯。

15 Haplous 在此作“单线的”解，和 diplous（“双线的”）形成对比。注意，单线情节和简单情节不是同一个概念。就单线情节和双线情节而言，作者认为前者优于后者；就简单情节和复杂情节而言，作者认为后者优于前者。比较第 10 章第 1—2 行。

16 双线发展的情节往往会引出两个结局，即好人得到好报，恶人受到惩罚（见下文）。“某些人”所指不明（参见第 8 章注 1）。

17 这一观点可能和第 14 章中的有关论述相矛盾（参考该章注 34）。

18 参考注 5、8。

19 作为一种趋势，可能始于公元前五世纪下半叶。Muthos 在此作“故事”解。

20 阿尔克迈恩（Alkmaiōn）是安菲阿拉俄斯之子。为了替父报仇，杀死母亲厄里芙勒（见第 14 章注 15），后被复仇女神逼疯。普索菲斯（Psophis）国王为他净罪，并以女儿嫁之；遇荒年出走，又婚，被前妻的兄弟杀死。索福克勒斯、欧里庇得斯、阿伽松、瑟俄得克忒斯、尼各马可斯和阿斯图达马斯等都写过有关阿尔克迈恩的悲剧。欧里庇得斯的《阿尔克迈恩在科林索斯》（已失传）的剧情包括如下内容：阿尔克迈恩和女祭司生女提西芬奈（Tisiphonē）；提氏成年后被卖作奴隶，落到了阿尔克迈恩手中，后者直到回科林索斯认领女儿时，才发现自己做了乱伦之事。

21 Orestēs 是慕凯那伊（Mukēnai）国王阿伽门农和克鲁泰梅丝特拉（参见第

14 章注 14)之子。据《奥德赛》,俄瑞斯忒斯于阿伽门农被害后的第八年回来,杀了埃吉索斯,并可能还杀了克鲁泰梅丝特拉(3.306—310)。另传阿伽门农死时,俄瑞斯忒斯还在襁褓之中,经仆人(一说姐姐厄勒克特拉(见第 24 章注 48))保护而免遭毒手。俄氏为父报仇后受到复仇女神的追究,备尝艰辛,经雅典娜(Athēnē 或 Athēna)干涉获赦。现存的有关悲剧表现(一)俄氏的回归,(二)姐弟相认,(三)复仇及其后的遭遇。作品包括埃斯库罗斯的《奠酒人》和《复仇女神》,索福克勒斯的《厄勒克特拉》(*Electra*),以及欧里庇得斯的《俄瑞斯忒斯》(*Orestes*)和《伊菲革涅娅在陶罗依人里》。

22 墨勒阿格罗斯(Meleagros)是俄伊纽斯(Oineus)和阿尔莎娅(Althaia)之子,传说中著名的勇士。墨勒阿格罗斯杀过大熊(《伊利亚特》9.543),当卡鲁冬(Kaludōn)受到攻击时,因受过母亲的诅咒而拒绝出战(同上,9.567),死于特洛伊(Troiē 或 Troia,即 Ilios、Ilion)战争之前(同上,2.642)。据传墨氏出生时,命运之神告诉阿尔莎娅,火炉里的一小段木块燃尽后,她的儿子就会死去;阿尔莎娅随即藏起了木块。成年后的墨氏杀了母亲的兄弟,阿氏于悲痛中燃着木块,随后自缢而死。弗鲁尼科斯(Phrunikhos)、索福克勒斯、欧里庇得斯、安提丰(Antiphōn)和索西格奈斯(Sōsigenēs)都写过以墨勒阿格罗斯的经历为题材的悲剧。

23 Telephos 是赫拉克勒斯和忒革亚(Tegea)公主奥格(Augē)的儿子。奥格生子于神庙之中,由此引发了一场瘟疫。国王把她卖到海外,孩子亦遭遗弃。婴儿幸得母鹿哺乳,后被牧人救起,取名忒勒福斯(参考:thēlan("吸吮"),elaphos("鹿"))。若干年后,忒勒福斯登上了慕西亚(Musia)国王的宝座,据说在慕西亚曾与奥格成婚,以后才互知对方的身份。埃斯库罗斯写过一套《忒勒福斯》(*Telephus*),一部《慕西亚人》(*Musi*),索福克勒斯写过一套关于忒勒福斯的三连剧,欧里庇得斯作过一部《忒勒福斯》和一部《奥格》。

24 欧里庇得斯(Euripidēs,约公元前 485—406 年),著名的悲剧三巨头之一,于公元前 455 年首次参赛,成绩平平,据说生前仅五次获得第三以上的奖项。一生中写过约九十二部作品,剩十九部传世。欧里庇得斯生前饱受喜剧诗人的讽刺,去世后,其作品比他在世时享有更高的声誉。《诗学》对他的批评(参见注 28),亦有赞扬;作者把他的《伊菲革涅娅在陶罗依人里》看作是悲剧中的精品。

25 其实,索福克勒斯没有少写以“悲”结尾的作品,欧里庇得斯也没有少写以“喜”结尾的悲剧。据德国学者古德曼(Alfred Gudeman)统计,索福克勒斯写过四十三部以“悲”结尾的作品,欧里庇得斯写过四十六部;索氏写过十六部以“喜”结尾的作品,欧氏写过二十四部(囿于资料,此类统计不易达到很高的精度)。作者称欧里庇得斯为最富悲剧意识(或最有悲剧感)的诗人,可能是因为他的某些作品突出表现了“悲”的缘故。“许多”,抄本 B 作“大多数”。

26 指责欧里庇得斯以悲终剧的人和主张情节应双线发展的人一样,对悲剧的性质和目的缺乏必要的了解。

27 参考第 12 章注 7。

28 《诗学》对欧里庇得斯的批评涉及下述三个方面:(一)情节的编制(参见译文第 14 章第 25—27 行,第 15 章第 19 行,第 25 章第 87—90 行),(二)性格的塑造(参见第 15 章第 10—11 行,第 25 章第 89 行),(三)歌队的使用(参见第 18 章第 35—36 行)。

29 “结构”在此等于“情节”(另见第 24 章注 8)。“第二等的”即“次好的”。

30 《奥德赛》的结局是:俄底修斯脱险还家,与妻儿团聚;求婚者们则罪有应得,下场凄惨(另参考第 17 章第 31 行)。柏拉图认为,诗人不应编写好人遭殃,恶人走运的故事(参见《国家篇》3.392B),因为真正的好人不会、也不应该不幸福。美好的事物应该符合道德的原则,文学艺术应该接受道德标准的检验(参考附录十三有关部分)。亚氏的观点是,悲剧不等于道德说教，它有自己的内容和形式，亦有自己的制作方式和评审标准（见第 25 章第 9 行）。因此，他不认为“惩赏分明”的悲剧是理想的上乘之作。在这里，取自史诗的例子也同样适用于对悲剧的分析（参考第 5 章注 19，第 15 章注 14）。

31 或：才显得像是第一流的。

32 依普通观众的喜恶评判作品的优劣，在当时可能是较为普遍的现象。柏拉图主张，评审人员应是观众的先生，而不应被观众的喜恶所左右（参阅《法律篇》2.659A—C，另参考《高尔吉阿斯篇》501D—502A）。

33 喜剧的功效（ergon）在于表现滑稽并借此逗人发笑（参考 *Tractatus Coislinianus* 中对喜剧的定义）（参见“引言”注*），因此明显地不同于悲剧的 ergon（见第 6 章注 38）。受引发的情感不同，人所体验到的快感也就不同。关于悲剧快感，参见第 14 章第 7—9 行。

34 “传说”原文作 muthos（参考第 8 章注 6 等处）。

35 埃吉索斯（Aigisthos），苏厄斯忒斯之子，出生后即遭遗弃，幸得山羊哺乳（其名字的前半部可能取自 aix，“山羊”），后被阿特柔斯收养。阿伽门农出兵特洛伊后，埃吉索斯趁机勾引了克鲁泰梅丝特拉，以后又合谋杀害了凯旋的阿伽门农（参见《奥德赛》1.35—36）。另参考注 14、21。

36 Philoi genomenoi（比较第 11 章注 7）。

37 早期的喜剧诗人，如厄庇卡耳摩斯、瑟俄彭珀斯（Theopompos）、菲鲁里俄斯（Philullios）、卡利阿斯（Kallias）、普拉同等都从《奥德赛》中选取过题材。中期喜剧中有一些取材于《伊利亚特》和其他史诗或传说的作品，但史诗故事在新喜剧中比较罕见（参见 D. B. Monro, *Homer's Odyssey* Books 13—24, Oxford: Clarendon Press, 1901, p. 415）。作者或许无意特指某一部作品，虽然喜剧诗人阿勒克西斯（Alexis，约公元前 372—270 年（?））可能写过一部《俄瑞斯忒斯》。另参考第 2 章注 18。

第 14 章

恐惧和怜悯可以出自戏景，[1]亦可出自情节本身的构合，[2]后一 1453b
种方式比较好，有造诣的诗人才会这么做。组织情节要注重技巧，使人即使不看演出而仅听叙述，也会对事情的结局感到悚然和产生怜悯之情[3]——这些便是在听人讲述《俄底浦斯》的情节[4]时可能会体验到的感受。靠借助戏景来产生此种效果的做法，既缺少艺术性，[5]且会造成靡费。[6]那些用戏景展示仅是怪诞、[7]而不是可怕的情景的诗人，只能是悲剧的门外汉。我们应通过悲剧寻求那种应该由它引发的，而不是各种各样的快感。[8]既然诗人应通过摹仿使人产生怜悯和恐惧并从体验这些情感中得到快感，那么，很明显，他必须使情节包蕴产生此种效果的动因。

接着要讨论的是，哪些事情会使人产生畏惧和怜惜之情。[9]此类表现互相争斗的行动必然发生在亲人之间、仇敌之间或非亲非仇者之间。如果是仇敌对仇敌，那么除了人物所受的折磨外，无论是所做的事情，还是打算做出这种事情的企图，[10]都不能引发怜悯。如果此类事情发生在非亲非仇者之间，情况也一样。[11]但是，当惨痛事件发生在近亲之间，比如发生了兄弟杀死或企图杀死兄弟，儿子杀死或企图杀死父亲，母亲杀死或企图杀死儿子，儿子杀死或企图杀死母亲或诸如此类的可怕事例，[12]情况就不同了。诗人应该寻索的正是此类事例。对历史上流传下来的故事，[13]我指的是如俄瑞斯忒斯杀克鲁泰梅丝特拉[14]或阿尔克迈恩杀厄里芙勒[15]这样的事例，不宜作脱胎换骨式的变动；[16]但是，诗人仍应有所创新，巧妙地[17]处理此类传统素材。至于“巧妙地”的含义，我们还要作进一步的解释。

行动的产生，可以通过如下途径。可以像早先的诗人那样，让人物在知晓和了解情势的情况下做出这种事情——亦即如欧里庇得斯所做的那样：[18]他笔下的美狄娅[19]便是在此种情况下杀了自己的孩子。[20]人物亦可做出行动，但在做出可怕之事时尚不知对方的真实身份，以后才发现与受害者之间的亲属关系，如索福克勒斯笔下的俄底浦斯所做的那样。[21]诚然，此事不在剧内，[22]但悲剧本身亦可包容流血事件，如阿斯图达马斯[23]笔下的阿尔克迈恩或《俄底修斯负伤》一剧里忒勒戈诺斯的作为。[24]除此而外的第三种方式是，人物在不知自己和对方之关系的情况下打算做出某种不可挽回之事，但在动手之前，因发现这种关系而住手。[25]除了这些以外，再无其他可行的方式，因为行动必然不是做了，便是没有做，而当事人亦必然不是知道，便是不知道有关情况。

在这些方式中，最糟的是在知情的情况下企图做出这种事情而又没有做。[26]如此处理令人厌恶，[27]且不会产生悲剧的效果，因
1454a 为它不表现人物的痛苦。因此，除了偶尔为之外——如《安提戈涅》中海蒙和克瑞恩的冲突[28]——诗人一般不写这样的事例。次糟的是把事情做出来。[29]较好的方式是在不知情的情况下做出此种事情，事后才发现相互间的关系。[30]如此处理不会使人产生反

感，而人物的发现还会产生震惊人心的效果。[31] 最好的方式是上述最后一种。我指的是下列情况，比如，在《克瑞斯丰忒斯》里，梅罗珮打算处死儿子，但在杀他的前一刻认出并赦免了他；[32] 在《伊菲革涅娅》里，姐弟俩有过类似的经历；[33] 在《赫蕾》里，儿子在交出母亲的前一刻认出了她。[34] 这就是为什么——正如我们刚才所说的[35]——悲剧取材于少数几个家族的故事的原因。诗人们在寻索能在情节中产生此种效果[36] 的题材时，碰巧，而不是凭技巧找到了一些如愿以偿的机会。所以，他们不得不把注意力集中在那几个有过此类痛苦经历的名门望族的故事上。

关于事件的组合以及情节应取什么类型的问题，以上所述足矣。

【注释】

1 阿里斯托芬曾嘲笑欧里庇得斯，说他故意让人物穿起破衣烂衫，以引发观众的怜悯（《蛙》1063，另参见《阿卡耳那伊人》407—445）。另参考注 7。

2 悲剧艺术的核心是如何编排事件（即组织情节）。情节是悲剧的灵魂（译文第 6 章第 45 行）。诗人应通过情节打动观众，表现自己的艺术水平。戏景是一个相对次要的成分，其效果如何，主要不是取决于诗人的艺术（第 6 章第 60—61 行）。另参考第 10 章注 4。

3 比较第 6 章第 58—60 行，第 26 章第 21 行。情感有其外露的一面，人的感觉会通过表情表现出来（参考《论灵魂》1.1.403^{a}6—8）。

4 Ton tou Oidipou muthon，在此似亦可作“俄底浦斯的故事（或传说）”或“俄底浦斯的故事的情节”解。从作者对索福克勒斯的《俄底浦斯王》一剧的熟悉和喜爱的程度来看，这个短语可能指该剧的情节（参考第 11 章注 3）。

5 比较第 6 章第 58—59 行及该章注 59。

6 即需要 khorēgos 的努力(参考第 5 章注 7)。Khorēgia 可泛指演出的费用。

7 据说埃斯库罗斯喜用怪诞的戏景,他的 *Eumenides* 中的复仇女神们模样极其可怕,曾使孕妇流产(参考《埃斯库罗斯传》(*Vita Aeschyli*)7)。这里所指可能即为诸如此类的事例。

8 比较第 13 章注 33,另参考第 23 章第 4 行和第 26 章第 42—43 行。

9 作者在此用"畏惧"和"怜惜"(参考《修辞学》3. 16. 1417[a]13)取代了"恐惧"和"怜悯",意思上无实质性区别。

10 或:无论是做了这种事情,还是即将做出这种事情。

11 即也不能引发怜悯。

12 这里涉及的实际上是人类学中的一个重要课题,即关于血污(blood pollution)的问题。在古希腊,杀死亲人是难以辩解的罪过;当事者即便有足够的理由,仍须接受某种形式的惩罚和必要的净洗(有时还会受到神的追究)。以原始宗教为背景的有关血污的观念,会给当事人带来难以忍受的心理压力。这一点可以从传说和某些悲剧(如《俄瑞斯忒斯三连剧》和《俄底浦斯王》等)中看得很清楚。即使在古典时期(公元前五至前四世纪),这一观念仍在很大的程度上支配着人们的潜意识,影响着人们对宗教和法律的思考。对此感兴趣的读者,不妨读一读柏拉图的《法律篇》第 9 卷。

13 "故事"原文作 muthos(参考第 8 章注 6,第 9 章注 18)。

14 克鲁泰梅丝特拉(Klutaimnēstra)是屯达瑞俄斯(Tundareōs)之女,阿伽门农之妻。荷马认为克鲁泰梅丝特拉的本质是好的(《奥德赛》3. 266),只是经不起坏蛋埃吉索斯的勾引;她的主要过错是杀了卡桑德拉(Kassandra 同上,11. 422)。斯忒西科罗斯(Stēsikhoros)强调了爱神阿芙罗底忒(Aphroditē)的驱使(作为对屯达瑞俄斯的报复)。埃斯库罗斯等诗人为克氏(对阿伽门农的谴责)提供了一条荷马史诗中的她不曾(或没有"机会")提及的"理由"或"借口",即阿伽门农对爱情的不忠。另参考第 13 章注 14、21、35。

15 厄里芙勒(Eriphulē)是安菲阿拉俄斯(见第 17 章注 5)之妻,因受贿而逼迫丈夫参加七勇攻瑟拜的战斗。安菲阿拉俄斯自知不能生还,嘱其子阿尔克迈恩为他报仇(参考第 13 章注 20)。索福克勒斯的《英雄的后代》(*Epigoni*)和阿斯图达马斯的《阿尔克迈恩》涉及了阿尔克迈恩的复仇之举。亚里士多德认为,即使受到逼迫,受逼者也不能无所不为;欧里庇得斯对阿氏杀母一事的处理是"荒唐的"(《尼各马可斯伦理学》3. 1. 1110^a26—29)。

16 因为这些都是家喻户晓的事——改动的幅度过大,就难以取信于人。

17 Kalōs,副词,字面意思为"好","漂亮地"(比较第 4 章注 11)。

18 从原文来看,似较难确定 hoi palaioi("早先的诗人")中是否包括欧里庇得斯。欧里庇得斯是一位勇于革新的诗人,在这一点上,他似乎和阿伽松较为相似。欧氏写过不少复杂剧,而埃斯库罗斯等诗人擅写没有发现的简单剧。但从生卒年代来看,欧氏虽然出生晚于索福克勒斯,却和后者同年去世(参考第 3 章注 6,第 13 章注 24)。

19 美狄娅(Mēdeia)乃科尔基斯(Kolkhis)国王埃厄忒斯(Aeētēs)的爱女,精于巫术,曾帮助情人伊阿宋(Iasōn)获取金羊毛。这里指的是欧里庇得斯的《美狄娅》(*Medea* 或 *Mēdeia*)剧中的内容:为了报复伊阿宋对爱情的不忠,悲愤交加的美狄娅亲手杀了她和伊阿宋的两个儿子。在第 15 章里,作者批评了《美狄娅》的结局方式。

20 阿拉伯译文在此后还有一句:或他们可能在知情的情况下打算做出行动,结果却没有做。

21 比较第 24 章第 53—54 行。这是一种"较好的"方式(参见 40—41 行)。

22 Exō tou dramatos,字面意思为"在剧外"(另参考第 15 章第 23 行,第 24 章第 53—54 行),但剧外之事仍可能在情节的"结"之内(参见第 18 章第 1—2 行)。

23 公元前四世纪有过两位父子都以阿斯图达马斯(Astudamas)为名的悲

剧作家。父子中有一人是伊索克拉忒斯的学生。老阿斯图达马斯的第一部作品于公元前389年上演；父子中有一人（可能是小阿斯图达马斯）于前372年在比赛中获胜。小阿斯图达马斯生前已蜚声雅典，他的《阿尔克迈恩》将传说中的蓄意杀母改为出于无知（不知情）。他的《赫克托耳》是一部成功之作（普鲁塔耳科斯《雅典人的光荣》（*De Gloria Atheniensium*）7，《道德论》349F）。两位诗人的作品得以传世的还不到二十行。

24 忒勒戈诺斯（Tēlegonos）是俄底修斯和基耳凯（Kirkē）之子。受母命外出寻父，于黑暗中抵达伊萨凯。混战中刺伤了俄底修斯，待后者咽气后方知他的身份。《俄底修斯负伤》（*Traumatia Odusseus*）乃索福克勒斯所作，已失传。

25 参考本章第43—46行。

26 上文不曾提及此种方式（阿拉伯译文将其列为第二种可能，见注20）。似有两种解释：（一）抄本有遗漏，（二）为第一种方式的变体，故无需另作说明。

27 Miaron（参见第13章注6）。

28 海蒙（Haimōn）是克瑞恩（Kreōn）之子，安提戈涅（Antigonē，俄底浦斯和伊娥卡丝忒之女）的未婚夫。俄底浦斯出走后，其子厄忒俄克勒斯（Eteoklēs）和珀鲁内开斯（Poluneikēs）为争夺王位相互残杀致死，克瑞恩遂成为瑟拜的实际统治者。兄弟死后，安提戈涅意欲为其土葬，克瑞恩执意不允，安氏便以死相争。海蒙悲愤交加，用剑击克瑞恩，被后者躲过（参阅索福克勒斯《安提戈涅》（*Antigone*））。

29 即在知情的条件下不仅企图，而且真的把对方杀了。如此处理尚能表现痛苦（pathos），故而比上述方式略好些。但“知情”（或知道对方的身份）是个不很理想的行动“前提”——大凡只有“无知”才能引出发现，没有突转或发现的情节只能是简单型的（《美狄娅》即属此类作品）。

30 如俄底浦斯所做的那样（见第29行）。

31 参考第16章第28—29行。

32 克瑞斯丰忒斯(Kresphontēs)是梅塞尼亚(Messēnia)国王和梅罗珮(Meropē)之子。珀鲁丰忒斯(Poluphontēs)弑“君”窃国,并强占了梅罗珮。有人将幼小的克瑞斯丰忒斯偷送出城。珀鲁丰忒斯出重金悬赏克氏的脑袋,成年后的克氏即以要赏金为由返回王宫。梅罗珮恨他杀了自己的儿子,急于复仇,就在斧起即落的那一刻,克氏的仆人闯了进来,澄清误会,促成了母子的相认(另参考《尼各马可斯伦理学》3. 1. 1111a11—12)。《克瑞斯丰忒斯》(*Kresphontēs*)系欧里庇得斯所作,已失传。

33 参见该剧第 725—830 行。另参考第 11 章注 18。*Iphigeneia* 即 *Iphigeneia hē en Taurois* 或 *Iphigenia Taurica*,且译作《伊菲革涅娅在陶罗依人里》。

34 “儿子”指弗里克索斯(Phrixos),阿萨马斯(Athamas)和女神奈法蕾(Nephalē)之子,赫蕾(Hellē)的兄弟。据传阿萨马斯的后妻伊诺(Inō)出于对奈法莱的一双儿女的妒忌,决心害死他(她)们。她把将用于撒播的种子烤熟,人为地制造灾情,以后又串通去德尔福祈求神谕的使者,假称只有牺牲弗里克索斯和赫蕾才能消灾避难。奈法蕾让儿女们骑着金毛公羊逃生,但赫蕾在途中掉入海里,海峡因此得名 Hellēspontos(“赫蕾的海”)。《赫蕾》(*Hellē* 或 *IIelle*)的作者及剧情不明。此番叙述似乎和第 13 章第 20—21 行中表述的观点相矛盾。既然悲剧应该表现人物从顺达之境转入败逆之境,又何以容得“大团圆”式的结局?以亲人团聚结局是否能引发怜悯和恐惧?倘若不能,悲剧又将如何实现它的功效(ergon)?或许,作者的意思是,命运变化指的是总的趋势——就大势而言,优秀的悲剧不应表现人物由败逆之境转入顺达之境——而如何处理发现只是个具体问题,因此,只要大势把握得好,“刀不血刃”也不会影响悲剧的效果。遗憾的是,作者没有就此作出必要的说明。

35 参考第 13 章第 25—28 行。

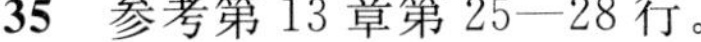

36 即引发怜悯和恐惧。

第 15 章[1]

关于性格[2]的刻画，诗人应做到以下四点。第一，也是最重要的一点是，性格应该好。[3]我们说过，[4]言论[5]或行动若能显示人的抉择[6]〈无论何种〉，即能表现性格。[7]所以，如果抉择是好的，也就表明性格亦是好的。每一类人中都有自己的好人，妇人中有，[8]奴隶中也有，[9]虽然前者可能较为低劣，后者则更是十足的下贱。第二，性格应该适宜。人物可以有具男子汉气概的性格，[10]但让女人表现男子般的勇敢或机敏却是不合适的。第三，性格应该相似，[11]这一点与上文提及的性格应该好和适宜不同。第四，性格应该一致。即使被摹仿的人物本身性格不一致，而诗人又想表现这种性格，他仍应做到寓一致于不一致之中。[12]不必要的卑劣性格，可举《俄瑞斯忒斯》中墨奈劳斯的表现为例；[13]不相宜和不合适的性格，可举《斯库拉》中通过俄底修斯的恸哭[14]以及梅拉尼珮的言论所表现的性格为例；[15]不一致的性格，可以《伊菲革涅娅在奥利斯》中伊菲革涅娅的表现为例：请求免死的她和后来的她判若两人。[16]

刻画性格，就像组合事件一样，[17]必须始终求其符合必然或可然的原则。这样，才能使某一类人按必然或可然的原则说某一类话或做某一类事，[18]才能使事件的承继符合必然或可然的原则。

由此看来，情节的解显然也应是情节本身发展的结果，[19]而不应借“机械”[20]的作用，例如在《美狄娅》[21]和《伊利亚特》的准备归航一节中那样。[22] 1454b 机械应被用于说明剧外[23]的事——或是先前的、[24]凡人不能知道的事，或是以后的、须经预言和告示来表明的事，因为我们承认神是明察一切的。事件中不应有不合情理的内容，即使有，也要放在剧外，[25]比如在《俄底浦斯》里，索福克勒斯就是这样处理的。[26]

既然悲剧摹仿比我们好的人，[27]诗人就应向优秀的肖像画家学习。[28]他们画出了原型特有的形貌，在求得相似[29]的同时，把肖像画得比人更美。[30]同样，诗人在表现易怒的、懒散的或性格上有其他缺陷的人物时，也应既求相似，又要把他们写成好人。[31]† 荷马描绘的阿基琉斯尽管倔犟，[32]但仍然是个好人。†[33]

诗人必须注意上述各点，此外，还应注意感察的效果问题[34]——这一点必然与诗艺有关——事实上，人们可能在这方面[35]常出差错。关于此类问题，[36]我们在那篇已发表的著述[37]中已作过足够的说明。

【注释】

1 本章讨论 ēthos（“性格”），因而再次打断了自第 7 章开始的对情节的讨论（第 12 章从“量”的角度出发，列举和说明了组成悲剧的成分）。

2 参考第 1 章注 20，第 2 章注 3，第 6 章注 22。

3 “好”原文用了 khrēsta。Khrēstos 包含（同类事物中）“优秀的”之意（比较 khrēsmos，“有用的”）。Khrēstos 和 spoudaios 及 epieikēs 意思接近

(参考第 2 章注 2,第 13 章注 5)。古希腊人一般不用 spoudaios 形容奴隶。另两个表示“好”的词是 kalos 和 agathos(参考第 4 章注 11,本章注 33;另参考第 2 章注 4)。

4 参见译文第 6 章第 18—20 及第 52—55 行。

5 “言论”原文作 logos,在此与“行动”(praxis)形成对比(另参考第 19 章注 3)。

6 关于 proairesis 参考第 6 章注 51。

7 或:悲剧即有了性格(有的悲剧缺少或没有性格,参考第 6 章第 33—35 行)。

8 女人的美德包括外表美、能纺织、善理家、贞洁、忠诚等(参考《伊利亚特》1. 115,《奥德赛》24. 193—196,柏拉图《梅农篇》71E,亚里士多德《修辞学》1. 5. 1361^{a}5—7)。可望成为国家栋梁的男子不应效仿女人的行为(《国家篇》3. 395C—E)。亚里士多德继承了希腊人传统的“男尊女卑”的观点:就本质而言,男性比女性优越(详见《政治学》1. 5. 1254^{b}13—16;另参考 K. J. Dover, *Greek Popular Morality in the Time of Plato and Aristotle*, Oxford: Basil Blackwell, 1974, pp. 98—102)。

9 直译:因为妇人可以好,奴隶也可以好。对奴隶,亚氏没有很高的要求。作为奴隶,只要不十分缺少理智,不过于胆小以致无法胜任分内的工作,就算可以了(《政治学》1. 13. 1260^{a}35—36)。正人君子不可摹仿奴隶的举动(《国家篇》3. 395E)。

10 抄本作:人物可以有具男子汉气概的性格,卡塞尔将它改作“女人可能具有男子般的性格”似无太大的必要。Andreios 意为“男子般的”、“勇敢的”。比较 anēr,“男人”、“丈夫”。

11 “相似”(homoion),和谁相似呢? 比较易于接受的解释似应为:像生活中的人。上文指出,狄俄努西俄斯描绘和我们一样的普通人(第 2 章第 5—6 行),遭受不幸者是和我们一样的人(第 13 章第 13 行),而“和我们一样的人”和生活中的人大概不会有实质性的区别。另一种解释是：和原型相似(参考本章第 26—28 行)。对本段所列的四点要求，第二段没有举例说明的只有这一点。

12 参考柏拉图《小希庇阿斯篇》367A。

13 墨奈劳斯(Menelaos)，斯巴达(Spartē 或 Sparta，即拉凯代蒙)国王，阿伽门农的胞弟，海伦(Helenē)的丈夫。在《俄瑞斯忒斯》(欧里庇得斯作)里，墨奈劳斯没有帮助危难中的侄儿俄瑞斯忒斯，有失英雄和长辈的风度(682—715，1056ff.)。这一例子还出现在第 25 章里(见该章第 89 行)。当然，作者没有说绝对不能表现卑劣的性格，关键在于有没有必要。

14 《斯库拉》(*Skulla*)描写俄底修斯在海怪吞食了他的随从后放声恸哭，此举不符合人物的地位和身份(须知俄底修斯是一位智勇双全的英雄；关于海怪斯库拉吞噬俄氏的六位随从一事，见《奥德赛》12. 245ff.)。《斯库拉》是一部狄苏朗勃斯，作者提摩瑟俄斯。本段同时取例于悲剧和狄苏朗勃斯(比较第 5 章注 19，第 13 章注 30)。

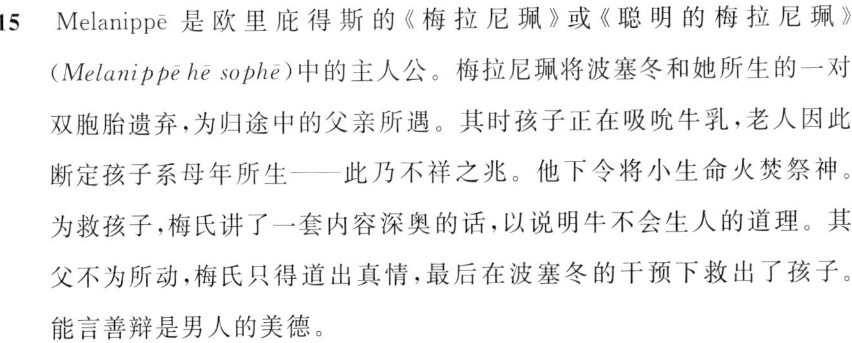

15 Melanippē 是欧里庇得斯的《梅拉尼珮》或《聪明的梅拉尼珮》(*Melanippē hē sophē*)中的主人公。梅拉尼珮将波塞冬和她所生的一对双胞胎遗弃，为归途中的父亲所遇。其时孩子正在吸吮牛乳，老人因此断定孩子系母牛所生——此乃不祥之兆。他下令将小生命火焚祭神。为救孩子，梅氏讲了一套内容深奥的话，以说明牛不会生人的道理。其父不为所动，梅氏只得道出真情，最后在波塞冬的干预下救出了孩子。能言善辩是男人的美德。

16 《伊菲革涅娅在奥利斯》(*Iphigenia Aulidensis*)是欧里庇得斯的作品。为借顺风，联军统帅阿伽门农决定献出爱女。当伊菲革涅娅得知这一消息后，于惊恐中表现出求生的愿望(1211—1252)。其后，为了希腊的利益，伊氏又毅然表示愿意牺牲自己(1368—1401)。

17 参见第 10 章第 5—7 行,第 8 章第 16—19 行等处。

18 另参考第 9 章第 8—9 行。

19 参考第 10 章注 4。第 18 章将讨论情节的“结”和“解”。本段讲述情节,打断了上文和第 4 段之间的衔接。

20 原文作 apo mēkhanēs(“来自机械”)。Mēkhanē(“机械”)指一种简易的、由手工操作的吊车,用以送神,偶尔也送人。“机械送神”亦指“神的突然出现和调解”,比如在下文所举的例子中,雅典娜的出现实际上无需机械的帮助。靠 deus ex machina 解决争端,不是上策。在公元前五世纪,欧里庇得斯是较常使用“机械送神”的剧作家。“机械送神”亦引申指突然出现的事物(参见《形而上学》1.4.985[a]18)。

21 *Mēdeia* 或 *Medea*,作者欧里庇得斯。这里所指可能是该剧的结尾部分:美狄娅乘坐突兀而至的龙车逃往雅典,躲过了伊阿宋的报复(另参考第 14 章注 19)。第 25 章指出了该剧中的另一件不合情理之事,即雅典国王埃勾斯的突然出现(见该章第 88 行)。

22 雅典娜的干预(详见《伊利亚特》2.109—210)只能算是排解纠纷,而不是严格意义上的“解”(lusis)。受宙斯的欺骗,阿伽门农以为特洛伊城指日可下(参考第 25 章注 33)。为了激发斗志,他故意宣布要率军返航。不料军士们信以为真,吵闹着要马上启程。经雅典娜点拨,俄底修斯说服众人,稳住了军心。在《荷马问题》里,亚氏对此事作了分析(参考片断 142)。似可把这句话看作是对荷马间接的批评(另分析第 24 章第 11—12 行,第 13 章第 35—37 行)。

23 Exō tou dramatos,“剧外”(比较注 25)。

24 即发生在作品所包容的事件之前的事。

25 原文意为“悲剧之外”(另参考第 18 章注 2)。

26 另参见第 14 章第 29 行,第 24 章第 53 行。

27 另见第 2 章第 16—17 行;比较第 13 章第 14、22 行。

28 Mimeisthai，亦可作“仿效”解（参考附录“Mimēsis”）。关于诗画的共通之处，参见第 1 章注 13。

29 参考注 11。

30 珀鲁格诺托斯描绘的人物比一般人好（第 2 章第 4—5 行），宙克西斯所画的人物比生活中的人更美（见第 25 章第 79—80 行）。

31 直译：也应既要把它们反映在性格上，又要把他们写成好人。关于“好人”，参见第 13 章注 5。“表现”亦可作“摹仿”解。

32 或：倔拗者的例子。阿基琉斯（Akhilleus）乃裴琉斯（见第 18 章注 13）和女神瑟提丝（Thetis）之子，《伊利亚特》中首屈一指的英雄。由于受到阿伽门农的侮辱，阿基琉斯拒绝出战，从而导致了希腊人在战场上的失利。阿伽门农差人前往说情，但裴琉斯之子不为所动，后被好友帕特罗克洛斯（Patroklos）之死激怒，出战杀了赫克托耳（另见第 25 章注 16）。阿基琉斯是唯一仍在使用人祭的希腊将领，荷马认为这是一种罪恶（《伊利亚特》23.176）。他对赫克托耳尸体的蹂躏，是不体面的（同上，22.395；另参阅 24.14ff.）。

33 Agathon。Agathōn 为人名（参考第 9 章注 16）。

34 “感察”（aisthēsis）的主体可能是观众（另参见 1451^a7，第 7 章第 14—18 行；1461^b29，第 26 章第 4—5 行）。从上下文来看，本段内容若出现在第 17 章之首，似更贴切些。

35 或：在这些事上。

36 Peri autōn，“关于这些”，似亦可作“关于这些过失”解。

37 指三卷本对话《诗人篇》（参考“引言”第 12 段）。

第 16 章[1]

何谓发现，上文已有交待。[2]现在讨论发现的种类。第一种是由标记引起的发现。由于诗人缺少才智，此种发现尽管最少艺术性，[3]却是用得最多的。此类标记中，有的是天生的，如“地生人身上的矛头标记”，[4]或卡耳基诺斯[5]在《苏厄斯忒斯》中所用的星状胎记；[6]有的是后天才有的，包括身上的，如伤疤，和身外的，如项链，[7]或如《图罗》中引起发现的小船。[8]使用上述发现，手法有高低之别。比如，保姆以一种方式发现了俄底修斯，而牧猪人以另一种方式发现了他，尽管引出发现的都是伤疤。[9]牧者的发现和所有通过标记证明身份的发现，都比较缺乏艺术性。[10]较好的发现出自情况的突然变化，[11]如“盥洗”中的发现。[12]

第二种是由诗人牵强所致的发现，因而也没有多少艺术性可言。可举《伊菲革涅娅》[13]中俄瑞斯忒斯如何让对方知道他就是俄瑞斯忒斯一事为例：[14]伊菲革涅娅是通过托人送信一事被认出来的，[15]而俄瑞斯忒斯却说了诗人，而不是情节的发展要他说的话。[16]所以，此种发现的缺点和刚才说过的那种差不多，[17]因为俄瑞斯忒斯亦可通过出示什么标记来证明自己的身份。[18]索福克勒斯的《忒柔斯》中通过“梭子的诉说”引起的发现，[19]是此种发现的又一个例子。

第三种是通过回忆引起的发现，其触发因素是所见到的事物——例如，狄开俄革奈斯的《库普利亚人》中的人物因看见画像而哭泣。[20]在“给阿尔基努斯讲的故事”中，竖琴诗人的吟述打动了俄底修斯，对往事的回忆使他潸然泪下。[21]这两人因此而被发现。[22]

第四种是通过推断引出的发现。比如，《奠酒人》中有这样一个推断：一个像我的人来了；除了俄瑞斯忒斯外，没有人像我，因此是俄瑞斯忒斯来了。[23]诡辩家珀鲁伊多斯[24]曾就如何处理伊菲革涅娅的发现[25]提过看法。他说，让俄瑞斯忒斯作出如下推断是合理的：我姐姐是被杀了献祭的，现在轮到我了。[26]在瑟俄得克忒斯的《图丢斯》里，父亲的话也是一个推断：我来寻子，却因此自身难保。[27]再以《菲纽斯的儿子们》[28]中的发现为例：女人们[29]一看到那地点便知命运不佳——她们注定要死在那儿，因为那是她们遗弃男孩们的地方。[30]

还有一种复合的、由观众的错误推断[31]引起的发现。例如在《伪装报信人的俄底修斯》[32]中，诗人提供的前提是，只有俄底修斯才能开这张弓，其他人都不足以胜任，而俄底修斯也说他可以开这张弓，尽管还没有见过它。[33]但是，当人们以为俄底修斯会以开弓来表明自己的身份时，他却以认弓来实现这一点，这中间便包含了一个错误的推断。[34]

在所有的发现中，最好的应出自事件本身。[35]这种发现能使人吃惊，[36]其导因是一系列按可然的原则组合起来的事件。索福克勒斯的《俄底浦斯》中有这样的发现，[37]《伊菲革涅娅》里也有类似的例子，因为在那种情况下，伊菲革涅娅想要托人送信回家是符合可然性的。只有此类发现不要人为的标示[38]和项链的牵强。其次是通过推理引出的发现。[39]

【注释】

1 第16章继续讨论情节(发现是情节中的一个成分,见第11章末段)。论述情节,《诗学》用了两个“单元”:第7至第14章为第一单元(中间插入了第12章),第16至第18章为第二单元。第二单元可能是对第一单元的补充。

2 见译文第11章第7行。

3 “缺少艺术性”是“不好”的同义语(参考第6章注59)。作者希望诗人意识到“艺术性”的重要性(另参考第14章第5—6行)。在区分论据的优劣时,亚氏用了同样的评析标准(参见《修辞学》1.2.1355^{b}35)。

4 这句话可能引自某位悲剧诗人的作品(可能是欧里庇得斯或小阿斯图达马斯的《安提戈涅》)。据传卡德摩斯(Kadmos)遵父命外出寻找被宙斯带走的姐妹欧罗珮(Eurōpē),后奉神谕在他跟行的母牛下卧处建城(即后来的瑟拜)。杀巨龙,将龙牙埋于地下,长出一群好斗的武士。武士们互相残杀,存五人,为瑟拜人的祖先,其后代身上都有矛头标记。在欧里庇得斯的《安提戈涅》(*Antigone*)里,克瑞恩正是根据陌生人身上的矛头标记,认出了后者原来是自己的孙子(即海蒙和安提戈涅的儿子)。

5 卡耳基诺斯(Karkinos)出生于悲剧世家(其祖父、父亲和儿子都是悲剧诗人),公元前四世纪多产的剧坛名流,写过约一百六十部剧作,十一次获奖,可惜作品已全数佚失。卡耳基诺斯的名字多次出现在亚氏的论著里(参见第17章第4行,《修辞学》2.23.1400^{b}10,3.16.1417^{b}18;《尼各马可斯伦理学》7.7.1150^{b}10)。

6 据传西普洛斯(Sipulos)国王唐塔洛斯(Tantalos)曾杀子裴洛普斯敬神。

除黛梅忒耳(Dēmētēr)吃掉一块肩肉外,其他诸神都没有碰这道不寻常的菜肴。其后,奉宙斯之命,诸神把切开的部分复原成人,并用象牙填补了肩上的残缺。裴洛普斯后代肩上的星状标记便是由此而来的。*Thuestēs* 的内容大概包括:阿特柔斯烹煮了苏厄斯忒斯的儿子并邀请苏氏赴宴,苏氏因看到肉上的星状标记而知道阿特柔斯杀了他的孩子(另参考第 13 章注 14)。

7 借用 perideraia(单数 perideraion,"项链"、"项饰物")和摇篮等小物品引出发现的做法,可能是古希腊悲剧观众所熟悉的。在现存的悲剧中,包含此种发现的只有欧里庇得斯的《伊昂》(*Ion*)。

8 图罗(Turō)是波塞冬和莎尔蒙纽斯(Salmōneus)的女儿。《奥德赛》中提到波塞冬冒充河神厄尼裴乌斯(Enipeus,图罗的情侣)接近图罗,致使后者怀孕的事(11.235—252)。图罗将孩子遗弃,被牧马人救起。《图罗》(*Turo* 或 *Turō*)为索福克勒斯所作,已失传,内容可能包括图罗由认船(她曾将儿子置此船上漂走)进而认人一事。

9 保姆奉命为客人洗脚,无意中发现了伤疤并由此认出了俄底修斯(《奥德赛》19.386—475)。牧猪人和牧牛人的发现属另一种情况:俄底修斯不仅道出了自己的身份,而且还显露出腿上的伤疤以为证明(同上,21.205—225)。在《荷马问题》里,亚氏从逻辑的角度出发,对如此使用标记提出了异议:腿上有伤疤的不一定就是俄底修斯。《奥德赛》中颇多发现(参考第 24 章注 5)。

10 或:牧者的发现及所有类似的发现都缺乏艺术性——问题在于证明身份时所用的方式。另参考注 3。

11 Peripeteia,一般作"突转"解(参考第 11 章注 1)。但是,"盥洗"中的发现没有导致情节的突转——此时的裴奈罗珮(Penelopē)尚不知陌生人就是她的丈夫。

12 在公元前四世纪,荷马史诗尚未按数字分卷。当时,《奥德赛》按内容分段,“盥洗”包括第 19 卷的大部分。大约在公元前三世纪,亚历山大的学者们将《伊利亚特》和《奥德赛》分别截为二十四卷。

13 即《伊菲革涅娅在陶罗依人里》(参考第 14 章注 33)。

14 抄本 B 和阿拉伯译本作:她发现此人就是俄瑞斯忒斯。

15 参见第 11 章第 17—18 行及该章注 18。用艺术的观点来衡量,这是最佳的发现(参见本章第 38—42 行)。

16 俄瑞斯忒斯不仅说出自己是谁,而且还道出了一系列他和伊菲革涅娅都知道的事情(参见该剧第 811—826 行)。

17 即这种发现和上文所说的由标记引起的发现一样缺乏艺术性。

18 比如,欧里庇得斯完全可以让俄瑞斯忒斯出示伊菲革涅娅的织物,这与口头“论证”并没有什么不同。对于发现,作者的评判标准似乎是:(一)得之于情节之自然发展的发现,优于由“自报家门”引出的发现,(二)意料之外、情理之中的发现,优于斧迹明显、为发现而安排的发现,(三)有突转伴随的发现,优于单纯的、一般的发现。

19 斯拉凯(Thraikē 或 Thrēikē)国王忒柔斯(Tereus)娶妻普罗克奈(Proknē),其后奸污了她的姐妹菲洛梅拉(Philomēla)并割掉了后者的舌头。菲洛梅拉把经过编织在织物上,使普罗克奈知道了忒柔斯的暴行。剧本仅剩片断传世。

20 狄开俄革奈斯(Dikaiogenēs)是公元前五世纪下半叶的悲剧及狄苏朗勃斯诗人,其作品已全部佚失。*Kuprioi* 中的发现大概是这样的:萨拉弥斯(Salamis)人忒乌克罗斯(Teukros)在塞浦路斯建立了另一个萨拉弥斯后回到故乡,因“见画生情”(看到其父忒拉蒙(Telamōn)的画像)而暴露了身份。

21 在聆听德摩道科斯(Dēmodokos)唱诵希腊人用木马计攻破特洛伊城的故事时,俄底修斯忍不住哭了起来,由此引出身份的“曝光”(《奥德赛》8. 521ff. ,9. 16—20)。接着,俄底修斯向阿尔基努斯(Alkinoos)等讲述了自己的经历(同上,9—12 卷)。亚氏评论道,俄底修斯的此番述说可以引发怜悯或愤怒(《修辞学》3.16.1417a13—14)。“讲给阿尔基努斯听的故事”(Alkinou apologos)是个节段名称(参见注 12)。阿尔基努斯是斯开里亚(Skheria 或 Skheriē)国王,曾热情款待过俄底修斯。

22 或:他们因此发现了他(俄底修斯)。

23 “我”即厄勒克特拉。厄勒克特拉(Elektra)发现父亲墓前的头发和墓旁的脚印均与自己的相似,这些是她进行推断的依据(168—234)。《奠酒人》是埃斯库罗斯的作品。

24 Poluidos。历史上是否有过一位名叫珀鲁伊多斯的辩说家,史籍中查不到答案。公元前五世纪末至前四世纪初有过一位以珀鲁伊多斯为名的狄苏朗勃斯诗人(没有证据表明他同时又是辩说家),其作品曾在前 399—380 年间获奖。至于他有没有写过悲剧,不详。

25 或:《伊菲革涅娅在陶罗依人里》中的发现(参考第 14 章注 33,比较第 17 章注 21)。

26 另见第 17 章第 22—24 行。抄本 A 及阿拉伯译本中没有“他说”一语。

27 瑟俄得克忒斯(Theodektēs,约公元前 375(或更早些)—334(?)年)出生在鲁基亚(Lukia)的法塞利斯(Phasēlis),曾从师柏拉图,亦是亚里士多德的学生和朋友。瑟俄得克忒斯是一位有才华的修辞学家和悲剧诗人,写过五十部悲剧,在十三次比赛中八次获胜,作品仅以片断传世。另参考第 6 章注 50,第 11 章注 5。图丢斯(Tudeus)是俄伊纽斯(参见第 13 章注 22)之子,狄俄墨得斯(Diomēdēs)的父亲。据《伊利亚特》,图丢斯是一位矮小、强悍的斗士(5.801)。在 *Tudeus* 里,他可能因为说了这句话而被即将处死他的儿子所发现。

28 *Phineidai*,或《菲纽斯的女儿们》,作者及剧情不明。菲纽斯(Phineus)是一位国王。后妻虐待他和前妻克勒娥帕特拉(Kleopatra)的儿子,以后又弄瞎了他们的眼睛(一说菲纽斯亲手弄瞎了孩子们的眼睛)。另据传说,克勒娥帕特拉因见孩子们遭到遗弃,一气之下扎瞎了他们的双眼。

29 可能指菲纽斯的后妻和她的侍女们(或孩子的保姆们)。

30 由此看来,发现的对象亦可是某个事实或某种结果(比较第 11 章第 10—11 行)。

31 Paralogismos。倘若 q 的出现一般紧接在 p 的出现之后,那么,当人们看到 q 时,便会想当然地以为在此之前一定已出现过 p。这是一种不严密的推理。雨后的土地总是湿的,但下雨不是使土地变湿的唯一原因(《论诡辩反驳》(*De Sophisticis Elenchis*)1.5.167^{b}6—8)。另参考第 24 章第 44—48 行。Ek…theatrou 意为"出于观众的……",也就是说,作出错误推断的是观众,而不是剧中人。但是,到目前为止,发现是剧中人的发现,观众不是发现的主体。根据这一点,德国学者 Hermann 认为这里的 theatrou 系 thaterou("双方中的一方")的笔误。若作 thaterou 解,发现的主体似乎就只能是剧中人。校译者们一般倾向于接受抄本中的 theatrou。

32 *Odusseus ho Pseudaggellos*,不知系何人所作,已失传。可能由装成报信人的俄底修斯告诉裴奈罗珮俄底修斯已死的消息,借此引出矛盾和冲突。情节中或许包括《奥德赛》第 21 卷中的某些内容。

33 只有抄本 B 保留了 1445^{a}14 中的 to toxon 后面的十四个词;阿拉伯译文虽然模糊不清,但似仍可证明抄本 B 在这一点上的权威性。

34 原文很含糊,不易准确释译。以认弓"验证"身份似不十分妥当,因为虽然只有俄底修斯可以对付这张弓,但能够认弓的却不止他一人。

35 上文已提过这一点(见第 10 章第 5 行,另参考该章注 6)。

36 另参考第 14 章第 40—42 行,第 25 章第 18—19 行。

37 参考第 11 章注 3、4。

38 Sēmeia,不单指可见的标记,还包括其他"提示",如通过话语表明身份等(像欧里庇得斯笔下的俄瑞斯忒斯所做的那样)。阿拉伯译文中没有"标示"一词。

39 可能包括正确的和错误的推断。

第 17 章[1]

在组织情节并将它付诸言词时，[2]诗人应尽可能地把要描写的情景想象成就在眼前，[3]犹如身临其境，极其清晰地[4]“看到”要描绘的形象，从而知道如何恰当地表现情景，并把出现矛盾的可能性压缩到最低的限度。可以说明这一点的是，卡耳基诺斯就因这方面的过失而受过批评：安菲阿拉俄斯正从神殿回来——若是不看演出，人们就不会注意到其中的矛盾之处；[5]但在戏台上，这一疏忽却引起了观众的不满，戏也因此而告失败。[6]

诗人还应尽可能地将剧情付诸动作；在禀赋相似的情况下，那些体察到人物情感的诗人的描述最使人信服。例如，体验着烦躁的人能最逼真地表现烦躁，体验着愤怒的人能最逼真地表现愤怒。[7]因此，诗是天资聪颖者或疯迷者的艺术，[8]因为前者适应性强，后者能忘却自我。[9]

至于故事，[10]无论是利用现成的，还是自己编制，诗人都应先 1455b
立下一个一般性大纲，[11]然后再加入穿插，[12]以扩充篇幅。我的意思是，诗人可通过以下例子了解拟制大纲的方法。比如，《伊菲革涅娅》[13]的大纲可以这么拟：某个将被祭神的少女在献祭者前神秘地消失了。她被带到另一个国度，[14]那地方的民众有用外国人敬祭一位女神[15]的习俗,她就当了该祭神仪式的祭司。过了些日子,女祭司的弟弟碰巧也到了那儿(至于神谕指示他到那里一事[出于某个原因,不属于一般性情况]以及他来的目的都在情节之外)。[16]到那以后,他被抓了起来,在被用于祭神的前一刻表明了自己的身份[17](发现的引出可用欧里庇得斯的方式,亦可用珀鲁伊多斯的方式,即让人物说道——这么说是符合可然性的——不仅他姐姐,连他自己也是注定要被杀来献祭的)。[18]他因此而得救。接着,就应给人物取名[19]并加入穿插。[20]使用穿插,务求得当,以俄瑞斯忒斯[21]为例:他因发疯而被抓,[22]以后又通过净洗而得救。[23]

戏剧中的穿插都比较短,而史诗则因穿插而加长。《奥德赛》的梗概[24]并不长:一个人离家多年,被波塞冬[25]暗中紧盯不放,变得孤苦伶仃。此外,家中的境况亦十分不妙;求婚者们正在挥霍他的家产并试图谋害他的儿子。他在历经艰辛后回到家乡,使一些人认出了他,然后发起进攻,消灭了仇敌,保全了自己。这是基本内容,[26]其余的都是穿插。[27]

【注释】

1　参考第15章注34。

2　一般说来,诗人总是先拟定剧情,然后动笔写诗,梅南德罗斯即是善用此法的喜剧作家(参见普鲁塔耳科斯《道德论》347F)。

3　诗人要先“看到”打算让观众观看的情景。传递形象的工具是表演和语言。讲演者生动的描述可使听众看到栩栩如生的情景(参见《修辞学》3.11.1411^{b}22—29)。另参考朗吉诺斯对欧里庇得斯的赞扬(《论崇高》

15)。

4 Enargestata，意为“非常生动地”，但“十分生动地看到”不是规范的汉语。抄本 A 作 energestata，“非常活跃地”。校订者们一般取 enargestata。

5 这里提及的内容可能出自卡耳基诺斯的《安菲阿拉俄斯》。此剧的情节已无从查考，故对其中的矛盾之处，人们至多只能作些猜测。安菲阿拉俄斯（Amphiaraos）是俄伊克勒斯（Oiklēs）之子，厄里芙勒的丈夫（另参考第 14 章注 15）。

6 柏拉图熟悉剧场里的嘘声和喊叫声（参考《法律篇》3.700Cff.，《国家篇》6.492B—C）。据德谟瑟奈斯记载，当梅迪阿斯（Meidias）进入剧场时，观众报之以表示奚落的嘘声（《谴责梅迪阿斯》）（*Kata Meidiou* 226）。塞奈卡曾提及观众要求欧里庇得斯中场停演某一部作品的传闻（参考 A. W. Pickard-Cambridge，*The Dramatic Festivals of Athens*，second edition，revised by John Gould and D. M. Lewis，Oxford：Clarendon Press，1968，pp. 272—273）。关于“戏台上”，参考第 12 章注 7。

7 贺拉斯有过类似的论述（《诗艺》101ff.）。欧里庇得斯曾穿着破衣烂衫描写命运凄惨的人物（阿里斯托芬《阿卡耳那伊人》412），而为描写妇人，阿伽松竟穿起了女装（阿里斯托芬《妇女的节日》148—152）。苏格拉底问伊昂（Iōn）在念诵荷马史诗时是否进入作品特定的情境，伊昂的回答是肯定的：其时头发直立，双目流泪（柏拉图《伊昂篇》535B—C）。讲演者若能在讲话时合理地使用姿势、声音、服饰和“表演”的“配合”，就能给人如临其境之感，因此更能引发怜悯（《修辞学》2.8.1386^{a}32—35，另参考西塞罗《论演说家》2.188—197，《演说家》38.132，昆提利阿努斯（Marcus Fabius Quintilianus）《演说训导》（*Institutio Oratoria*）6.2）。

8 天资聪颖的人（euphueis）有较强的分辨能力，判断准确（参考《尼各马可斯伦理学》3.5.1114^{b}4—9），善用引喻（《修辞学》3.10.1410^{b}8），有较强的可塑性。相比之下，感情炽热、激越的人容易摆脱理性的约束，进入“狂迷”的心态（即成为“疯迷之人”（manikoi））。苏拉库赛诗人马拉科斯（Marakos）在“痴迷中”（hot'ekstaiē）能写出更好的作品（《问题》30. 1. 954ª38）。某些 ekstatikoi 具有特别敏锐的预察力（参考《论梦中的预示》（*De Divinatione per Somnum*）2. 464ª24—26）。进入狂迷心态的人思路怪癖，想象奇特，办事往往不入俗套。天才和“疯狂”既不互相排斥，也不构成对立的两个方面。事实上，这两类人还有某些相似之处：较多的热黑胆汁既可使人聪明，亦可使人失控或想入非非（参考《问题》30. 1. 954ª32ff.）。天赋高和疯迷仅一步之遥。聪明伶俐的人可能生出狂热型的或精神上不平衡的后代，而沉着镇定的人则可能生出迟钝、痴呆的子孙（详见《修辞学》2. 15. 1390ᵇ27—31）。Manikos 和 mania（“疯迷”、“偏离了正常的心态”）同根。从词源上来看，此类词汇和 menos（“力量”、“力气”）似乎有着某种“亲缘”关系。据罗马医学家奥瑞利阿努斯（Caelius Aurelianus）所叙，恩培多克勒提出过区分两种 maniai 的观点：一种系由人体失去正常的生理平衡所致，另一种是灵魂受过净涤的表现。Mania 不一定是消极的东西。柏拉图说过，神赐的 mania 比 sōphrosunē（“节制”）更可贵。通过 mania，人们可以接收到最美好的信息（参考《法伊德罗斯篇》244A—B）。哲学家是真正具有巴科斯精神的人（《斐多篇》69C—D，《会饮篇》218B）。德谟克里特说过，没有狂热的激情和灵感，诗人写不出优秀的诗篇（片断 17、18）。亚里士多德不是灵感至上论者，他崇尚理性，尊重科学，在论及文学和艺术时一般不多谈灵感的作用。鉴于这些以及诸如此类的理由，有的学者对这句话的可靠性产生了怀疑。意大利学者卡斯泰尔维特罗（Lodovico Castelvetro，1505—1571 年）把抄本中的 ē 改作 ou，从而使这句话读作：做诗需要天分，而无需疯狂。英国文豪屈莱顿（John Dryden，1631—1700 年）和法国文人拉宾（René Rapin，1621—1678 年）持同样的意见。英国学者蒂里特（Thomas Tyrwhitt，1730—1786 年）建议在 ē 之前加订 mallon（“更”、“甚于”）；本世纪的一些学者认为，阿拉伯译文为如是阐解提供了依据。倘若接受这一改动，这句话的意思就会有所不同：与其说诗是感情狂热者的活动，倒不如说它是天资聪颖者的艺术。

9 Ekstatikoi。Ekstatikos 意为“失去常态”，在此可作“失去正常的心态”解。另参考注 8。

10 Logoi，亦可作“情节”解（另见译文第 5 章第 13 行，第 24 章第 52 行）。

11 即先确定一般性内容（不包括穿插，亦不用具体的人名、地名等）。

12 在第 4 章第 55 行等处，epeisodion 作“场”解（参考该章注 45）。另参考本章注 20。

13 参考第 14 章注 33。有趣的是，这里所举的例子和下文提及的《奥德赛》的 logos 都取自以“喜”结尾的作品。

14 即陶罗依人或陶里人（Tauroi）居住的国家（即 Chersonesus Taurica）。

15 即阿耳忒弥丝（Artemis）。

16 Exō tou muthou（比较第 15 章注 23 等处）。和下文联系起来看，情节（muthos）在此似不包括穿插。如果这一判断可以成立，那么，这个 muthos 的“覆盖面”不仅小于“故事”（见第 9 章第 20 行），而且还小于和“悲剧”等义的“情节”（比较第 6 章第 13—17 行）。（ ）号为译者所加。

17 参考第 16 章注 16。

18 比较第 16 章第 27 行。关于珀鲁伊多斯，见该章注 24。括弧为译者所加。

19 比较第 9 章第 14 行，参考该章注 8。

20 由此可见，穿插（epeisodia）是作品的组成部分，因此不存在完全排除穿插的问题。只有滥用或不恰当地使用穿插的作品才是“穿插式”的（参见第 9 章第 29—31 行）。穿插既可增加作品的长度（见本章第 14、27 行），又可（尤其是在史诗里）丰富作品的内容（参考第 23 章第 16—17 行，第

24 章第 17—18 行)。

21 En tōi Orestēi,可作"就俄瑞斯忒斯而言"或"在《俄瑞斯忒斯》里"解(比较第 16 章注 25),但下文所举之例明显地取自《伊菲革涅娅在陶罗依人里》。

22 《伊菲革涅娅在陶罗依人里》260—339。

23 伊菲革涅娅认出了俄瑞斯忒斯后,以清洗神像和被献祭者为理由,和俄瑞斯忒斯一起搭船逃离了陶罗依人的国度(同上,1031ff.)。

24 Logos,似亦可作"故事"解(比较注 10)。

25 波塞冬(Poseidōn),克罗诺斯(Kronos)之子,宙斯的胞弟(《伊利亚特》15.204。据黑西俄得所述,宙斯是克罗诺斯最小的儿子(《神谱》453ff.)),主管海洋。由于俄底修斯弄瞎了他的爱子珀鲁斐摩斯的眼睛(参见第 2 章注 16),波塞冬对俄氏的回归进行了阻挠。"波塞冬"一词用得不妥(是出于后人的改动?),因为大纲里不应有具体的人名。可用"某位神祇"替代之。

26 Idion,"属于该诗的"。换言之,如果《奥德赛》的作者不是荷马,而是其他人,这个人也可能使用这些内容。

27 《奥德赛》中多穿插,尤以第 1 至第 12 卷中为甚。据统计,该作的主要情节仅占整部史诗的三分之一。

第 18 章

一部悲剧由结和解[1]组成。剧外事件，经常再加上一些剧内事件，组成结，[2]其余的剧内事件则构成解。所谓“结”，始于最初的部分，[3]止于人物即将转入顺境或逆境的前一刻；[4]所谓“解”，始于变化的开始，止于剧终。比如，在瑟俄得克忒斯的《伦丘斯》里，结由剧前事件、孩子的被抓以及其后孩子双亲的被抓组成＊＊＊解始于对谋杀的控告，[5]止于剧终。[6]

悲剧分四种（和上文提及的成分的数目相一致）：[7]（一）复杂剧，其全部意义在于突转和发现；[8]（二）苦难剧，如多部以《埃阿 1456a
斯》[9]和《伊克西恩》[10]为名的悲剧；（三）性格剧，[11]如《弗西亚妇女》[12]和《裴琉斯》；[13]以及（四）[14]……如《福耳库斯的女儿们》、[15]《普罗米修斯》[16]和所有以冥土为背景的剧作。[17]诗人应尽量争取使用所有的成分，[18]如果做不到，也应使用其中的大部分和最重要者。这一点在今天尤其忽视不得，因为诗人们正遭到不公正的批评。我们已有过在使用这些成分方面各有所长的诗人，[19]但批评者们却因此要求当今的一个诗人在所有这些方面都超过前人。然而，评判悲剧的相似与否，正确的做法莫过于审视它们的情节，即看它们是否有相似的结和解。许多诗人善结不善解，这是不够的；

诗人应该谙熟贯通二者的门道。

诗人应记住我们说过多次的话，[20]写悲剧不要套用史诗的结构。所谓"史诗的结构"，指包容很多情节的结构，[21]比如说，倘若有人把《伊利亚特》的全部情节写成一部悲剧，[22]便会出现这种情况。由于史诗容量大，因此各个部分都可有适当的长度，但在戏剧里，如此处理的结果却会使人大失所望。可资说明的是，那些套用了整部《伊利俄斯的陷落》的内容，[23]而不是像欧里庇得斯那样一次只取其中的一部分，[24]和借用了整部《尼娥北》[25]的内容，而不是像埃斯库罗斯那样对事件有所选择[26]的诗人，其作品在比赛中不是一败涂地，就是显得缺乏竞争力。[27]连阿伽松也仅为这一点而尝过失败的苦果。[28]在处理突转和简单事件方面，[29]他们力图引发他们想要引发的惊异感，[30]因为这么做能收到悲剧的效果，[31]并能争得对人物的同情。[32]写一个聪明的恶棍——如西苏福斯[33]——被捉弄，或一个勇敢但不公正的人被击败，便可能产生这种效果。[34]按阿伽松的说法，此类事情的发生甚至是符合可然性的，因为许多事情可能在违反可然性的情况下发生。[35]

应该把歌队看作是演员中的一分子。歌队应是整体的一部分并在演出中发挥建设性的作用，像在索福克勒斯，而不是像在欧里庇得斯的作品里那样。[36]在其他诗人[37]的作品里，合唱部分与情节的关系就如它们与别的悲剧一样不相干。因此，歌队唱起了"插曲"——首创此种做法的是阿伽松。[38]然而，设置这样的插曲，和把一段话乃至整场戏[39]从一出剧移至另一出剧的做法，又有什么两样呢？

【注释】

1 “解”(lusis)可包括剧终前相当一部分的内容,因此不完全等同于一般的结尾。“解”应是剧情发展的必然结果(参见译文第 15 章第 18 行)。Lusis 有时指解决争端(见第 15 章注 22)或解决问题(见第 25 章第 1 行)。

2 作者似乎没有完全排除由纯剧外事件组成“结”(desis)的可能性。现在的问题是,如果说情节、剧和悲剧仅指剧内事件(参见第 14 章注 22,第 15 章注 23、25,第 24 章第 52—54 行),那么,按照本段提出的观点,“结”和“解”的相加是否可组成一个大于上述“单位”的结构?作者没有就此作过说明。从“一部悲剧由结和解组成”一语中可以看出,作者仍然称此种结构为“悲剧”。

3 注意,不是“始于演出的起始”。

4 或“人物将转入……的最后部分”。

5 抄本 B 作:要求判予死刑(即达那俄斯要求将伦丘斯处死,参考第 11 章第 5—6 行)。关于瑟俄得克忒斯,参见第 16 章注 27。

6 悲剧表现人物命运的变化,从这个意义上来说,“解”的重要性至少不亚于“结”(参考第 17 行)。

7 “成分”即“部分”。第 6 章列举了悲剧的六个成分(merē),第 11 章又指出了属于情节的三个部分。下文列举的几种悲剧的“代表成分”,有的是第 6 章论及的成分(如性格),有的则为成分中的部分(如突转、发现和苦难)。因此,无论以单项,还是以复项计(两套成分相加是九个),成分的数目都不是四个(或五个,复杂剧包含突转和发现)。此乃《诗学》中的难点之一。我们知道,第 13、14、15 和 17 章分别讨论或提及过复杂情节、苦难、性格和穿插,是否可以此来论证“数目相等”的说法呢?作者没有提供明确的答案。应该指出的是,这四章内容涉及面较广,如第 13 章还提到“单线”、“双线”等内容,第 14 章用了较多的篇幅谈论如何引发怜悯

和恐惧以及如何巧妙地安排发现等问题，第 17 章的讨论中心似乎不是穿插，而是“大纲”(穿插是否可作这里所谈论的“成分”计，还是个问题)。对第四种究为什么悲剧，专家们的看法不尽一致(参见注 14)，一般的意向是不取“穿插剧”。

8 关于复杂剧和简单剧的区别，参见第 10 章。

9 埃阿斯(Aias)乃忒拉蒙(Telamōn)之子，体格高大魁伟(《伊利亚特》3.225—229)，是在相貌和战功方面仅次于阿基琉斯的希腊将领(《奥德赛》11.550—551)。埃阿斯作战勇敢，曾威慑赫克托耳(《伊利亚特》7.206ff.)，因与俄底修斯争夺阿基琉斯的甲仗未遂而死(参见《奥德赛》11.543ff.)。卡耳基诺斯、瑟俄得克忒斯和阿斯图达马斯等都写过有关埃阿斯之死的悲剧，现存的仅有索福克勒斯的 *Ajax*。

10 伊克西恩(Ixiōn)是传说中的“无赖”。岳父向他索取早已答应要给的礼物，伊克西恩不仅不给，而且还把岳父推入火坑。净罪后又企图戏弄赫拉(Hēra)，受到宙斯的严惩：被绑在冥土的火轮上，永世受着烈火的炙烤。埃斯库罗斯和欧里庇得斯等写过有关伊克西恩的作品。

11 按照作者的理解，悲剧在表现性格方面有着明显的差异(参考第 6 章第 34—35 行)。在史诗中，《奥德赛》以表现性格见长(参考第 24 章第 6—7 行)。

12 索福克勒斯写过一出 *Phthiōtides*，内容不详。按剧名推测，作品可能取材于阿基琉斯家族成员的活动。弗西亚(Phthia)是阿基琉斯的故乡。

13 裴琉斯(Pēleus)乃传说中的英雄，因杀同父异母兄弟而遭流放，净罪后和欧鲁提恩(Eurutiōn)的女儿安提戈奈(Antigonē)成婚。在追杀卡鲁冬大熊时误杀欧鲁提恩。妻子听信谗言自尽；裴琉斯杀了谋划者，后与女神瑟提丝结婚，生子阿基琉斯。索福克勒斯和欧里庇得斯各写过一出 *Pēleus*。

14 卡塞尔保留了抄本中的 oēs，但希腊语中没有这个词。抄本 A 在 1458^{a}5

里有一个 hoēs(希腊语里没有这个词),后世的校勘者们将其改作 ops(参考第21章第41、42行)。参照这一改动,英国学者拜瓦特(Ingram Bywater)把这里的 oēs 订作 opsis("戏景")——这样一来,第四种悲剧就应为情景剧。《普罗米修斯》(见注16)是埃斯库罗斯的作品,而埃氏是以注重场面的渲染著称的。布切尔等人认为第四种悲剧是简单剧,理由是:(一)第24章中的一句话(见该章第1—2行),(二)第10章把情节分为简单的和复杂的两类。《福耳库斯的女儿们》(见注15)和《普罗米修斯》中没有发现,因而都是简单剧。埃尔斯不同意这两种意见,认为后三种悲剧实际上都是简单型的。按他的见解,作者的目的是要在简单剧中分出三种不同的类型。所以,这第四种悲剧应为简单剧中的穿插剧,即档次最低的悲剧(参见第9章第29行)。根据这一认识,他把《福耳库斯的女儿们》和《普罗米修斯》看作是简单剧中的穿插剧。埃尔斯认为,原文的排列顺序体现了作者的评判倾向:复杂剧最好,苦难剧和性格剧次之,穿插剧最差。埃尔斯的见解,如同他对《诗学》中的许多难点和要点的看法一样,具有不可忽略的参考价值,尽管他的个别设想或许是文思敏捷的作者本人当年所不曾想到的。

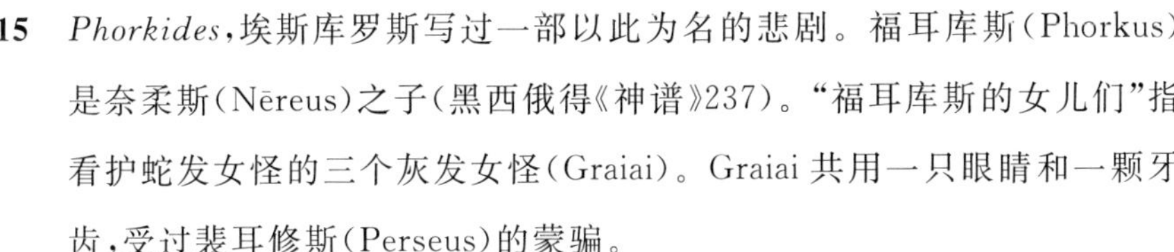

15 *Phorkides*,埃斯库罗斯写过一部以此为名的悲剧。福耳库斯(Phorkus)是奈柔斯(Nēreus)之子(黑西俄得《神谱》237)。"福耳库斯的女儿们"指看护蛇发女怪的三个灰发女怪(Graiai)。Graiai 共用一只眼睛和一颗牙齿,受过裴耳修斯(Perseus)的蒙骗。

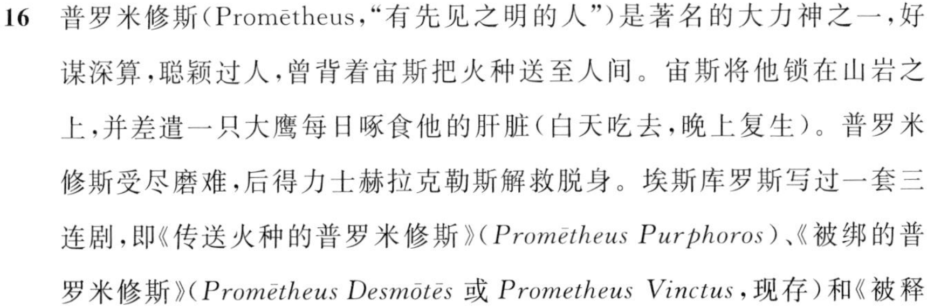

16 普罗米修斯(Promētheus,"有先见之明的人")是著名的大力神之一,好谋深算,聪颖过人,曾背着宙斯把火种送至人间。宙斯将他锁在山岩之上,并差遣一只大鹰每日啄食他的肝脏(白天吃去,晚上复生)。普罗米修斯受尽磨难,后得力士赫拉克勒斯解救脱身。埃斯库罗斯写过一套三连剧,即《传送火种的普罗米修斯》(*Promētheus Purphoros*)、《被绑的普罗米修斯》(*Promētheus Desmōtēs* 或 *Prometheus Vinctus*,现存)和《被释的普罗米修斯》(*Promētheus Lumenos*)。埃氏笔下的普罗米修斯是一位有正义感、性格坚强、敢于和暴力抗争的英雄。

17 如埃斯库罗斯的《灵魂引导者》(*Psukhagōgoi*)和《西苏福斯》(*Sisuphos*,可能包括两部作品,参见注 33)。阿里斯托芬曾提及此类作品《阿卡耳那伊人》(388—392)。

18 大概指第 6 章论及的六个决定悲剧性质的成分。并非所有的悲剧都包含这些成分(参考下文及第 6 章第 32—33 行)。

19 作者没有举例说明。在史诗诗人中,荷马不仅用了这些成分,而且"用得很好"(第 24 章第 4—5 行)。

20 在此之前,作者并没有明确阐述过下文表述的观点。可参考第 5 章第 14—17 行及第 8 章中的某些论述。

21 "很多情节"(polumuthon)中不知是否包括穿插(长的穿插往往是自成一体的"故事")。另参考第 26 章中的某些论述:《伊利亚特》和《奥德赛》是由许多本身具一定规模的部分组成的(第 36—37 行);任何一部史诗都可为多出悲剧提供题材(第 32 行)。我们知道,根据第 8 章中的有关论述,一部作品只摹仿一个行动。现在的问题是,一个行动中可以包容若干个情节吗?如果说此类构合指的是"流水账"式的史诗,下文又何以举《伊利亚特》为例呢?尽管如此,作者对史诗的要求仍然是明确的:好的史诗应该摹仿一个完整的行动(见译文第 8 章第 14—16 行,第 23 章第 1—3 行,第 26 章第 38—39 行),它的行动只能给一出、至多两出悲剧提供素材(第 23 章第 20 行)。当然,作者在此强调的并不是荷马史诗和其他史诗的不同,而是史诗和悲剧的不同。另参考第 23 章注 20 和第 26 章注 27。

22 这里所说的可能只是一种假设;没有听说有谁把整部《伊利亚特》改写成悲剧。埃斯库罗斯写过一部以阿基琉斯及其活动为中心的三连剧,即《慕耳弥多奈斯人》(*Murmidones*)、《奈雷得斯》或《海中仙女》(*Nereides*)

及《弗鲁吉亚人》(*Phryges*)或《赎回赫克托耳》(*Hektoros Lutra*)。根据英国学者鲁卡斯(D. W. Lucas)的研究,这部三连剧包容了《伊利亚特》最后三分之一部分中的许多内容(*Aristotle*: *Poetics*, Oxford: Clarendon Press, 1968, p. 191)。《雷索斯》的作者把《伊利亚特》第10卷搬上了戏台。埃尔斯把原文中的muthos解作"故事"(即为《伊利亚特》提供素材的故事)。

23 或:那些描述了整个有关伊利俄斯遭劫之事的诗人。*Persis Ilious* 内容上承《伊利亚特》,从现有的资料来看,这部史诗似乎没有完整的情节和明确的中心。据传米利都诗人阿耳克提诺斯(Arktinos)写过一部以此为名的史诗。若干出悲剧亦以此为名。伊利俄斯(Ilios)即特洛伊(参考第13章注22)。另参考第23章注19。

24 欧里庇得斯的《赫库柏》(*Hecuba*)和《特洛伊妇女》均以特洛伊的失陷为背景。

25 *Niobēn* 可能系由传抄时的笔误所致,因为历史上似乎不曾有过一部以"尼娥北"为名的史诗。校勘者们作过种种努力,试图解决这个问题。瓦拉(Giorgio Valla)的拉丁文译本在此作"赫库柏",阿拉伯译本作"瑟拜斯"(埃斯库罗斯写过一出《七勇攻瑟拜》(*Septem Contra Thebas*))。尼娥北(Niobē)是唐塔洛斯的女儿,仗着儿女众多(六子六女),扬言可与莱托(Letō)一比高低(莱托仅有一子一女,即阿波罗和阿耳忒弥丝)。阿波罗和阿耳忒弥丝射杀了尼娥北的孩子。尼娥北被化作西普洛斯(Sipulos)山上的一尊面容悲苦的石雕(《伊利亚特》24.602—617)。

26 埃斯库罗斯写过一出《尼娥北》,仅剩片断传世。

27 Kakōs agnōnizontai,意为"比得很坏",即不能赢得观众的喜爱(比较第17章注6)。

28 具体指哪一部作品,不明。

29 包含突转的情节即为复杂情节(参见第10章)。"事件"在此近似于"情节”(参考第 6 章注 34)。

30 校勘本作(直译):他们争取收到他们惊人地想要的效果。很明显,这个句子读来显得别扭。蒂里特将抄本中的 thaumastōs(“惊人地”)改作 thaumastōn(在这个上下文里可作“惊人的事物”解),本译文参考了这一校改。卡斯泰尔维特罗在此用了 tōi thaumastōi。

31 另参见第 25 章第 18—19 行。

32 参考第 13 章注 7。

33 在《伊利亚特》里,西苏福斯(Sisuphos)被称为“最精明的人”(6.153)。由于得罪了宙斯,西苏福斯被送往冥土服役,无休止地推着一块推上了又会滚下的巨石(《奥德赛》11.593—600)。埃斯库罗斯写过两出有关西氏的作品,即《推石头的西苏福斯》(*Sisuphos Petrokulistēs*)和《逃跑者西苏福斯》(*Sisuphos Drapetēs*),均已失传。前者写他在冥土服役,后者的内容大致如下:西苏福斯告诉妻子,他死后,后者不要葬他,但在去了冥土后,却反诬妻子没有尽责,因此返回阳世“追究”她的责任(像是一出萨图罗斯剧)。索福克勒斯和欧里庇得斯似亦写过以西氏的活动为题材的作品。

34 “这种效果”指上文提及的悲剧效果和(或)引发人们的同情(或满足道德愿望)。根据第 13 章第 15—16 及第 22—23 行中的论述,悲剧英雄或人物尽管不具十分的美德,也不是非常的公正,但仍然是有缺点的好人。像西苏福斯这样的“坏蛋”显然不是,也不应是典型意义上的悲剧主人公。西氏的受惩可以引起人们的同情(或满足人们的道德要求),却很难引发严格意义上的悲剧感。传抄中是否出现过遗误,现已无从稽考。

35 《修辞学》2.24.1402a10—12 中引用了阿伽松论可然性的原话(片断 9)。在第 25 章里,这也是反驳者可以借用的一条理由(见该章第 82 行)。

36 在后期的作品里,欧里庇得斯(一)增加了演员的独唱,从而削弱了歌队的作用;(二)让歌队担任的角色往往与剧情无关;(三)经常割裂歌队与演员之间的直接交流(人物常常无视歌队的议论,这在索福克勒斯的作品里较为罕见)。关于对欧里庇得斯的批评,详见第 13 章注 28。关于歌队,参考第 4 章注 36。

37 可能指欧里庇得斯以后的悲剧作家。

38 阿伽松大概于公元前 410 年左右开始写作此类唱段(embolima)。《诗学》专家特威宁(Thomas Twining,1735—1804 年)有过一段精彩的论述:初始,合唱独领风骚,尔后虽接受了穿插其间的对话,但仍不失为作品之主体,其后沦为对话的附庸,游离于主题之外,和其他部分不能相合,继而张冠李戴……。

39 参考第 4 章注 45。

第 19 章

其他成分上文已作过探讨，[1]尚待讨论的还有言语和思想。关于思想，《修辞学》中已有过论述，[2]因为这个成分主要是修辞学的研究对象。思想包括一切必须通过话语产生的效果，[3]其种类[4]包
1456b 括求证和反驳，情感的激发（如怜悯、恐惧、愤怒等）[5]以及说明事物的重要或不重要。很明显，在事件中，当诗人需要引发怜悯、恐惧，说明事物的重要或事发的可然性时，也应该使用同样的成分。[6]差别只有一点，即事件本身即可产生上述效果，[7]无需话语的解释；[8]而对话语，产生这些效果需通过说话者和他的言论。若是不通过话语亦能取得意想中的效果，还要说话者干什么？[9]

至于和言语有关的问题，有一种研究以言语的表达形式为对象，例如什么是命令，什么是祈求，什么是陈述、恐吓、提问和回答，等等[10]。这门学问与演说技巧[11]有关，它的研析者是精通这门艺术的行家。以诗人是否了解这些形式为出发点，并在此基础上对诗艺[12]进行的批评，是不值得认真对待的。普罗塔哥拉斯[13]批评荷马的“女神，歌唱愤怒”[14]一语用得不妥，因为荷马自以为在祈求，其实却发了命令，但谁会觉得这里面有什么错误呢？（据普罗塔哥拉斯所说，叫人做或不做某事是一个命令。）[15]所以，我们不打

算多谈这个问题，因为它属于别的艺术，[16]而不是诗艺的研究范畴。

【注释】

1 上文谈得较多的成分实际上只有两个，即情节和性格。"成分"原文作 eidē(比较注 4)。

2 "思想包括一切须通过话语产生的效果"，因此和修辞关系密切。"修辞学"亦可作"关于修辞的论著"解。《诗学》的成文年代应迟于《诗人篇》，第 15 章末句可以证明这一点。《诗学》和《修辞学》何者为先，似不易确定——《修辞学》中多次提到《诗学》(参考第 20 章注 1)。《诗学》对思想谈得不多，第 19—22 章主要论言语。

3 比较译文第 6 章第 19—20 及第 49 行。"话语"(logos)在此等于 lexis(参考第 6 章注 15)，有别于"行动"(另参考第 15 章注 5；详见附录"Logos")。

4 "种类"原文作 merē。比较第 6 行中的"成分"(ideai, 1456^b3)，第 20 章第 1 行中的"部分"(merē, 1456^b19)以及第 22 章第 23 行中的"类型"(merē, 1458^b12)。另参考第 1 章注 3。

5 注意，这里还提到了"愤怒"等情感(参考第 6 章注 9)。Pathē 在此作"情感"解(参考第 1 章注 21，比较第 11 章注 21)。在《尼各马可斯伦理学》第 2 卷第 5 章里，亚氏列举的 pathē 包括：欲望、愤怒、惧怕、信心、妒忌、欢乐、友好、仇恨、盼望、竞争和怜悯(1105^b21—23)。

6 Ideai，在此等于 merē(比较注 1、4)。

7 事件(pragmata)的展开有时可起到语言所能起的作用；造型、动作和表情等可以表示人物的感觉、看法、意向和心理状况等。

8 这么说或许并不意味着人物在这种情况下绝对不能讲话。

9 即：又该怎样体现说话者的 ergon 呢？参考第 6 章注 38。

10 参考《修辞学》3.1.1403^{b}24—30，《论阐释》4.17^{a}5。语调虽然不能表示（狭义上的）语义，却可以表示语气。命令、陈述和回答时一般用降调，祈求、恐吓和提问时可用升调。在当时，人们书写不用标点符号。古希腊人对语法的研究可能始于公元前五世纪初。辩说家普罗塔哥拉斯（见注 13）、普罗底科斯（Prodikos）和希庇阿斯（Hippias）等可能是公元前五世纪最好的语法学家。德谟克里特写过论语法的专著，柏拉图对语言也很有研究。斯多葛学派的学者们在语法领域颇有建树，古典语法的集大成者是狄俄努西俄斯·斯拉克斯（Dionusios Thrax）。

11 Hupokritikē，字面意思为"表演艺术"（比较第 4 章注 35）。在讨论修辞时，hupokritikē 可指"讲演"，其组成部分包括音量（megethos）、音高（harmonia）和节奏（rhuthmos）（《修辞学》3.1.1403^{b}30—31）。另参考第 20 章注 30，第 26 章注 12。

12 Poiētikē（参考第 1 章注 2、6 等处）。

13 普罗塔哥拉斯（Protagoras，约公元前 485—前 415 年）是古希腊著名的学问家和辩说家，对语法亦作过有一定深度的研究。他从名词（或名称，参考第 20 章注 24）中分出了"指物词"（参见第 21 章注 37），注意到了动词的时态问题，并率先从话语（logos）中区分出四种基本形式，即要求（或祈求）、提问、回答和命令（一说七种，即叙述、提问、回答、命令、报告、要求和呼唤）。

14 《伊利亚特》1.1。

15 括弧为译者所加。

16 即修辞或讲演艺术。

第 20 章[1]

从整体上来看，言语[2]包括下列部分：字母、[3]音节、连接成分、名词、动词，指示成分、曲折变化和语段。[4]

字母为不可分的音[5]——不是每一种音，而是那种可自然地构成复合音的音。动物也能发不可分的音，但这些不是我们所说的字母。这类音分元音[6]、半元音和默音三种。[7]元音为可听见的音，[8]其形成无须通过口腔器官间的接触。[9]半元音亦是可听见的音，其形成须通过口腔器官间的接触，如 s 和 r。[10]默音的形成须借助口腔器官间的接触，本身不具可听见的声响，但当它和带某些声响的字母结合时，即成为可听见的字母，如 g 和 d。[11]字母因下列因素而相区别：发音时口形及口腔器官的位置，送气或不送气，[12]音的长短，[13]是高音、低音、还是介于二者之间的音。[14]详细地探究此类问题，是格律学的任务。[15]

音节[16]是由一个默音和一个带响声的成分[17]组成的非表义音。事实上，gr 不带 a 是一个音节，带了 a 也是一个音节，即 gra。[18]但是，对此类区别的研究，也同样是格律学的任务。

连接成分[19]分两类，包括(一)非表义音。这些音既不妨碍，亦 1457a
不促成一个按自然属性应有若干个音组成的表义音[20]的产生，且不宜出现在一个独立存在的语段之首，如 men，ētoi，de。[21]（二）非表义音。根据本身的属性，可将若干个表义音连接成一个表义音，如 amphi 和 peri[22]等。

指示成分[23]为表示语段的起始、中止或转折的非表义音；根据属性，它的位置在语段的两头或中间。

名词[24]为合成的表义音，没有时间性，其组成部分本身不直接表义——我们不把双合词中的部分当作可单独表义的成分使用，比如 Theodōros 中的-dōros 即不表示意思。[25]

动词[26]为合成的表义音，有时间性。和名词一样，动词的组成部分本身也不表义。“人”或“白”不表示时间性，[27]但“他走”[28]和“他走了”却表示动作进行的时间，前者表现在，后者表过去。

名词或动词的曲折变化[29]可表示关系，例如“属于”或“对”等等；亦可表示单数或复数，如“人”和“人们”；还可表示说话的语气，[30]比如是提问还是命令——从 ebadisen 和 badize[31]中可以看出这个动词在表示上述语气时所展示的曲折变化。

语段[32]为合成的表义音，它的某些部分能独立表义（并非每个语段都出自动词和名词的结合，比如对“人”的定义[33]——可见语段的形成亦可不用动词；但语段中总有一个能表示实体的成分，比如“克瑞恩在行走”中的“克瑞恩”）。[34]语段因（一）能表示某个事物或（二）由若干个部分连接而成为一个完整的语段。例如，《伊利亚特》是一个完整的语段，[35]因为它由许多部分连接而成；对人的定义也是一个完整的语段，因为它能表示某个事物。

【注释】

1 第 20 至 22 章讨论语言的成分、合成和词语的用法。这三章内容有点像是《诗学》中的一个“穿插”，因为在今天的人们看来，论诗和研究语言往往不是关系十分密切的一码事。但是，在古希腊，诗和语法的关系远比我们想象的要密切；grammatikē 是研究和评析诗，尤其是荷马史诗的“工具”。本节文字论及的一些内容也出现在亚氏的其他论著里（参见有关注释），《修辞学》亦多次提到这里论及的内容（参见第 21 章注 1，第 22 章注 1）。此外，本章中的 arthron 和 ptōsis 还不作“冠词”和“格”解（参考注 23、29），这一点亦可证明它的作者不是公元前三世纪或前三世纪以后的语法学家。

2 Lexis，在此指作为一个整体的语言（即不专指悲剧中的言语，比较第 6 章注 15，第 22 章注 41）。

3 Stoikheion，“要素”、“成分”。作者没有严格区分分属于发音（或语音）和书写这两个系统中的某些内容。在语法的草创时期，出现这种情况是不足为怪的。在当时，grammatikē（字面意思是“书写艺术”）不仅包括词法和句法，而且还包括语音学和音位学方面的某些内容。

4 在阿拉伯译文里，这八个成分的排列顺序是：字母、音节、指示成分、连接成分、名词、动词、曲折变化和语段。

5 “音”原文作 phōnē。在《动物研究》（*Historia Animalium*）里，亚氏区分了 phōnē 和 psophos 的不同（4. 9. 535ᵃ27；另参考柏拉图《瑟埃忒托斯篇》203B）。Phōnē 亦指一个较大的语音单位（1457ᵃ1，本章第 17 行），即词、词组或句子（比较“语段”）。

6 元音共七个（《瑟埃忒托斯篇》203B，《形而上学》14. 6. 1093ᵃ13），用罗马字母表示即为 i、e、ē、o、ō、a 和 u（或 y；-为长音符，参考注 12）。《诗学》没有提及双元音。

7 公元前五世纪的辩说家们已开始使用这些术语。欧里庇得斯的

Palamēdēs 中有这么一段文字：我教人书写的知识，把元音和辅音连成音节（片断 578）。柏拉图对音作过同样的划分（《克拉图洛斯篇》424C，《菲勒波斯篇》18B—C）。希腊语中共有十七个辅音（包括作者所说的半元音和默音），其中三个为复合辅音，即 z(ds, sd), x(ks、gs、xs) 和 ψ(ps、bs、phs)。

8 Phōnē akoustē。或：元音是带可听见音的字母。

9 主要指舌的运动，但亚氏似乎也注意到了双唇的作用（参考《论动物的部分》2.16.660[a]6）。阿拉伯译文提到了"和双唇或齿的接触"。

10 可能还包括 l、m、n 等可延续的音。

11 可能还包括 k、t、p、b 等非延续音（或爆破音。）作者没有区分我们今天所说的清辅音和浊辅音。

12 例如，ha 为送气音，a 则为非送气音。希腊语中没有表示 h 音的字母，故用送气符'（作 h 音读）表示之（书面语中的读音符号可能是由公元前三至前二世纪的拜占庭学者们所发明的）。送气或不送气有时具辨义的功能，比如：horos（"分界"），oros（"山"）。

13 参考第 21 章注 40、42。

14 三者的读音符号分别为´、`和ˆ。《修辞学》3.1.1403[b]29 中有类似的提及（另参考柏拉图《克拉图洛斯篇》399A—B）。从现有的资料来看，亚氏可能是最早提及"介于二者之间的音"的学者。在古希腊，音的长短、高低、送气与否等现象均属 prosōdia（"发音"，参考第 25 章第 52 行，原文 1461[a]22）的研究范畴。

15 或："人们应在关于格律学的论著里探讨有关细节问题"。《诗学》和《修辞学》都没有专门讨论格律；亚氏曾写过一篇《论音乐》，不知其中可有涉及格律的论述。

16 "音节"（sullabē）是词的组成部分。单音词只有一个音节，但可表义。作者可能把单音节词当作 onoma，而不是 sullabē 看待。

17 根据上文所述，"带响声的音"可包括元音和半元音。

18 阿拉伯译文作:"……不是一个音节,加了 a 才组成音节。"作者对音节所下的定义不甚精确,因为一个元音(不加辅音)亦可构成音节。

19 或"连词"。Sundesmos(复数 sundesmoi)原意为"连接"或"连接物",这里指连词和某些小品词。《问题》的作者区分了必要的 sundesmoi(如 te 和 kai)和非必要的、一般仅用于强调的 sundesmoi(如 dē)。作者把我们今天所说的连词、介词和冠词等归为"非表义成分"。本段文字(包括本段和下一段译文)内容比较含糊,其中似有令人费解的重复,翻译时参考了瓦伦(Johannes Vahlen),拜瓦特、布切尔、埃尔斯等人的校勘本。

20 参考注 5。

21 Ētoi 可作"肯定地"、"确信无疑地"解,men 和 de 通常连用,表示"一方面……另一方面"。

22 可作介词计。Amphi 意为"在……两边"或"有关",peri 意为"在……周围"或"关于"。

23 Arthron,原意为"韧带"(解剖学术语),后世的语法学家用它指"冠词"。但在这里,arthron 的所指可能不仅限于冠词。

24 在公元前五至前四世纪,onoma(复数 onomata)的所指包括名词(或名称)、形容词、代词、可能还有副词。孤立的动词亦是 onoma(《论阐释》3. $16^{b}19$)。迟至二世纪,斯多葛学派的学者们才把形容词从 onoma 中区分出来。在柏拉图的论著中,onoma 的所指有时宽窄不一(比较《智者篇》262A1 和 261D2)。《诗学》中的 onoma 有时亦明显地包括动词(参见译文第 21 章第 27 行,第 22 章第 30 行,第 25 章第 63 行)。

25 《论阐述》对 onoma 和复合词作过同样的论述,并指出名称是由约定俗成产生的(2. $16^{a}19$—22)。Theodōros(人名)由 theos("神")和 dōron("礼物")组成,意为"神赐的礼物"。

26 Rhēma(复数 rhēmata)是表示行动的词(《智者篇》262A,其中没有提到动词的时间性),因此可作"动词"解。但是,和 onoma 一样,rhēma 的所指有时也不仅限于动词。在《克拉图洛斯篇》里，柏拉图写道：名词 anthrōpos（"人"）是由 anathrōn ha opōpen 这一短语（rhēma）压缩而来的，因为只有人才具对所见之物进行观察和思考的能力（399C）。柏拉图认为，如果将 Diphilos 拆成两部分，使之成为 Dii philos（"爱慕宙斯"），这两部分就不再是一个名称，而是一个 rhēma（399B）。即使在《智者篇》里，rhēma 也不专指动词——一些说明性成分，如"不大"等，也是 rhēmata（257B）。在很多情况下，rhēma 实际上是说明主语的成分，即"谓语"（另参考 G. F. Else, *Plato and Aristotle on Poetry*, Chapel Hill: The University of North Carolina Press, 1986, pp. 128—129）。Onoma 是语句中表示名称的部分，rhēma 则是说明或关于名称的部分。在亚氏的论著里，rhēma 通常指动词，有时也指谓语（《论阐释》10. 20^b1—4）。

27 参见《论阐释》3. 16^b—7 中相似的论述。

28 Badizei，第三人称现在时（陈述语气），亦可解作"他正在走"。

29 Ptōsis 不仅指名词、形容词等的变格，而且指各种派生形式和动词的曲折变化。在《门类》（*Categoriae*）1. 1^a12—15 里，ptōsis 包括如"语法"→"语法学家"这样的变化。Ptōsis 甚至包括由语调引起的意思变化。

30 Kata ta hupokritika，直译作：根据表述（另参考第 19 章注 11 等处）。

31 分别意为"他走过吗"？（口语中主要靠语调区别陈述和提问）和"走"！

32 Logos。在《诗学》里，logos 表示多种意思（详见附录"Logos"）。

33 亚氏给"人"下的定义是：足系双脚动物（《论阐释》5. 17^a13，《论题》7. 103^a27）。并非每个语段都是包含真理或谬误的论断（《论阐释》4. 16^b26—17^a4）。"双脚动物"是一个语段，而"人是双脚动物"却是一个包含真理或谬误的论断（参考同上，5. 17^a11—12）。

34 在原文中，括弧至"表示实体的成分"止。

35 参考《分析续论》2. 10. 93^b35—37；《论阐释》5. 17^a8—9，15—16；《形而上学》8. 4. 1045^a12—14。关于《伊利亚特》是一个由许多部分组成的整体，另参见《形而上学》7. 4. 1030^b9。

第　21　章[1]

词[2]分两种，一种是单项词（所谓“单项词”，指由非表义成分组成的单词，比如 gē），[3]另一种是双合词。双合词又分两种，一种由表义部分和非表义部分组成，[4]但在双合词中，这些部分均不表义，也就是说，是非表义的，[5]另一种则由两个表义部分组成。[6]复合词还可由三个、四个、甚至更多的部分组成，例如马萨利亚人的语言里就有很多这样的例子，如 Hermokaikoxanthos[7] ＊ ＊ ＊。

词分普通词、外来词、隐喻词、装饰词[8]、创新词、延伸词、缩略 1457b
词和变体词。[9]

所谓“普通词”，指某一地域的人民共同使用的词；所谓“外来词”，[10]指外方人使用的词。因此，同一个词显然可以既是普通词，又是外来词——当然不是对同一地域的人民而言。对塞浦路斯人来说，sigunon 是个普通词，但对我们来说，却是个外来词。[11]

用一个表示某物的词借喻它物，这个词便成了隐喻词，[12]其应用范围包括以属喻种、以种喻属、以种喻种和彼此类推。[13]所谓“以属喻种”的例子，如“我的船停在这儿”，[14]因为“泊”是“停”的一种方式。所谓“以种喻属”的例子，如“俄底修斯的确做过一万件美事”，[15]其中“一万”是“多”的一种表达形式，在此取代“大量”。所谓“以种喻种”的例子，如“用铜汲走生命”和“用长边的铜切割”。[16]这里，诗人用“汲”喻“切割”，又用“切割”喻“汲”，二者同为“取走”的表达形式。所谓“类推”，指的是这种情况：当 b 对 a 的关系等于 d 对 c 的关系时，诗人可用 d 代替 b，或用 b 代替 d。[17]有时，诗人还在隐喻中加入和被隐喻词所替代的那个词相关的内容。比如，酒杯之于狄俄尼索斯[18]犹如盾之于阿瑞斯，[19]因此可称酒杯为“狄俄尼索斯的盾”，称盾为“阿瑞斯的酒杯”。[20]又如老年之于生命就像黄昏之于白昼，因而可称黄昏为“白昼的暮年”，也可用恩培多克勒的比喻，[21]称老年为“生命的黄昏”或“生命的夕阳”。[22]有时，我们或许找不到通用的名称[23]来形容类推中的某些属项，但即便如此，我们仍可通过同样的方式把它们表现出来。比如，撒种叫撒播，但太阳的“撒”光却没有一个专门的称谓。然而，放光之于太阳的关系和撒播之于种子的关系是相似的，因此，诗人用了“撒播神造的光芒”[24]一语。使用此类隐喻还可用另一种办法，即先用一个表示其他事物的名称形容某个事物，然后再否定该词原来表示的那个事物的某个特性，比如，假设诗人不称盾为“阿瑞斯的酒杯”，而称之为“无酒的酒杯”。 * * *[25]

创新词即诗人[26]自己创造，一般人从来不用的词。某些词汇似乎属于这一类，例如表 kerata[27] 的 ernuges[28] 和表 hiereus[29] 的 arētēr。[30]

1458a 至于延伸词和缩略词，前者指用较长的元音取代原有的元音或接受了另一个音节的词，后者指缩略了某个部分的词。延伸词的例子如替代 poleōs 的 polēos[31] 以及替代 Pēleidou 的 Pēlēiadeō。[32]缩略词的例子如 kri、dō[33] 和 mia ginetai amphoterōn ops[34]中的 ops。

诗人用原词的一部分，加上新增添的另一部分组成变体词，比如用 dexiteron kata mazon[35]替代了 dexion。

就其本身而论，名词[36]分三类，即阳性、阴性及介于二者之间的名词。[37]阳性名词以 n、r、s 和包括 s 的合成辅音（共两个，即 ps 和 ks）结尾，[38]阴性名词以始终作长读的元音——如 ē 和 ō，[39]以及在可作长读的元音中的 a 结尾。[40]所以，阳性名词和阴性名词的收尾成分数目相同，因为在阳性名词中，ps 和 ks 是复合音。[41]名词不能以默音或只能作短读的元音结尾。[42]只有三个名词以 i 结尾，即 meli、kommi 和 peperi；[43]五个名词以 u 结尾＊＊＊。[44]介于二者之间的名词以这些元音[45]及 n 和 s 结尾。[46]

【注释】

1 《修辞学》3.2.1404^{b}7 和 1404^{b}28 中的所指可能与本章内容有关。

2 Onoma，在此泛指“词”（包括动词等）。比较第 20 章注 24 及本章注 36。

3 Gea 的缩约形式，意为“土地”、“大地”。

4 即由名词（或名称）加介词等组成。

5 “不表义”和“非表义”意思相近，有人建议将 kai asēmou 放入[ ]号内。

6 即由名词加名词组成，如 Theodōros（参见译文第 20 章第 25 行）。

7 Hermokaikoxanthos 由三条河流的名称（即 Hermos（赫耳摩斯）、Kaikos（卡伊科斯）和 Xanthos（珊索斯））组成。该词可按六音步格切分，可能系某部非严肃作品中的人名。阿拉伯译文作：Hermokaikoxanthos 向宙斯祈祷。马萨利亚（Massalia）是古希腊人的一个移民点，位于法国南部。

8 下文没有解释的唯有装饰词(kosmos)。装饰词包括某些表示主体的性质或特征的修饰成分和同义成分(如称阿伽门农为“阿特柔斯之子”等)。《修辞学》3.7.1408^{a}14 中的 kosmos 意为“修饰成分”,和 epitheton(“修饰词”或“修饰成分”)没有实质性的区别。值得注意的是,该卷两次并提隐喻词和修饰词(1405^{a}10,1407^{b}31)。在 1406^{a}10—^{b}5 里,亚氏把 epitheton 放在外来词和隐喻词之间作了剖析。

9 这八类词中,普通词(kurion)自成一大类,其余七类词又为一大类,即不同于普通用语的“奇异词”(xenika onomata,参考第 22 章第 3—4 行)。

10 参考《修辞学》3.3.1406^{a}7—10。外来词(glotta)还包括古废词等。

11 阿拉伯译文在此后还有一语:对于我们,“矛”是个普通词,但对塞浦路斯人来说,却是个外来词。在塞浦路斯方言里,sigunon 意为“矛”(参考希罗多德《历史》5.9)。塞浦路斯(Kupros)是地中海东部的一个岛屿,当时是希腊人的一个集居点。

12 Metaphora。隐喻可增强语言的表现力(参见《修辞学》3.2.1405^{a}34ff.),使人产生由此及彼的联想(《论题》6.2.140^{a}9—11);人们可从隐喻中学到知识(《修辞学》3.10.1410^{b}10—13)。使用隐喻词可使文体显得明洁优雅,隐喻词可以起到其他词类无法替代的作用(同上,3.2.1405^{a}6—9)。明喻是一种 metaphora,二者之间只有细微的差别(同上,3.4.1404^{b}20—26)。

13 参考《修辞学》3.2.1405^{a}10ff.。

14 《奥德赛》1.185,24.308。

15 《伊利亚特》2.272。

16 这两个片断取自恩培多克勒的《净化》(片断 138 和 143)。第一个片断的大意是:用铜刀杀牲口祀祭。由此联系起来看,第二个片断中的“切割”的宾语似应为“水”,整个片断的大意是:用铜罐装水。恩培多克勒善于使用隐喻,亚氏肯定了他在这方面的才华(参考第 1 章注 37)。

17 参考《尼各马可斯伦理学》5.3.1131ᵃ29ff.。Analogia 是隐喻中最好的一种(《修辞学》3.10.1410ᵇ36)。可能因为这一点,作者在此谈得最多的也是这一种(另参考同上,3.4.1410ᵇ31ff.,3.10.1411ᵃ1ff.)。

18 狄俄尼索斯(Dionusos)是传说中的酒和狂欢之神。荷马曾提及狄氏遭受德鲁阿斯(Druas)之子鲁库耳戈斯(Lukourgos)追逼的传说(《伊利亚特》6.130ff.)。自黑西俄得起(参见《神谱》940ff.),古代作家一般把他当作宙斯和塞梅蕾(Semelē)之子。受赫拉的怂恿,大力神将狄俄尼索斯撕成碎片吞食。雅典娜把他的心脏交还宙斯,后者吞下心脏,复生出狄俄尼索斯。古希腊人把狄氏的经历看作是万物由生到灭、由死复生的象征。狄氏别名巴科斯(Bakkhos)。欧里庇得斯写过一出《巴科斯的女信徒们》,现存。

19 阿瑞斯(Arēs)乃宙斯和赫拉之子,战神。

20 "阿瑞斯的酒杯"可能引自提摩瑟俄斯的《波斯人》(片断 22)。这两个短语亦出现在《修辞学》3.4.1407ᵃ17—18 里,另参考 3.11.1413ᵃ1。

21 阿拉伯译文作:因而可称……,如恩培多克勒所比喻的那样。

22 比较《修辞学》3.10.1410ᵇ14—15,柏拉图《法律篇》6.770A。

23 Onoma 在此作"词"解,包括动词(另参考第 20 章注 24)。"通用的"等于"普通的"。

24 可能引自某位抒情诗人的作品(见 *Poetae Melici Graeci* 1026)。

25 按照顺序,接着要讨论的似应为装饰词(参考注 8)。

26 可能指荷马。1458ᵇ7(第 22 章第 18 行)和 1460ᵇ2(第 24 章第 62 行)中的"诗人"亦指荷马。

27 意思不明,可能取自某部已佚失的、被归置于荷马名下的诗篇。比较 ernos,"分枝"。

28 "角"。

29 "祈祷者"。

30 “祭司”(见《伊利亚特》1.11，5.78)。能否把这两个词当作严格意义上的创新词？作者对此不作定论大概是有道理的。

31 Poleōs 为 polis(“城邦”)的单数所有格形式，polēos 是古史诗中的用词。

32 Pēleidou 是 Pēleidēs(“裴琉斯之子”，即阿基琉斯)的所有格形式。Pēlēiadeō 乃史诗用词，除其中第四个字母 ē 和词尾字母 ō 作长音读外(第二个字母 ē 原来即为长音)，还接受了元音 a。

33 分别为 krithē(“大麦”)和 dōma(“房屋”)的缩略形式。上述延伸词和缩约词在荷马史诗中均有出现。

34 引自恩培多克勒的《论自然》(片断 88)，大意是“双眼形成一道目光”(即双眼盯着一个景物)。Ops 为 opsis 的缩略形式。

35 “(击中她的)右胸”(《伊利亚特 5.393》。荷马用了 dexion 的比较级 dexiteron，意思无明显变化。)

36 Onomata 在此专指名词，不包括动词。下文讨论名词的性和结尾字母的对应问题。

37 最先按“性”分词的大概是普罗塔哥拉斯(《修辞学》3.5.1407b6—8，另参考第 19 章注 13)或包括他在内的辩说家们。“介于二者之间的名词”(另参考《论诡辩反驳》4.166b11—12，14.173b26ff.)即中性名词，但在当时尚无规范的称谓(普罗塔哥拉斯用了 skeuē(“指物词”)，似不很妥当，因为许多阳性和阴性名词亦可指物)。斯多葛学派的学者们最先用 oudeteron(以后成了一个规范术语，比较拉丁词 neuter)表示中性或中性名词(参见 R. H. Robins，*Ancient and Mediaeval Grammatical Theory in Europe*，London：G. Bell and Sons，1951，p.31)。

38 如 Pausōn、Krantor、Aristotelēs、Kuklops 和 Hipponax。在所有的古文本中，只有阿拉伯译本保留了 s。少量阴性名词以 s 或 r 结尾，如 mētēr(“妈妈”)。并非所有以 ps 或 ks 结尾的名词都为阳性。

39 如 Melanippē、Sapphō 等。

40 希腊语中共有七个单元音(参考第20章注6),其中可作长读和短读的有三个,即a、i和u。阴性名词(或名称)可以长a或短a结尾。

41 换言之,可与s一起算作一个音。

42 "只能作短读的元音"指e和o(在希腊语中,epsilon和omicron在形态上不同于ēta和ōmega,即作长读的ē和ō)。

43 意思分别为"蜜"、"树胶"和"辣椒"。有人曾找出二十来个以i结尾的名词,其中多数为废词和外来词。

44 根据瓦拉文本和阿拉伯译本,这五个词是doru("树干"、"矛")、pōu("羊群")、napu("芥末")、gonu("膝")和astu("城")。此类词确实不多,但也不止五个,比如还有methu、dakru等古词。

45 指i和u。相当一批中性名词以a结尾。

46 似还应有r;r的失落可能系由早期传抄者的遗误所致。现将上述划分归纳如下:

(一)阳性名词词尾:n、r、s(ps、ks、(x))

(二)阴性名词词尾:ē、ō、a(ā)

(三)中性名词词尾:a(同阴性名词)

n、(r)、s(同阳性名词)

i、u

第 22 章[1]

言语的美在于明晰而不至流于平庸。[2]用普通词组成的言语最明晰,但却显得平淡无奇。克勒俄丰和塞奈洛斯[3]的诗作可以证明这一点。使用奇异词[4]可使言语显得华丽并摆脱生活用语的一般化。[5]所谓“奇异词”,指外来词、隐喻词、延伸词以及任何不同于普通用语的词。[6]但是,假如有人完全用这些词汇写作,他写出的不是谜语,便是粗劣难懂的[7]歪诗。把词按离奇的搭配连接起来,[8]使其得以表示它的实际所指,这就是谜语的含义。〈其他〉词类的连接不能达到这个目的,但用隐喻词却可能做到这一点,[9]例如“我看见一个人用火把铜粘在另一个人身上”[10]以及诸如此类的谜语。滥用外来词会产生粗劣难懂的作品。因此,有必要以某种方式兼用上述两类词汇,[11]因为使用外来词、隐喻词、装饰词以及上文提到的其他词类可使诗风摆脱一般化和平庸,而使用普通词能使作品显得清晰明了。[12]

1458b 言语既要清晰,又不能流于一般,在这方面,延伸词、缩略词和变体词起着不可低估的作用。这些词既因和普通词有所不同——它们不具词的正常形态——而能使作品摆脱一般化,又因保留了词的某些正常形态而能为作品提供清晰度。由此可见,评论家们对用上述方法构成的话语的批评，以及因为诗人[13]使用了这种方法而对他进行嘲讽，是没有道理的。例如，老欧克雷得斯[14]的观点是，要是诗人可以任意拉长词汇，[15]写诗就容易了。作为讽刺，他以此法写了一些荒唐的诗行，读作：[16] Epikharēn eidon Marathōnade badizanta[17]和 ouk an geramenos ton ekeinou elleboron。[18]

露骨地使用延伸词是荒唐的。使用所有类型的奇异词都要注意分寸，[19]因为若是为了逗人发笑而不恰当地使用隐喻词、外来词和其他类型的奇异词，其结果也同样会让人觉得荒唐。若是把史诗中的延伸词换成普通词，便可看出得体地使用延伸词和使用普通词的差别有多大。对外来词、隐喻词和其他非普通用语，情况也一样：假如有人用普通词替代它们，便会意识到我们这里说的是一个事实。比如，欧里庇得斯重复过埃斯库罗斯的某一句短长格诗行，但换掉了其中的一个词，[20]即用一个外来词替换了一个常用的普通词，他的诗行因此显得优雅，而埃斯库罗斯的诗行则显得平淡无奇。[21]埃斯库罗斯在《菲洛克忒特斯》一剧中写道

这毒疮吃我腿上的肉[22]

欧里庇得斯以“享用”[23]代替了“吃”。又如

但现在一个懦弱、猥琐的小不点[24]

假如有人改用普通词，则读作

但现在一个虚弱、难看的小个子

同样的例子也见之于以下例子，比如把

摆了一把丑陋的椅子和一张微不足道的桌子[25]

改作

摆了一把破旧的椅子和一张小桌子

或把“海岸在咆哮”[26]改作“海岸在叫喊”。[27]

此外,阿里弗拉得斯[28]挖苦悲剧诗人使用人们在日常会话[29]
1459a 中不用的词语,比如用 dōmatōn apo[30]取代 apo dōmatōn,用 sethen、[31] egō de nin[32]以及用 Akhilleōs peri[33]取代 peri Akhilleōs,等等。然而,正是因为它们不在普通用语之列,才使言语不至流于一般——这一点是阿里弗拉得斯所不懂得的。

要合理地使用上述各类词汇,[34]包括双合词和外来词,[35]这一点是重要的。但是,最重要的是要善于使用隐喻词。唯独在这点上,诗家不能领教于人。[36]不仅如此,善于使用隐喻还是有天赋的一个标志,[37]因为若想编出好的隐喻,就必先看出事物间可资借喻的相似之处。[38]

各类词中,双合词最适用于狄苏朗勃斯,外来词最适用于英雄诗,隐喻词最适用于短长格诗。[39]在英雄诗里,上述各类词汇均有用武之地。在短长格诗[40]里,由于此类诗行在用词方面尽可能地摹仿日常会话中的用语,[41]所以,适用于散文[42]的词也同样适用于它。这些词类是:普通词、隐喻词和装饰词。[43]

关于悲剧,即用行动的摹仿,[44]以上所述足以说明问题了。

【注释】

1 《修辞学》3.1.1404a39 和 3.2.1405a6 中的所指可能即为本章内容。

2 “美”原文作 aretē。X 的 aretē 是成为出色的,即本身的潜力得到正常和充分发挥的 x。具体地说,木匠的 aretē 在于能做出美观耐用的木器,而锯子的 aretē 在于能让木匠较快、较省力地锯开木头。获取 aretē 的前提是圆满地实现事物本身的 ergon(参考第 6 章注 38)。清晰而不流于平庸的表达将有助于言语(lexis)实现它的 ergon 并由此获取自身的 aretē。关于言语的 aretē,另参见《修辞学》3. 2. 1404^{b}1—8。比较译文第 2 章第 2 行中的"善"及第 13 章第 15 行中的"美德"(或"德")。

3 塞奈洛斯(Sthenelos)是公元前五世纪的悲剧诗人。阿里斯托芬曾提及一位名叫塞奈洛斯的悲剧诗人并嘲笑过他的文体(片断 151,另参考《黄蜂》(*Vespae*)1313)。关于克勒俄丰,参考第 2 章注 11。

4 在柏拉图的《克拉图洛斯篇》401C 里,奇异词(比较 xenikos,"外国人")指非阿提开词(或用语)。第 21 章没有提及奇异词,本章也没有给它下定义。合理地使用 xenika onomata 可为作品增色(参考《修辞学》3. 2. 1404^b, 3. 3. 1406^a 等处)。

5 Idiōtikon(比较 idiōtēs,"个人"、"公民")意为"日常的"、"生活中的",与之形成对比的是 xenikon,"生疏的"、"不熟悉的"(比较注 4,另参考《修辞学》3. 2. 1404^{b}8—12)。

6 参考第 21 章注 9。

7 Barbarismos,"粗劣的"、"不合希腊风范的",与之对应的是 hellēnismos(《诗学》中没有出现这个词),意为"合乎希腊风范的"(或符合希腊人的处事习惯和评审标准的)。古希腊人把人分作两类,一类是 Hellēnes(另参考第 25 章注 *),另一类是 barbaroi("外国人")。古希腊人相信,和 barbaroi 相比,Hellēnes 具有较好的人文素质和较为先进的政治制度。诗人是受过良好教育的希腊人,他们应该 hellēnizein("使用规范的希腊语",参考《修辞学》3. 5. 1407^{a}19—^{b}25),而不应 soloikizein("说话不顾规范",参见《论诡辩反驳》3. 165^{b}20)。

8 或:把不可能进行正常搭配的词连接起来。

9 隐喻和谜语(ainigma)有着某种相通之处;好的谜语可为编制隐喻提供

素材(《修辞学》3.2.1405b4—5)。

10 这是个用六音步格作成的谜语,作者大概是生活在公元前七世纪的克勒俄布莉内(Kleoboulinē)。谜语指的是一种医治外伤的手段:医生把铜拔火罐贴在病人的疮患之处,然后把它加热,火罐冷却后即可达到吸取脓血的目的。"铜"喻"铜质拔火罐",此乃以属喻种的例子。"粘"即"贴",同为"连合"的表达形式,可作为以种喻种的例子。亚氏在《修辞学》3.2.1405b1 中亦引用了这个谜语。

11 即普通词和奇异词。

12 参考《修辞学》3.12.1414a24—27 中类似的论述。

13 指荷马(参考第 21 章注 26)。

14 Eukleidēs。据有关文献记载,公元前五至前四世纪有过两位知名的欧克雷得斯。一位于公元前 403—前 402 年间出任雅典执政官,可能参与或关心过雅典的字母改革。另一位是苏格拉底的门生,亦受过巴门尼德学说的影响。抄本中的 arkhaios("古时的"、"从前的")一词令人费解,因为以作者的生卒年代来衡量,以上二位似乎都算不得"古人"。有人怀疑 arkhaios 可能系 arkhōn("执政官")的笔误。

15 阿拉伯译文作:……拉长或缩短词汇。

16 字面意思是"在言语本身之中",等于"引用原话"(即引用欧克雷得斯的原话)。

17 "我曾见厄庇卡瑞斯走向马拉松"。在这个诗行里,要把两个短元音拉长(即 Epikharēn 中的 E 及散文词 badizonta 中的第一个 a),方能凑齐六个音步。厄庇卡瑞斯(Epikharēs)是公元前五世纪末的政治家。马拉松(Marathōn)位于阿提开东北部,距雅典约四十二公里。

18 抄本似有损蚀,大意可能是:不为他混和藜芦。藜芦(helleboros)是一种植物,古人用它平治疯癫。

19 Metron kainon。Metron 亦作"诗"和"诗格"解(参考第 1 章注 25)。"类

型”原文作 merē(参考第 19 章注 4 等处)。另参考《修辞学》3.3。

20 Onoma,此处包括动词(参见第 20 章注 24)。

21 有趣的是,埃斯库罗斯向以行文绮丽、用词堂皇闻名。埃氏不仅写过冗长的唱段(阿里斯托芬《蛙》914—915),而且用词生僻、豪华(同上,924—926)。

22 片断 253。“吃”本为普通词,但在这句诗行里似可作隐喻词解。关于菲洛克忒特斯,参见第 23 章注 23。

23 片断 792。

24 《奥德赛》9.515。若没有特定的语境和上下文,oligos(“少量”、“小”)和下文中的 mikros(“小”)应同为普通词。

25 同上,20.259。

26 《伊利亚特》17.256,比较 14.394。

27 Krazousin(“叫喊”)在此取代了 booōsin(“咆哮”),后者是 boosin 的延伸形式。在这个语境里,“叫喊”似亦可作隐喻词解。

28 Ariphradēs,生平不详,可能是一位喜剧诗人。阿里斯托芬嘲笑过一个名叫 Ariphradēs 的人(《骑兵》1281ff.,《黄蜂》1280—1283),但我们无法证明此君是否就是本文提到的这一位。

29 Dialektos,“交谈”。

30 Dōmatōn 为 dōma(“房屋”)的复数所有格形式。Apo(“离开”)是介词(在此倒置于名词之后),后面的名词要用所有格形式。介词后置的例子在荷马史诗中不多见,但在悲剧的短长格诗行里却比较普通(唱词中鲜有此类例子)。欧里庇得斯习惯于置介词于诗行的末尾。

31 Sethen 是 su(“你”)的所有格 sou 的一种方言形式。

32 Egō 即“我”,de 是个虚词。Nin 可能是个奇异词,为第三人称代词的宾格形式,性、数的变化不影响词形。

33 Akhilleōs 是 Akhilleus(“阿基琉斯”)的所有格形式,peri 是介词(另参考

第 20 章注 22)。

34 包括第 21 章中提及的八种词汇以及单项词和双合词。

35 双合词和外来词尤其适用于诗歌(参见下文)。散文中应少用外来诗、双合词和创新词(《修辞学》3.2.1404[b]28—29)。诗比散文更能容纳奇异词(同上,1404[b]4—5,另参考 3.3.1406[a]10ff. 等处)。

36 《修辞学》3.2.1405[a]8—10 表述了同样的观点。原文中没有"诗人"一词。

37 参考《尼各马可斯伦理学》3.5.1114[b]8—12。

38 参见《修辞学》3.10.1410[b]32，3.11.1412[a]11—12。

39 《修辞学》3.3.1406[b]1—4 对为什么双合词、外来词和隐喻词分别适用于狄苏朗勃斯、史诗和短长格诗作了解释。公元前四世纪的狄苏朗勃斯用词生僻含糊,多新奇的复合词和不寻常的句式(参见 Robert Renehan, "Aristotle as Lyric Poet", *Greek Roman and Byzantine Studies* 23 (1982),p.256)。"英雄诗"即史诗。

40 指悲剧中的话语部分。

41 Lexin mimeisthai,"摹仿会话"。Lexis 在此作"日常会话"解,等于 dialektos(见注 29)。另参考第 4 章注 44,比较第 20 章注 2 等处。在当时,悲剧的用语已相当口语化,虽然史诗诗人仍在沿用日常会话中不用的词语(《修辞学》3.1.1404[a]31—35)。欧里庇得斯率先将日常用语引入悲剧(同上,3.2.1404[b]25)。另参见第 4 章第 51 行。

42 Logos(参考第 1 章注 24 和第 6 章注 57)。

43 参考《修辞学》3.2.1404[b]31—33 等处。

44 作者的用意是,用行动的摹仿已讨论完毕,接下去要谈叙述摹仿了。但悲剧不是唯一的通过行动摹仿的艺术——此类艺术至少还应包括喜剧。"即"原文作 kai(参考第 4 章注 11 等处)。

第 23 章

现在讨论用叙述和格律进行摹仿的艺术。[1]显然，和悲剧诗人一样，[2]史诗诗人也应编制戏剧化的情节，[3]即着意于一个完整划一、有起始、中段和结尾的行动。[4]这样，它就能像一个完整的动物个体一样，[5]给人一种应该由它引发的快感。[6]史诗不应像历史那样编排事件。[7]历史必须记载的不是一个行动，而是发生在某一时期内的、涉及一个或一些人的所有事件——尽管一件事情和其他事情之间只有偶然的关联。正如萨拉弥斯海战[8]和在西西里进行的与迦太基人的战争同时发生，[9]但没有引向同一个结局一样，在顺序上有先后之别的情况下，有时一件事在另一件事之后发生，却没有导出同一个结局。然而，绝大多数诗人却是用这种方法编作史诗的。

因此，正如我们说过的那样，[10]和其他诗人相比，荷马真可谓出类拔萃。[11]尽管特洛伊战争本身有始有终，他却没有试图描述战争的全过程。不然的话，情节就会显得太长，使人不易一览全貌；[12]倘若控制长度，繁芜的事件又会使作品显得过于复杂。事实上，他只取了战争的一部分，[13]而把其他许多内容用作穿插，比如用“船目表”[14]和其他穿插丰富了作品的内容。[15]其他诗人或写一 1459b

个人，[16]或写一个时期，[17]或描写一个由许多部分组成的行动[18]——如《库普利亚》和《小伊利亚特》的作者所做的那样。[19]所以，《伊利亚特》和《奥德赛》各提供一出、至多两出悲剧的题材。[20]相比之下，《库普利亚》为许多悲剧提供了题材，而取材于《小伊利亚特》的悲剧［多达八出以上］：[21]《甲仗的判予》、[22]《菲洛克忒特斯》、[23]《尼俄普托勒摩斯》、[24]《欧鲁普洛斯》、[25]《乞丐》、[26]《拉凯代蒙妇女》、[27]《伊利俄斯的陷落》、[28]《归航》[29]［还有《西农》[30]和《特洛伊妇女》］。[31]

【注释】

1 直译：关于叙述艺术和用格律文进行的摹仿。参考译文第 6 章第 1 行。

2 原文意为：和在悲剧里一样。

3 唯有荷马能够做到这一点（参见第 4 章第 27—28 行及该章注 22）。

4 参考第 7 章第 3—5 行。

5 比较第 7 章第 11 行。

6 比较第 13 章第 39 行，第 14 章第 7—8 行。作者认为，尽管史诗和悲剧不尽相同，但它们引发的都是同一种快感（见第 26 章第 41—43 行）。

7 比较第 9 章第 1 段。参考附录“Historia”。

8 希腊舰队于公元前 480 年在萨拉弥斯海战中击败了波斯海军。萨拉弥斯（Salamis）是萨罗尼科斯海峡（Sarōnikos Kolpos）中的一个岛屿，距雅典约十六公里。

9 在格隆的指挥下，西西里的希腊军队于公元前 480 年击溃了入侵的卡耳开冬人。据希罗多德记载，此事和萨拉弥斯海战同一天发生（《历史》7.166）。卡耳开冬（Karkhēdōn）即古代名城迦太基（罗马人称之为 Cathar-

go),位于非洲北部。

10 参见第 8 章第 6—13 行。

11 Thespesios,字面意思为“神似的”。有幸受过作者如此赞誉的只有荷马一人(参考并比较附录十四注 1、2、73)。

12 另见第 7 章第 15—17 行,第 24 章第 10—11 行。

13 特洛伊战争历时十年,但荷马只写了发生在(最后一年中的)短短几十天内的事情(参考第 5 章注 23)。

14 参阅《伊利亚特》2.484ff.。希腊舰队此时困集奥利斯(Aulis),战事尚未正式展开。关于段落名称,参考第 16 章注 12。

15 参见第 24 章第 17—18 行及第 18 章第 22 行。穿插还有增加长度的作用(见第 17 章第 14、27 行)。

16 比较第 8 章第 1—5 行。“其他诗人”指所谓的“系列史诗”(epic cycle)的作者们(参考附录“史诗”)。

17 参考附录“Historia”注 5。“或”原文作 kai(参考第 9 章注 34 等处)。

18 参考第 18 章注 21,第 26 章注 28。

19 据传《库普利亚》(*Kupria*)和《小伊利亚特》(*Ilias Mikra*)的作者分别是塞浦路斯的斯塔西诺斯(Stasinos)和米图热内(Mitulēnē)的莱斯凯斯(Leskhēs)。《库普利亚》始于对战争之起因的描述,至希腊联军抵达特洛伊城外止。《小伊利亚特》始于对阿基琉斯的甲仗的争夺,止于希腊人的返航。和《伊利俄斯遭劫》一样,这两部史诗属于“特洛伊故事系列”(The Trojan Cycle)中的一部分,均已失传。

20 这里指的可能是《伊利亚特》和《奥德赛》的主要情节(比较第 26 章第 35—37 行)。就《伊利亚特》而言,阿基琉斯和赫克托耳的经历无疑是较好的悲剧素材,虽然诗人亦可取材于其他人物的活动(参考第 18 章注 22;另参考第 13 章注 37)。

21 所有的抄本中都有“八出以上”一语。Pleon(“多于”)和最后两个剧名可能是后来添加的。《伊利俄斯遭劫》亦可能包括或涉及下列某些悲剧的内容。下述称谓或剧名有的没有见诸史籍。

22 不知是否指埃斯库罗斯所作的以埃阿斯的经历为题材的三连剧中的第一部，该剧亦以 *Hoplōn Krisis* 为名。

23 *Philoktētēs*。菲洛克忒特斯(Philoktētēs)是珀伊阿斯(Poias)之子(《奥德赛》3.190)，曾率部参加特洛伊战争，因遭蛇咬，被留在莱姆诺斯岛(Lēmnos)养伤(《伊利亚特》2.718—723)。《小伊利亚特》可能包括如下内容：当俄底修斯获悉，倘若没有菲氏的参战希腊人便无法攻克特洛伊的预言后，便和狄俄墨得斯一起前往莱姆诺斯，找回了菲氏。曾有若干部悲剧以此为名(参见第 22 章第 32—34 行)，现存的只有索福克勒斯的《菲洛克忒特斯》。索氏还写过一部《菲洛克忒特斯在特洛伊》(*Philoktētēs en Troiai*)，为《菲洛克忒特斯》的续篇，已失传。

24 *Neoptolemos*。尼俄普托勒摩斯(Neoptolemos)是阿基琉斯之子。年轻人智勇双全，能言善辩，口才仅次于奈斯托耳和俄底修斯(《奥德赛》11.506—516)。战后返回故里，娶墨奈劳斯的女儿为妻(同上，3.188—189，4.5ff.)。据《舒达》记载，尼各马可斯写过一出《尼俄普托勒摩斯》。尼俄普托勒摩斯曾杀死特洛伊的同盟者欧鲁普洛斯(见注 25)，因此，这部作品在内容方面和《欧鲁普洛斯》许有相似之处(阿拉伯译本可能因此而删去了后者)。

25 至少有两位欧鲁普洛斯(Eurupulos)参加了特洛伊战争。一位是欧埃蒙(Euaimōn)之子，曾率部参加围攻特洛伊的战争(《伊利亚特》2.736)，另一位是忒勒福斯之子，为保卫特洛伊而战。有关文献中查不到这个剧名。

26 此剧大概描写俄底修斯扮作乞者(ptōkheia)，混进特洛伊城进行侦察一事(参见《奥德赛》4.244—258)。此剧在内容上和《拉凯代蒙妇女》许有相似之处，阿拉伯译文只录了前者。有关文献中无此剧名。

27 *Lakainai* 的中心内容可能包括：俄底修斯和狄俄墨得斯一起潜入特洛伊城，在海伦的帮助下偷出了象征智慧的雅典娜神像。剧中的拉凯代蒙妇女可能以海伦侍者的身份出现。索福克勒斯写过一部《拉凯代蒙妇女》，已失传。

28 *Ilious Persis*，伊俄丰（Iophōn，索福克勒斯之子）写过一出以此为名的悲剧。

29 有关文献中查不到以此为名的悲剧。

30 索福克勒斯写过一出 *Sinōn*，内容中可能包括著名的"木马计"。据传西农（Sinōn）先设计使特洛伊人将木马搬入城内，尔后又放出了木马中的希腊武士（参阅罗马诗人维吉尔（Publius Vergilius Maro）的《埃尼特》（*Aeneid*）2.57—194）。

31 *Trōades*，欧里庇得斯作，现存。

第 24 章

再者，史诗的种类也应和悲剧的相同，即分为简单史诗、复杂史诗、性格史诗和苦难史诗。[1]除唱段和戏景外，史诗的成分[2]也和组成悲剧的成分相同。事实上，史诗中也应有突转、发现和苦难，此外，它的言语和思想亦要精美。[3]荷马最先使用这些成分，而且用得很好。[4]事实上，他的两部史诗分别体现了上述内容。《伊利亚特》是一部简单史诗，表现苦难；《奥德赛》（由于发现贯穿始终）[5]属复杂型，同时也展现人物的性格。[6]另外，在言语和思想方面，这两部作品也优于其他史诗。[7]

史诗和悲剧在结构[8]方面长短不同，所用的格律也不同。[9]关于长度，上文所提的标准当是适用的，即应以可被从头至尾一览无遗为限。[10]若要符合这一要求，作品的结构就应比早先的史诗短，[11]以约等于一次看完的几部悲剧的长度的总和为宜。[12]在扩展篇制方面，史诗有一个很独特的优势。悲剧只能表现演员在戏台上表演的事，[13]而不能表现许多同时发生的事。[14]史诗的摹仿通过叙述进行，因而有可能描述许多同时发生的事情[15]——若能编排得体，此类事情可以增加诗的分量。由此可见，史诗在这方面有它的长处，因为有了容量就能表现气势，就有可能调节听众的情趣和接纳内容不同的穿插。[16]雷同的事件很快就会使人腻烦，悲剧的失败往往因为这一点。

就格律而言，经验表明，英雄格适用于史诗。[17]要是有人用其他某种或多种格律进行叙述摹仿，其作品就会使人产生不协调的感觉。[18]在所有格律中，英雄格最庄重，最有分量（因此最能容纳外来词和隐喻词[19]——在这一点上，[20]叙述摹仿亦胜过其他摹仿）。相比之下，三音步短长格和四音步长短格均为动感很强的诗格，前者适用于表现行动，后者适用于舞蹈。[21]若是有人——像开瑞蒙那 1460a
样——混用这些格律，[22]结果就更荒唐。鉴于这一点，从来没有人用英雄格以外的格律作长诗。[23]正如我们说过的，[24]自然属性本身教会了诗人选用适合于史诗的格律。[25]

荷马是值得赞扬的，理由很多。[26]特别应该指出的是，在史诗诗人中，唯有他才意识到诗人应该怎么做。诗人应尽量少以自己的身份讲话，因为这不是摹仿者的作为。[27]其他史诗诗人[28]始终以自己的身份表演，只是摹仿个别的人，而且次数很有限。[29]但荷马的做法是，先用不多的诗行作引子，然后马上以一个人男人、一个女人或一个其他角色[30]的身份表演。人物无一不具性格，所有的人物都有性格。[31]

悲剧应包容使人惊异的内容，[32]但史诗更能容纳不合情理之事——此类事情极能引发惊异感[33]——因为它所描述的行动中的人物是观众看不见的。倘若把追赶赫克托耳[34]一事搬上戏台，就会使人觉得滑稽可笑：希腊军士站在那里，不参与追击，而阿基琉斯还示意他们不要追赶。[35]但在史诗里，这一点就没有被人察觉。能引起惊异的事会给人快感，[36]可资证明的是，人们在讲故事时总爱添油加醋，目的就是为了取悦于人。

教诗人以合宜的方式讲述虚假之事的主要是荷马，[37]而使用这个方法要利用如下包含谬误的推断。[38]倘若 p 的存在或出现先于 q 的存在或出现，人们便会这样适想：假如 q 是存在的，那么 p 也是存在或发生过的。然而，这是个错误的推断。因此，假如前一个事物是个虚构，但在它的存在之后又有了其他事物的存在或出现，诗人就应补上这个事物，[39]因为当知道 q 是真的，我们就会在内心里[40]错误地推断 p 的存在也是真实的。在“盥洗”里便有一个这样的例子。[41]

不可能发生但却可信的事，比可能发生但却不可信的事更为可取。[42]编组故事[43]不应用不合情理的事[44]——情节中最好没有此类内容，即便有了，也要放在布局之外，[45]比如俄底浦斯对拉伊俄斯的死因一无所知。[46]此类事不应出现在剧内，[47]比如在《厄勒克特拉》里，有人居然讲述发生在普希亚运动会上的事，[48]而在《慕西亚人》里，有人自忒革亚抵达慕西亚，途中竟没有说过一句话。[49]因此，如果说不用此类事件便会毁了情节，那就未免荒唐；诗人本来就不该如此编制情节。但是，如果已编进了这样的事例，而事情听来尚还过得去，[50]那么，即便是荒唐之事，也还是可以采用的。[51]若是让一位蹩脚的诗人来描述即便是《奥德赛》里的把俄底修斯搁置
1460b 海滩一节中所包容的不近情理的事，[52]其结果显然也会让人无法容忍。但是，诗人却用别的技巧加以美化，[53]掩盖了事情的荒唐。

在作品中平缓松弛、不表现性格和思想的部分，诗人应在言语上多下功夫，因为在相反的情况下，太华丽的言语会模糊对性格和思想的表达。[54]

【注释】

1 比较译文第 18 章第 7—11 行。

2 Merē,可能指第 6 章或第 6 和第 11 章论及的“成分”(当然,不包括唱段和戏景)。

3 言语和思想是悲剧的成分,突转等是悲剧的情节中的成分或部分(参见第 11 章第 19 行等处)。作者有时把它们(即上述两种成分)当作对等的内容使用(另参考第 18 章第 7—9 行及该章注 7)。

4 Ikanōs,字面意思为“充分地”。

5 忒勒马科斯曾被奈斯托耳、海伦和墨奈劳斯所发现(或认出),而俄底修斯曾被珀鲁斐摩斯、法伊厄凯斯人(Phaiēkes)、欧迈俄斯(Eumaios)、牧牛人、忒勒马科斯、欧鲁克蕾娅、裴奈罗珮、莱耳忒斯以及求婚者们所发现。

6 Ēthikē(参考第 2 章注 3 及第 6 章注 22 等处)。《奥德赛》比《伊利亚特》更具道德倾向:它的结局像是在歌颂正义和美德的胜利(另参考第 13 章注 30)。性格的重要性仅次于情节。荷马之所以值得赞扬,其原因之一就在于善于表现性格(另参考本章第 32—35 行)。

7 抄本 B 作:在表现思想和使用言语方面,他比其他诗人技高一筹。

8 “结构”即情节(比较注 23,另参考第 13 章注 29)。

9 参考第 5 章第 15—17 行;比较第 26 章第 24—25 行。

10 参考第 7 章第 18—19 行,第 23 章第 14 行。

11 在长度方面,《伊利亚特》和《奥德赛》遥遥领先于其他以特洛伊战争为背景的史诗(关于这两部史诗的行数,参见第 4 章注 26 和 27)。《库普利亚》占第三位,共十一卷,约 7,150 行(此乃估计数,以每卷 650 行计),还不及《伊利亚特》的一半。《小伊利亚特》共四卷,约 2,600 行;《忒勒戈尼亚》(*Telegonia*)仅两卷,约 1,300 行,只相当于一部悲剧的长度。在取材于其他故事的史诗中,安提马科斯(Antimakhos,约生于公元前 444

年)的《瑟拜斯》(*Thēbais*)较长,共二十四卷,约 15,600 行,但似不能归入"早期史诗"之列(详见 G. F. Else, *Aristotle's Poetics: The Argument*, Cambridge (Massachusetts): Harvard University Press, 1957, pp. 604—605)。由此可见,本文中的这句话可能是对荷马的含蓄的批评(另参考第 15 章注 22)。"应比早先的史诗短",似可解作"应比《伊利亚特》和《奥德赛》短"。阿波洛尼俄斯(Apollonios,即 Apollonius Rhodius,生于公元前 295 年左右)的 *Argonautica* 仅四卷,约 5,300 多行。维吉尔(公元前 70—19 年)的《埃尼特》共 9,896 行。比较第 7 章注 22。

12 "一次看完的几部悲剧"大概指一天内上演的悲剧(参见附录"悲剧"第 3 段)。公元前四世纪的悲剧早已荡然无存,若以前五世纪的悲剧(的长度)为基准,三部悲剧的总行数当在四至五千行左右(另参考第 7 章注 22)。

13 "事"原文作 meros("部分")。

14 个别悲剧中似有例外(分析《阿伽门农》的开场部分)。此外,报信人的叙述和歌队的表演往往表示发生在其他地点的事情。这里所说的"同时发生之事"可能不包括此类情况。文艺复兴时期的意大利戏剧理论家们据此引申出三整一律中的"地点整一律"(参考"引言"倒数第 4 段),尽管亚氏的原意似乎并不是想要制定什么"清规戒律"。在今天的戏剧舞台上,人们可以看到许多当年不可思议的情景,空间的限制已在一定程度上被突破了。

15 如《伊利亚特》中对混战场面的描述等。应该指出的是,在《奥德赛》里,俄底修斯的回归和忒勒马科斯的出寻虽以双线的形式铺开,"同时进行"却只是个轮廓式的概念,其具体内容要靠听众或读者的想象来填补。严格说来,荷马很少描述同时进行的成套事件。例如,他先让忒勒马科斯安抵斯巴达,然后再安排俄底修斯离开卡鲁普索(Kalupsō)居住的小岛,及至俄氏回抵伊萨凯后,他才让忒氏离开斯巴达。

16 参见第 18 章第 22 行。关于"多样化"的重要性,参见《修辞学》1. 11. 1371^a25—28。关于穿插的作用,另参考第 17 章注 20。

17 所指大概包括开瑞蒙的尝试(参考注 22)。“英雄格”即六音步长短短格(参考第 6 章注 1)。

18 或:显然是不合适的。

19 参考第 22 章第 53 行及该章注 39。荷马史诗中有大量的明喻,而在亚氏看来,明喻亦是一种 metaphora(参考第 21 章注 12)。

20 Tautē,各抄本均无此词,根据特威宁的建议增译。

21 比较第 4 章第 50 行。参考第 4 章注 44。

22 参考第 1 章第 28—29 行及该章注 41。

23 原文意为:长的结构。参考注 8。

24 可能指第 4 章第 50—51、40—42 行中的内容。

25 “自然属性”原文作 phusis(参考第 4 章注 33)。根据拉丁文译本和阿拉伯译本,各校勘本取“选择”;抄本作“划分”。诗的形成和发展既与人的天性有关(参见第 4 章第 1 及第 14—17 行),也受其本身内在法则的制约(见第 4 章第 51 行等处)。每种诗体都有符合其自然属性的格律,诗人的作用在于发现和卓有成效地使用它们(另参考附录四第 18 段(第 213 页))。

26 荷马善于组织完美的情节(即摹仿完整的行动,见第 8 章第 12—13 行等处)和表现性格不同的人物(见本章第 34—35 行)。他擅长戏剧式的表演(见第 3 章第 3 行)并合理地使用了各种做诗的技巧(见本章第 60—62 行,另参考第 8 章第 7—8 行)。荷马的功绩还在于促成了诗歌本身的完善(参见第 4 章第 27—31 行)。

27 诗不同于历史,前者摹仿人物的行动,后者记述“已经发生的事”(第 9 章第 5 行)。从这个意义上来说,诗人即摹仿者(倘若不摹仿行动,即使用格律文写作,也不能算作严格意义上的诗人,参考第 1 章第 24—26 行)。在第 3 章里,作者把“叙述”和“扮演”列为摹仿的两种不同的表现形式(荷马采用了介于二者之间的模式),但在本段里,作者似乎意欲把“摹仿”和“扮演”等同起来,使之和“叙述”形成对比。同样的“双重用法”(由此区分出广义和狭义上的摹仿)也见之于柏拉图的《国家篇》3.394B—C。荷马是唯一具有强烈的戏剧意识的史诗诗人,他的作品和表演显示了诗(或严肃文学)的发展方向。

28 主要指"系列史诗"诗人(参考第23章注16),亦可能包括公元前五至前四世纪的史诗诗人,如安提马科斯等。

29 其他史诗诗人的作品中大概也有直接引语(在现存的《库普利亚》残诗中可以读到奈斯托耳的言论)。

30 Allo ti ēthos,"其他什么角色"。Ēthos在此作"形象"解(比较第2章注3等处)。"其他角色"可以是神、鬼怪或孩子等。

31 "无人缺少性格"即为"人物都有性格"。如此行文,许是为了强调。

32 参考第9章第38行。命运变化,死里逃生,诸如此类的事情能使人惊诧,给人快慰(《修辞学》1.11.1371[b]10—11)。惊异中包含求知的欲望(同上,1.11.1371[a]30ff.),迷惑不解是求索的动力。

33 然而,并非一切不合理之事(aloga)都能引发惊异感,所以aloga不完全等同于thaumasta("使人惊诧之事")。

34 赫克托耳(Hektor)乃特洛伊国王普里阿摩斯(Priamos)之子,特洛伊最善战的英雄,曾多次率军和希腊人鏖战,但似不敌忒拉蒙之子埃阿斯,后被阿基琉斯所杀(另参考第15章注32,第18章注9)。

35 阿基琉斯摇头示意军士们不要追赶,唯恐后者抢了他的战功(《伊利亚特》22.205—207)。第25章重提此事,称之为adunaton("不可能之事"),而不是alogon("不合情理之事")。只要有助于实现诗艺的目的,使用不可能之事有时是允许的(参考第25章第18—20行)。

36 参考注32。

37 当柏拉图指责荷马和其他诗人用诗文撒谎时(《国家篇》2.377D,详见附录十三第12—13段)。他所依据的主要是政治和道德的标准(另参考第25章注7)。在《诗学》里,"撒谎"不是一种过错,而是一个与诗艺有关的技术问题。

在作者看来,说得好的“谎话”之所以不易被人识破,除了诗人的文采以外,还有逻辑上的依据,尽管这种“依据”是以人们的错误推断为前提的。

38 Paralogismos(参考第 16 章注 31)。

39 原文十分简练,不可能逐字对译。译文力图反映作者的原意。

40 Psukhē ēmōn(“我们的内心”)。亚氏认为,人的思维能力来自 psukhē。另参考第 6 章第 45 行及该章注 43。

41 在“盥洗”里,装成乞者的俄底修斯告诉裴奈罗珮,他是个克里特人,曾款待过前往特洛伊的俄底修斯。他接着描述了俄氏当时的衣着和随从的模样(《奥德赛》19.221—248),从而使裴奈罗珮相信他前面所说的也是真话。裴氏的 paralogismos 是这样的:(a)假设此人真的款待过俄底修斯,他就应该知道俄氏当时的穿着,(b)他知道俄氏当时的穿着,(c)因此,他是招待过俄底修斯的克里特人。但是,这个推断是不严密的,因为来人亦可通过道听途说了解俄氏当时的穿着。在这个例子里,被骗的当不是听众或读者(他们是知情的),而是俄底修斯的夫人裴奈罗珮。

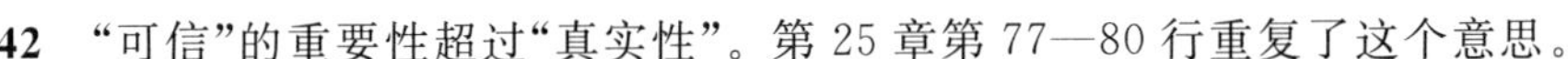

42 “可信”的重要性超过“真实性”。第 25 章第 77—80 行重复了这个意思。

43 或:组织情节(“情节”原文作 logoi,参考第 17 章注 10,第 5 章注 17)。

44 “事”原文作 merē(另见注 13)。

45 “布局”(mutheuma)指演出来的内容(等于下文中的 drama),可能是个小于“结”和“解”之总和的结构单位(参考第 18 章注 2)。Mutheuma 是否等于 muthos,作者没有明说。

46 比较第 15 章第 23 行。按常理推断,俄底浦斯早就应该派员调查老国王的死因,若再联想到自己的身世和当年的作为,应该不难从中理出一些头绪来。拉伊俄斯(Laios)是俄底浦斯的生身父亲。

47 Alla mē en tōi dramati(比较第 14 章注 22,第 15 章注 23 等处,另比较本章注 45)。

48 为了便于行动,俄瑞斯忒斯的仆人给对方提供了一条假情报:俄瑞斯忒斯在普希亚赛会(ta Puthia)上车翻人亡(索福克勒斯 *Electra* 680—763)。俄瑞斯忒斯的生活年代大概不会迟于公元前十二世纪,而包括马车比赛在内的竞赛项目迟至前 582 年才进入普希亚赛会(音乐或歌唱可能是该赛会中最早的比赛项目;nomos Puthikos 的歌颂对象是阿波罗)。普希亚赛会在普索进行。普索(Puthō)是德尔福(见第 5 章注 22)的别名,在福基斯(Phokis)境内。厄勒克特拉(Ēlektra)是阿伽门农和克鲁泰梅丝特拉之女,荷马史诗中不见提及(参见第 11 章注 18)。欧里庇得斯亦写过一出《厄勒克特拉》,现存。

49 埃斯库罗斯、索福克勒斯等诗人都写过《慕西亚人》(*Musoi*),无一幸存。这里指的可能是埃斯库罗斯或索福克勒斯的《慕西亚人》。忒勒福斯杀了母亲的兄弟,遵神谕去慕西亚(Musia)净罪。因破了杀亲的大忌,罪孽深重,故不宜和人接触(另参考第 14 章注 12)。忒革亚(Tegea)在伯罗奔尼撒,慕西亚在小亚细亚的西北部。在公元前四世纪,忒勒福斯的"沉默"是一些喜剧作家笔下的笑料(安菲斯(Amphis)片断 30.6,阿勒克西斯(Alexis)片断 178.3)。

50 或:显得还算合乎逻辑(phainētai eulogōterōs)。

51 翻译这段话时(自"如果"起),参考了布切尔等人的校勘本。本段文字还可作另一种解释:如果已编制了这样的情节——而诗人当初显然可以做得更合理些——事情仍然是荒唐的。

52 原文用了复数名词 aloga。参阅《奥德赛》13.78ff.。法伊厄凯斯人把俄底修斯从船里抬到海滩上,但后者仍酣睡不醒(同上,13.116ff.)。

53 "美化"原文意为"用调味品"(比较第 6 章第 4、58 行)。"技巧"原文作 agathoi,即"好东西"(可能包括第 25 章提及的某些内容)。"诗人"即荷马。

54 瑰丽的言词既可掩饰作品中的不足(如荒唐之事等),亦可提供不正确的导向或"帮倒忙"。华丽的词藻倾向于"喧宾夺主",使人们忽略作品的情节和应该予以重视的内容。

第 25 章[1]

关于针对史诗提出的问题[2]以及对问题的解答，[3]我们或许可通过以下分析，指明它们的属性和数量。

既然诗人和画家或其他形象的制作者一样，[4]是个摹仿者，那么，在任何时候，他都必须从如下三者中选取摹仿对象：(一)过去或当今的事，[5](二)传说或设想中的事，(三)应该是这样或那样的事。诗人通过言语表达上述内容，所用的词汇包括外来词、隐喻词和言语中其他许多不寻常的词语。[6]我们同意诗人在这方面拥有“特权”。

再则，衡量政治和诗的优劣，标准不一样；[7]衡量其他技艺和诗的优劣，情况也一样。与诗艺本身有关的错误分两类，一类属诗艺本身的错误，另一类则是出于偶然。[8]倘若诗人意欲摹仿什么，结果却因功力不足而摹仿得不像，[9]此乃艺术本身的错误。但是，倘若出于不正确的选择——描写马的两条右腿同时举步[10]——错误就在于其他某种技艺，比如医术或其他任何一种技艺，[11]而不在于诗艺本身。[12]所以，考虑和解答问题中的指责[13]时，应参照上述原则。

首先，对某些批评的回答应从对诗艺本身的考虑出发。[14]如果诗人编排了不可能发生之事，这固然是个过错；但是，要是这么做能实现诗艺的目的(关于目的上文已有提及),[15]即能使诗的这一部分或其他部分产生更为惊人的效果,那么,这么做是对的。关于追赶赫克托耳的描述,便是一例。[16]尽管如此,倘若按照有关技艺的规则行事亦能,甚至更能达到艺术的目的,那么采用不可能发生之事是不对的,[17]因为只要可能,诗人最好不出任何差错。

其次,要弄清错误的类型:是艺术本身的错误,还是出于偶然的过失?不知母鹿无角是个过错,[18]但不如把鹿画得面目全非来得严重。

再者,要是有人批评诗人的摹仿不真实——诗人或许是按事物应有的样子来描写的:如索福克勒斯所说的那样,他按人应有的样子来描写,而欧里庇得斯却根据人的实际形象塑造角色[19]——对这个批评,就该这样回答。

要是这两种解法都不行,便可借用一般人的说法来回答——例
1461a 如对有关神的故事。此类故事或许说得并不好,而且也不真实——或许正如塞诺法奈斯认为的那样[20]——但人们仍然这么说。

诗中的描写有时或许不比现实更好,[21]但在当时却是事实,比如这句诗行中对武器的描述:“他们的矛尾端插地而立”。[22]这是当时的习惯,伊鲁里亚人[23]至今仍在沿用这种做法。

衡量一个人言行的好坏,不仅应考虑言行本身,即看它是好还是坏,而且还应考虑其他因素:言者和行动者和情况,对方是谁,在什么时候,用什么方式,目的是什么,例如,是为了更美好的善,还是为了避免更大的恶。[24]

对某些指责的回答必须基于对言语的观察。[25]比如,设想 ourēas men prōton 中有个外来词;荷马指的可能不是“骡子”,而是“哨兵”。[26]同样，荷马形容道隆“此人的确形状古怪”，所指或许不是道隆的体型不佳，而是面貌丑陋，因为克里特人用“形态好”形容人的五官端正。[27]此外，“把酒兑得 zōroteron”，可能指“兑酒兑得快一点”，而不是——好像为酒鬼们兑酒那样——“把酒兑得浓一些”。[28]

某些表达包含隐喻词。比如，荷马说，“所有的神和人都整夜酣睡”，但同时又说，“当他移目特洛伊平原，阿洛斯和苏里克斯乐的闹声”——这里，“所有的”作隐喻词解，意为“许多”，因为“所有的”是多的一种说法。[29]同样，“唯独她不会”中亦包含一个隐喻词，因为最著名的即是“唯独的”。[30]

下述解法适用于对某些问题的解答。从分析语音[31]入手。比如，塔索斯人希庇阿斯[32]就用此法解答了 didomen de hoi euxos aresthai[33]和 to men hou kataputhetai ombrō 中的疑难。[34]

注意划分。[35]以恩培多克勒的诗为例：aipsa de thnēt’ ephuonto ta prin mathon athant’einai zōra te prin kekēto。[36]

注意歧义。比如，prarōxēken de pleō nux 中的 pleō 词义模棱两可。[37]

注意言语中的惯用法。人们称兑了水的酒为“酒”，同样，荷马用了“新锻造的锡胫甲”一语。[38]人们称铁制品的制作者为“铜匠”，[39]同样，荷马称伽努墨得斯为“宙斯的斟酒人”，[40]虽然神是不喝酒的。[41]这一用法也可作隐喻词解。[42]

当一个词[43]的所指似乎包含了某种有矛盾的意思时，就应考虑该词在所处的上下文里可能有哪几种意思。例如，对“铜矛在那儿被挡住了”[44]一语，要考虑“被止住了”有哪几种可能的意思，并根据自己对它的最佳理解，试着用这种或那种办法解一解。此种

1461b 方法和格劳孔[45]提过的做法恰恰相反。他说,[46]某些人先定下一个不合理的设想,然后在接受这一设想的基础上进行推理;要是出现和他们的设想不符的情况,他们就批评诗人,好像后者真的说过他们想象中的话。在处理有关伊卡里俄斯[47]的疑难点时,人们用的就是这种方法。按他们的设想,伊卡里俄斯是拉凯代蒙[48]人,所以,他们对忒勒马科斯到了拉凯代蒙后没有见他一事感到奇怪。[49]但是,事实或许像开法勒尼亚[50]人说的那样——他们说,俄底修斯娶了他们那里的女子为妻,她父亲名叫伊卡底俄斯,而不叫伊卡里俄斯。[51]因此,这个问题† 可能出自† 误会。

一般说来,为不可能之事辩解可用如下理由:做诗的需要,作品应高于原型,以及一般人的观点。[52]就做诗的需要而言,一件不可能发生但却可信的事,比一件可能发生但却不可信的事更为可取。[53]生活中或许找不到[54]如宙克西斯画中的人物,但这样画更好,因为艺术家应该对原型有所加工。[55]为不合情理之事辩护可以公众的意见为理由。此外,还可用如下理由:此类事情的发生有时不是不合情理的,因为事情可能在违反可然性的情况下发生。[56]

要像审视辩论中对方的反驳那样对待包含矛盾的语句,[57]即看它指的是不是同一件事,是否与同一件事有关,以及是否包含同样的意思。[58]因此,必须联系诗人自己的言论或一位明智者的见解解答其中的疑难。[59]

倘若诗人毫无必要地编写不合情理之事和表现恶劣的性格——前者可以欧里庇得斯对埃勾斯的处理为例,[60]后者可以欧里庇得斯在《俄瑞斯忒斯》中描述的墨奈劳斯的恶劣表现为例[61]——那么,对此两者提出批评是正确的。[62]

由此可见，人们的批评分五类，即诗人描述了不可能发生之事、不合理之事、有害之事、[63]前后矛盾之事和技术上处理欠妥当之事。[64]应从上文谈及的内容中寻找解答的办法，总共十二点。[65]

【注释】

1 本章论及的相当一部分内容亦出现在《荷马问题》和《论诡辩反驳》里。

2 “问题”(problemata)指诗，尤其是荷马史诗中被认为是使用不当、意思不明或包含矛盾的词句和不准确或不得体的描述。自公元前五世纪起，一些学者文人对荷马史诗进行了比较深入的研究。评论家的意见，有的较有说服力，有的则不够客观，还有的甚至带有苛求和非难之意。例如，公元前四世纪的宙伊洛斯(Zōilos)就对荷马史诗作过许多吹毛求疵式的评论和不负责任的批评。

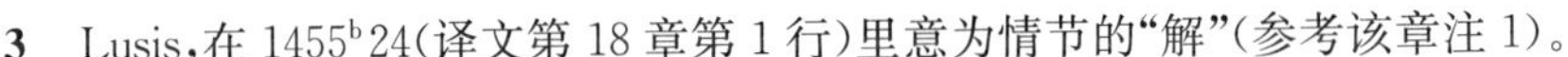

3 Lusis，在 1455^{b}24(译文第 18 章第 1 行)里意为情节的“解”(参考该章注 1)。

4 艺术有其共性，作者多次强调了这一点(参考第 1 章注 13)。

5 《伊利亚特》里的卡尔卡斯(Kalkhas)是一位博古通今的智者，他既了解现实，也知晓过去和将来(1.70)。黑西俄得唱道，聪明的缪斯可以谈论过去、现在和将来(《神谱》38，另见 32)。柏拉图说过，muthologos(“诗人”、“说书人”)讲述的是过去、现在和将来的事(《国家篇》3.392D)。

6 或：其他经过“修饰”的词语(pathē，原意为“经历过的事”)。Pathos 的另两个意思是“情感”(见第 19 章注 5)和“苦难”(见第 11 章注 21)。

7 柏拉图经常从政治或道德的角度出发谈论诗的“正确”(orthotēs)或“不正确”(参见《国家篇》10.601D—E；《法律篇》2.653B—660C，670E 等处)。作者提出政治和诗评应有不同的标准的观点，显然是有所针对的。当然，这里谈论的不是艺术本体论；对亚里士多德来说，“为艺术而艺术”

是不可思议的。事实上，在专门论及技艺的从属问题时，他的态度是明确的：政治是一切技艺的统领，艺术应该服从政治（详见附录七末段）。关于“政治”（politikē）的含义，参见第 6 章注 47。

8 换言之，一类属实质性错误，另一类属非实质性（或偶发性）错误。第一类错误系由诗人的业务水平低劣所致。

9 “摹仿得不像”一语根据布切尔校勘本译出。从下文来看，“摹仿”的宾语可能是“马”。原文中亦无“诗人”一词，也就是说，摹仿的主体也可能是画家或艺术家。

10 如果用一边的两条腿同时举步，动物就会因重心失去平衡而摔倒（《论动物的行动》（*Peri Poreias Zōiōn*）14. 712[a]24ff.）。事实上，马可以走出一边的前后腿同时并举的步态（是谓“溜蹄”）。

11 略去了其后的[ē adunata pepoiētai]（“或已编排了不可能之事”）一语。

12 柏拉图指责诗和诗人的理由之一是诗人不懂具体的技艺（详见附录十三第 7 段）。

13 并非所有的问题都包含对诗人的指责。翻译时参考了拜瓦特校勘本。

14 在《论诡辩反驳》4—5 里，亚氏把谬误分作两类，一类和如何使用语言有关，另一类与如何运用逻辑知识有关。

15 参见第 6 章第 6 行，第 9 章第 37—38 行，第 14 章第 8—9 行以及第 18 章第 28—29 行。“目的”（telos）在此和“功效”同义（参考第 6 章注 38）。

16 上文将此事归入“不合情理的事”之列（见第 24 章第 36—40 行，另参考该章注 35）。

17 原文意为：（这种）错误是不对的。作者的观点是：在诗里，某些错误是可以接受或容忍的。

18 据说不少诗人在这方面出过差错（参考埃利阿努斯（Claudius Aelianus）*De Natura Animalium* 7. 39），抒情诗人品达（Pindaros）用过“金角母鹿”一语（《奥林匹亚颂》3. 29）。亚氏明确指出，母鹿无角（《动物研究》4. 11.

$538^{b}18$,《论动物的部分》$3.2.664^{a}3$)。

19 这是索福克勒斯作过此番评论的唯一记载,出处无从查考,可能是根据传闻。在按人"应有的样子"塑造性格的同时,索福克勒斯亦没有忘记突出人物的个性(他笔下的阿尔开斯提斯明显地不同于希珀鲁托斯),这种做法是作者所欣赏的(参考第 24 章第 34—35 行)。

20 塞诺法奈斯(Xenophanēs),克洛丰(Klophōn)人,公元前六世纪的诗人和思想家。塞诺法奈斯不满传统神学的道德基础,并以尖锐的言词批评过荷马和黑西俄得(参考"引言"第 13 段(第 6—7 页))。

21 或:不比应有的样子更好。

22 《伊利亚特》10.152。俄底修斯步入狄俄墨得斯的营区,发现后者正和伙伴们一起酣睡;在他们身旁,长矛尾端插地而立。评论家的意见是,如此描写是错误的,因为万一长矛倒了下来,便可能引起慌乱(评论家依据的大概是营旅方面的知识和经验)。在《荷马问题》里,亚氏亦对此发表过意见(片断 160)。

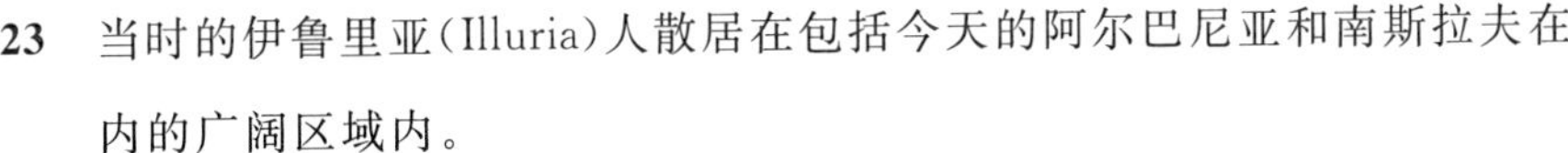

23 当时的伊鲁里亚(Illuria)人散居在包括今天的阿尔巴尼亚和南斯拉夫在内的广阔区域内。

24 参考《尼各马可斯伦理学》$3.1.1110^{a}4$—5。

25 下列六个 luseis 和如何使用或解释语言有关(比较《论诡辩反驳》4 中的有关论述)。

26 阿波罗因阿伽门农冒犯他的祭司而决定用瘟疫和死亡来惩罚希腊人。他 ourēas men prōton("先射骡子",《伊利亚特》1.50)。宙伊洛斯就此质问道:为什么先射骡子和狗?作者的回答是,ourēas 在此指"哨兵"(比较《奥德赛》15.89)。这一解答缺乏令人信服的证据,因而是站不住脚的。

27 "此人模样古怪,但跑得飞快"(《伊利亚特》10.316)。批评家问:既然体型不佳,何以跑得飞快?回答:在荷马时代,eidos 可指人的五官,克里特人至今仍在沿用这一意思。作者的解答可能是正确的。道隆(Dolōn)是特洛伊的侦探。克里特(Krētē)是地中海中的一个岛屿。

28 参见《伊利亚特》9.203。阿基琉斯让帕特罗克洛斯兑酒招待前来调解的联军将领。宙伊洛斯认为这个词用得不妥:严肃的谈判者岂可饮用烈酒?这回,作者建议的解法又错了,zeroteron 似只能作“纯一点”(即“浓一点”)解。

29 比较:

其他的阿开俄伊*将领
都在战船旁酣睡了一夜,
但阿伽门农,阿特柔斯之子,兵士的牧者,
却彻夜冥思苦想,难以进入香甜的梦境。

《伊利亚特》10.1—4

当阿伽门农凝目特洛伊平原,
所见所闻使他诧异:特洛伊前面火光点点,
还有阿洛斯和多管阿洛斯声及人群的喧闹声。

同上,10.11—13

其他的神和人,这些战车的驾驭者,
都已酣睡整夜,但宙斯却不曾享受到睡眠的香甜,
他在想着如何为阿基琉斯雪耻,
把成群的阿开俄伊人杀死在战船旁。

同上,2.1—4

上述引文表明,作者可能想引《伊利亚特》10.1—2,结果却掺入了2.1—2中的内容。在今天的希腊文本中,10.1和2.1均以alloi(“其他的”)开篇,其中并无pantes(“所有的”)一词,因而不存在与下文发生矛盾的问题。Pantes可能出现在当时流行的抄本里。这里的矛盾是:既然所有的神和人都已入睡,特洛伊方面怎么还有人群的活动呢?作者的建议是:“所有的”在此意为“许多”(参考第21章第16—17行)。

30 “唯独她没有下俄开阿诺斯沐浴”(即不会从地平线上消失,《伊利亚特》18.489,《奥德赛》5.275)。这句话曾使评论家们大伤脑筋(他们以为荷马天文地理无所不知,参考《国家篇》10.598E;另参考附录十四第 6 段)。作者解释道,荷马的意思是,大熊座是不下沉的星座中最重要的,因此也就是“唯一的”。在希腊神话里,俄开阿诺斯(Ōkeanos)是天地的骄子(《神谱》133)。俄开阿诺斯河蕴藏着巨大的神力(genesis theōn,参考《伊利亚特》14.201,246 和 302)。古希腊人相信,太阳和星星从这条河里升起,而人世间也因此有了白天和黑夜。

31 Prosōdia,包括音高、送气与否、元音的长度等内容(另参考《论诡辩反驳》4.166b1)。

32 Hippias,可能是公元前五世纪的人(不是著名辩说家,Elis 人希庇阿斯)。鲁西阿斯(Lusias)曾提及一个名叫希庇阿斯的萨索斯人,无法断定是否就是此君。

33 “我们答应使他如愿”。在当时,这句话出现在相当于今天的《伊利亚特》2.15 处(参考《论诡辩反驳》4.166b7—10;比较《伊利亚特》21.297)。这里的问题是,倘若让宙斯指使梦神去告诉阿伽门农“我们同意让他如愿”而后又自食其言,这岂不是暗示宙斯是个骗子吗?(柏拉图对此很不满意,参见《国家篇》3.283A)。希庇阿斯将表示陈述语气第一人称复数的 dídomen(“我们准予”)改作不定式 didómen(didonai 的古形式或 didomenai 的缩略形式),从而使这句话读作:让他们如愿。改动的目的是为了维护宙斯的名誉,但从下文来看,它的意义并不很大——梦神明确告诉阿伽门农,他是宙斯的使者,前来传送宙斯的旨意(《伊利亚特》2.26ff.)。

34 “树桩的一部分已经腐烂”(《伊利亚特》23.328)。经验丰富的奈斯托耳在赛前将如何驾车转弯的技巧传授给儿子安提洛科斯(Antilokhos);树桩(松树或橡树的残留部分)是转弯的标记。据拜瓦特推测,评论家们可能对不易腐烂的松树或橡树桩为什么会烂掉感到迷惑不解。希庇阿斯把送气的 hou(关系代词 hos 的所有格形式)改作不送气的 ou(“没有”),从而使这句话读作:树桩没有被雨水烂掉(另见《论诡辩反驳》4.166b5)。

35 在当时,人们书写不用标点,词句间亦不留空隙,所以“划分”包括意群和词句的划分(比较《论诡辩反驳》4.166a33—38)。

36 片断 35。理解这句话,关键在于如何处理意群。若把第二个 prin(“之前”)和后面的 kekrēto(“混合”)合在一起理解,这段文字的意思是:

转瞬间先前所知的不灭之物变为可灭

单一之物以前混合

但是,若把第二个 prin 和 zōra(“单纯的”)合在一起考虑,换言之,在 prin 后面加个逗号(或朗读时作个停顿),后半部的意思就大不一样了:

转瞬间先前所知的不灭之物变为可灭

以前的单一之物变得相互混合

第二种理解显然较为符合恩培多克勒的原意。

37 《伊利亚特》10.252—253:多于三分之二的夜晚已经过去,还剩三分之一。评论家指出,既然多于三分之二的夜晚已经过去,何以还剩三分之一呢?回答是,pleōn(即 pleiōn)是个歧义词,既可作“多于”,亦可作“大部分”解(有人认为 pleōn 在此等于 plērēs,“全部的”)。作者曾在另一篇著述里辩护道:荷马的意思是,夜晚的大部分,即三分之二已经过去,因此说“还剩三分之一”是可以的(《荷马问题》片断 161)。比较《论诡辩反驳》4.166a6—12。

38 《伊利亚特》21.592。锡是软金属,似不宜做胫甲,评论家们因此提出质疑。作者的建议是:既然兑了水的酒还是叫酒,掺了其他金属的锡也可以叫锡。由此类推,用锡铜合金制成的胫甲也可以叫做锡胫甲。

39 古希腊人对铜器的使用先于铁器,故在称铁匠时沿用了现成的“铜匠”一词。

40 《伊利亚特》20.234。伽努墨得斯(Ganumēdēs)是特罗斯(Trōs)之子,诸

神视其貌美,把他抓去当了宙斯的斟酒人(同上,20. 230—235)。宙斯(Zeus)乃克罗诺斯和蕾娅(Rhea, Rheiē)之子,主宰天空,为众神中最强有力者(另参考第 17 章注 25)。

41 神不饮酒,但喝一种叫做 nektar 的饮料(参考《形而上学》3. 4. 1000a12;详见 R. B. Onians, *The Origins of European Thought*, Cambridge: Cambridge University Press, 1951, reprinted 1988, pp. 292—299)。

42 或:解答这个问题,亦可用其中有隐喻词为理由。

43 参考第 20 章注 24 等处。

44 阿基琉斯的盾系由神界工匠赫法伊斯托斯(Hēphaistos)所铸,共五层(《伊利亚特》18. 481—482),两层铜,两层锡,一层黄金。埃内阿斯(Aineias)的枪矛刺穿了两个铜层,在黄金层上被挡住了(同上,20. 268—272)。赫法伊斯托斯大概不会把贵重的黄金放在中间;换言之,他可能会把黄金铸在盾的表面。评论家因此发问:表面的黄金层尚未穿透,如何能刺穿其后的两个铜层呢?对此作者没有作出正面的回答。但是,他提出了一种解答的办法,即从如何理解"被挡住了"一语入手——有趣的是,他在下文中用了"被止住了",而不是机械地重复"被挡住了"。荷马史诗专家阿里斯塔耳科斯(Aristarkhos,约公元前 217—前 145 年)解释道:尽管矛尖穿透了其后的两个金属层,黄金层的缓冲作用仍然是值得肯定的。从这个意义上来说,荷马的描述还是可以理解的。

45 Glaukōn,不知是否就是柏拉图提及过的那位荷马史诗评论家(《伊昂》530D)。较早时还有一位格劳孔,写过评论古诗的专著。《修辞学》3. 1. 1403b26 提到了一位来自忒伊俄斯(Tēios)的格劳孔。

46 阿拉伯译文作:此外。若照此理解,格劳孔便很可能与下文表述的观点无关。

47 伊卡里俄斯(Ikarios)是裴奈罗珮的父亲(《奥德赛》1. 329),忒勒马科斯的外祖父。

48 Lakedaimōn,即斯巴达(另参考第 15 章注 13)。

49 忒勒马科斯(Tēlemakhos)是俄底修斯和裴奈罗珮之子,《奥德赛》中的重要人物。为寻找父亲,忒氏曾去普洛斯(Pulos)拜会过奈斯托耳(《奥德赛》3),以后又在拉凯代蒙会见了墨奈劳斯(同上,4)。某些地方性的传说将伊卡里俄斯定为拉凯代蒙人。通过本段所举之例可以看出,某些问题的产生可能系由它们不能通过常识或已经形成的看法(或成见)的"检验"所致。公元前四世纪以后,评注家们从荷马史诗里归纳出几种"错误",其中有的出自评注者的想象和主观评判,有的则属于作品本身的失误:(一)所述之事不合情理(如海伦不知兄弟已死,《伊利亚特》3.236—238),(二)所述之事不可能发生(如美神阿芙罗底忒以老妪的模样出现,同上,3.386),(三)内容前后矛盾(如对克里特有多少城镇说法不一,比较《伊利亚特》2.649,《奥德赛》19.174)。

50 Kephallēnia 是伊俄尼亚海中最大的岛屿。

51 作者似乎倾向于接受开法勒尼亚人的说法,尽管后者所依据的大概只是流行于本地区的传说。Ikadios 和 Ikarios 的不同仅在一个字母。

52 这段话重复了上下文里的某些内容。关于第一点(即实现诗的目的),见本章第 18—19 行,关于第二点(即对人物的艺术处理),见第 26—28 行;关于第三点(即"人们都这么说"),见第 32 行和第 85 行。当然,一般人的看法不一定总是正确的。

53 第 24 章中已表述过这一观点(见该章第 51 行)。

54 校勘本作空缺处理。阿拉伯译文作:或许不可能。

55 或:超过原型(参见第 5 章第 26—27 行,另参考《政治学》3.11.1281^{b}10—15)。关于宙克西斯,见第 6 章注 37。

56 第 18 章 32—33 行中已提及过阿伽松的这一观点。

57 Logoi(参考附录"Logos")。

58 比较《论诡辩反驳》5.167^{a}21—35。

59 参考了 M. Schmidt 的建议。按抄本 A 和某些校勘本,似可将这句话译作:进而断定诗人的话前后矛盾或有悖于一位明智者的见解。比较《尼各马可斯伦理学》2.6.1106b36—1107a3。

60 可能指《美狄娅》中的一个场景(参阅该剧第 663—758 行)。作者可能觉得埃勾斯的出现缺少铺垫,故显得有点唐突和不近情理。不过,这是个可以争议的问题。埃勾斯是传说中的雅典国王,和埃丝拉生子瑟修斯(参考第 8 章注 4)。埃勾斯曾收留由科林索斯逃来的美狄娅。欧里庇得斯写过一出《埃勾斯》,已失传。关于对《美狄娅》的批评,另参见第 15 章第 19 行,第 14 章第 25—26 行等处。

61 欧里庇得斯于公元前 408 年推出 *Orestes*(或 *Orestēs*)。在第 15 章里,作者已将此事作为不必要地表现卑劣性格的例子(参考该章注 13)。

62 或:对不合理之事和邪恶的批评是正确的。

63 即不道德和有伤风化之事(参考本章第 31—32 行)。

64 参见第 14—15 行。

65 本章涉及的内容很多,十二个 luseis 的具体所指,有的是公认的,个别的则还有争论。事实上,读者在此面临一个"萝卜多于坑"的局面。第 16—39 行(1460b22—1461a9)举出了六个 luseis,即(一)为了实现诗艺的目的,(二)非实质性错误,(三)按事物应有的样子描述,(四)一般人的看法,(五)历史事实,(六)使用情境和目的。通过对言语的分析亦可得出六个 luseis,即(一)和使用外来词有关,(二)和使用隐喻词有关,(三)和语音有关,(四)和"划分"有关,(五)包含歧义,(六)和习惯用法有关。两项相加,总数是十二。除此而外,第 63—75 行(1461a31—b9)亦提出了两个如何处理疑难点的办法。

* 荷马称希腊人为 Akhaioi、Argeioi 或 Danaioi。以后泛指希腊人的 Hellēnes 在当时仅指住在 Hellas 的希腊人(《伊利亚特》2.683)。英语词 Greek("希腊人")转译自拉丁词 Graeci。

第 26 章

也许有人会问,[1]史诗和悲剧这两种摹仿,哪一种比较好。要是较为不粗俗的摹仿比较好,而较为不粗俗的摹仿总是指那种具较高欣赏能力的观众可以接受的摹仿,那么,很明显,一种通过表演来表现一切的摹仿是粗俗的。[2]演员们以为不加些自己的噱头观众就欣赏不了,因此在表演时[3]用了许多动作,一如下等的阿洛斯演奏者——这些人在不得不摹仿掷铁饼的情景时便扭转起身子,在表演《斯库拉》时又冲着歌队领队穷扯乱拉。[4]悲剧被看作是一种具有上述特点的艺术。再比较前辈演员对后辈演员的看法。由于
1462a 卡利庇得斯[5]表演过火,慕尼斯科斯[6]时常称其为“猴子”;[7]品达罗斯[8]也受过类似的评价。整个悲剧艺术之于史诗,就如后辈演员之于前辈演员一样。人们故而说道,[9]史诗的对象是有教养的听众——他们的欣赏无需身姿的图解——而悲剧则是演给缺少教养的观众看的。[10]所以,如果说悲剧是一种粗俗的艺术,那么它显然是二者中的较为低劣者。

然而,[11]首先,这不是对诗艺,而是对演技[12]的指责,因为史诗吟诵艺人[13]和比赛中的歌手亦可能犯滥摆姿势的毛病,可分别以索西斯特拉托斯和俄普斯的谟那西瑟俄斯[14]的表演为例。其次,

应该被取消的并不是所有的动作——除非把舞蹈也列入取消之列——而是那些卑贱者的动作:卡利庇得斯曾为此受过指责,当代的一些人亦因此而受到批评,理由是摹仿了下贱的女人。[15]再者,如史诗那样,悲剧即使不借助动作也能产生它的效果,因为人们只要仅凭阅读,便可清楚地看出它的性质。[16]因此,如果悲剧在其他方面都优于史诗,这个问题就不一定成为悲剧本身的缺憾。

此外,悲剧优于史诗还因为它具有史诗所有的一切[17](甚至可用史诗的格律)。[18]再则,悲剧有一个分量不轻的成分,即音乐[19][和戏景],[20]通过它,悲剧能以极生动的方式提供快感。[21]另外,无论是通过阅读还是通过观看演出,悲剧都能给人留下鲜明的印 1462b
象。[22]再者,悲剧能在较短的篇幅内达到摹仿的目的[23](集中的表现比费时的、"冲淡"[24]了的表现更能给人快感;我的意思是,比如说,假设有人把索福克勒斯的《俄底浦斯》扩展成《伊利亚特》的规模,便会出现后一种情况)。还有,史诗诗人的摹仿在整一性方面欠完美(可资说明的是,任何一部史诗的摹仿都可为多出悲剧提供题材)。[25]所以,若是由他们编写一个完整的情节,结果只有两种:要是从简处理,情节就会给人像是受过截删的感觉;倘若按史诗的长度写,情节又会显得像是被冲淡了似的。我的意思是,比如说,如果一部作品由若干个行动组成——正如《伊利亚特》和《奥德赛》便是由许多这样的、本身具一定规模的部分组成的[26]——便会出现在整一性方面欠完美的情况。然而,这两部史诗不仅在构合方面取得了史诗可能取得的最佳成就,而且还最大限度地分别摹仿了一个整一的行动。[27]

由此看来,如果悲剧不仅在上述方面优于史诗,而且还能比后者更好地取得此种艺术的功效[28](它们提供的不应是出于偶然的,而应是上文提及的那种快感),[29]那么,它就显然优于史诗,因为它能比后者更好地达到它们的目的。

关于悲剧和史诗本身,它们的种类和部分,部分的数量和区别,决定其效果之好坏的原因以及关于提出的问题和对问题的解答,就谈这么多。[30] ＊ ＊ ＊

【注释】

1 或:有人或许会迷惑不解。

2 比较《国家篇》3.397A—B。

3 Diskon mimeisthai,亦可作"摹仿(飞转的)铁饼"解。

4 演奏者既要拉人,就不能不中断吹奏。当时的狄苏朗勃斯已具摹拟艺术的特点,也就是说,表演者已开始用较多的动作配合叙述。由于取消了antistrophē,歌队成员的活动变得更为自由了(参考《问题》19.15.918^{b}13—29)。关于《斯库拉》,另见第15章第12行及该章注14。

5 卡利庇得斯(Kallippidēs)于公元前427年左右开始他的演员生涯,于前418年在莱那亚戏剧比赛中获演出奖。据色诺芬记载,卡利庇得斯的表演能催人泪下(《讨论会》(*Symposium*)3.11)。另参考注15。

6 慕尼斯科斯(Munniskos)是公元前五世纪的悲剧演员,曾在埃斯库罗斯后期的作品里扮演过角色。慕氏是戏坛宿将,从艺时间长达四十年(前460—420),在前422年获表演奖。

7 卡利庇得斯的过错可能不在于他太会摹拟,而在于用了过多的噱头或小动作。

8 Pindaros。除《诗学》外,古文献中没有关于他的记载。注意,不是那位饮誉古希腊的抒情诗人品达。

9 动词为复数形式,可见持下列观点的可能是一批人。

10 在《法律篇》里,已经跨入老人行列的柏拉图写道:男孩爱看喜剧,妇人、青年以及大多数普通人爱看悲剧,上了年纪的长者爱听史诗(2.658D—E)。亚里士多德欣赏荷马式的直接摹仿(参见第 24 章第 32—35 行),认为悲剧是严肃文学中的精品。表演是一种高于,而不是(像柏拉图所以为的那样)低于叙述的摹仿形式(见译文第 4 章第 31—35 行)。尽管如此,人的素质(包括是不是自由人)和教养如何,仍然是亚氏区别观众群体的标准。在论及音乐比赛和观众的关系时,他把后者分为两类,一类是受过教育的自由人,另一类是从事各种行当的体力劳动者(参考《政治学》8.7.1342^{a}18—28)。

11 阿拉伯译文作:让我们讨论这些问题。

12 Hupokritikē,可作"演技"或广义上的"表演"解。无论是在诗里,还是在讲演艺术里,hupokritikē 都是一个重要的内容(《修辞学》3.1.1403^{b}24—25)。另参考第 19 章注 11 等处。

13 诵说史诗时,艺人亦会附带作些表演。所以,从某种意义上来说,吟诵艺人或吟诵诗人(rhapsōidos)也是演员(hupokritēs)。柏拉图称伊昂为 rhapsōidos 和 hupokritēs(《伊昂》536A)。关于 rhapsōidos,另参考附录十四注 30。

14 关于索西斯特拉托斯(Sōsistratos)和谟那西瑟俄斯(Mnasitheos),除了这里提供的信息外,我们几乎一无所知。俄普斯(Opous)在洛克罗伊(Lokroi)境内。

15 字面意思为:因为他们不摹仿(生来)自由的女人(eleutherai gunaikai)。没有证据表明卡利庇得斯扮演过身份低下的女人,他的过错很可能是把女人演得低贱了。在古希腊戏剧舞台上,有台词的角色(包括女角色)一概由男人扮演。

16 参考第 6 章第 37—40 行。亦可作“看出它的属性”(即属于哪一种悲剧)解(第 18 章提及过四种悲剧)。即使没有演员的表演,悲剧也不会丧失它的 dunamis(见第 6 章第 59—60 行)。在现存的古文献中,最早提及有人看读悲剧的是阿里斯托芬(《蛙》52)。在公元前五世纪下半叶至前四世纪上半叶,悲剧的服务对象主要还是观众,但受公众喜爱的作品已能吸引较多的读者,换言之,当时已出现了文学作品的读者群(参考 C. B. Gulick, *The Life of the Ancient Greeks*, New York: Cooper Square, 1902, republished 1973, p. 108)。另参考第 1 章注 41。

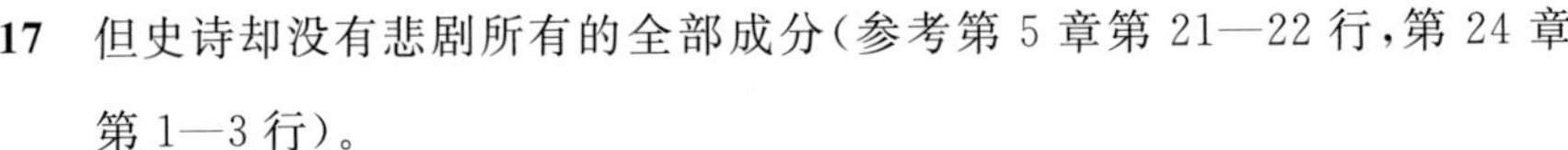

17 但史诗却没有悲剧所有的全部成分(参考第 5 章第 21—22 行,第 24 章第 1—3 行)。

18 即六音步长短短格(比较第 5 章第 14—15 行)。在现存的悲剧里,用此种格律写成的段落不仅短促,而且数量很少(参考《特拉基斯妇女》1010—1022,《祈求者》(*Supplices*,欧里庇得斯作)271—274,282—285)。

19 Mousikē(在此和 melos 等义)在《诗学》中仅出现这一次。Mousikē 亦可指“诗”(参考第 1 章注 12)。

20 从语法上来看,这是个病句。“音乐”和“戏景”是两个成分,但 meros 和下文中的关系代词 hēs 却为单数形式。有人建议将 meros 作非技术性术语理解,即把它想象成一个包括音乐和戏景的成分。有的校译者主张将 di'hēs 改为 hais 或 di'has。[和戏景]出现在所有的抄本和阿拉伯译文里。

21 比较第 6 章第 58—59 行。关于快感,参考第 14 章第 7—9 行等处。

22 参考注 16;另比较第 14 章第 3—5 行。阅读中不易发现某些通过观看演出可以发现的失误(见第 17 章第 4—7 行,第 24 章第 38—40 行)。“观看演出”原文作 epi tōn ergōn,可作“在表演中”解。

23 关于摹仿的目的,参考第 6 章注 38 等处。“篇幅”原文作 mēkos(“长度”)。第 5 章第 16 行中的“长度”指情节所包含的时间跨度。篇幅的长短和作品的时间跨度既不完全一样，又有某种内在的关联。

24 原意为用水把酒“冲淡”（参考第 25 章注 28，《政治学》2. 4. 1262^{b}14—22）。

25 比较第 23 章 19—22 行（参考该章注 20）。“史诗的摹仿”可能包括作品的主要情节和穿插。

26 “许多部分”是否包括穿插？作者没有明说。一部优秀的作品只摹仿一个完整的行动（参见第 8 章第 15—16 行），而这个“行动”似乎不同于“部分”——作者从未说过一部作品应该摹仿一个部分——后者只是情节（或行动）的组成部分而已（参考第 8 章第 17—19 行，第 23 章第 15—16 行）。但在本段文字里，作者似乎没有明确区分“行动”和“部分”的不同，尽管他没有说《伊利亚特》和《奥德赛》是由“许多行动”组成的。另参考注 27。

27 根据作者本人的倾向以及他在第 8 章第 1 段和第 23 章第 2 段中的有关论述，我们似乎可以循着他的思路，把史诗的结构分作两种，一种是由主要内容加次要内容组成的“主次结构”（如《伊利亚特》），另一种是由一些无明显主次之分的内容组成的“均等结构”（如《小伊利亚特》等）。两种结构的根本不同点在于，用“均等结构”不能或很难摹仿一个完整的行动。荷马史诗尽管篇制宏大，内容跌宕，但主题明确，衔接巧妙，读来给人一气呵成之感。其他史诗诗人没有荷马的气魄和诗才，他们的作品不是“流水账”，便是“散沙一盘”，读来缺乏整体感和立体感。作者赞赏荷马的构思（见第 8 章第 8—13 行）和编排内容的方法（见第 23 章第 12—17 行），但没有严格区分两种结构中的作用不同、导向不同的部分。不仅如此，在论及应用范畴时，他还混淆了两种不同性质的内容（或结构）。比如，他说过，《伊利亚特》和《奥德赛》的内容各可提供一出、至多两出悲剧的题材，而《小伊利亚特》则为八出以上的作品提供了素材（第 23 章第 21—22 行）。在提及前者时，他指的可能是作品的核心内容（不包括许多次要内容或穿插),而在提及后者时,他指的可能是其中分段式的、在重要性方面大致均等的内容。另参考第18章注21。

28 “此种艺术”指内容严肃的诗。请注意,作者似乎已把悲剧和史诗当作一种艺术的两种表现形式。关于“功效”,参考第6章注38等处。亚氏认为,《奥德赛》中的某些内容能引发怜悯和愤怒(参考第16章注21;另参考柏拉图《伊昂篇》535B—E)。

29 参考第14章第7—8行,第23章第4行。

30 亚氏常用peri men oun…eirēsthō tosauta(或tauta)结束对一个问题的讨论并转入另一个论题。此段文字表明,对悲剧和史诗的讨论已告结束(参考第1章第1—4行,第6章第1行)。抄本B在此后似有“关于讽刺诗和喜剧”一语(后继二词已无法辨认)。关于《诗学》是否还有第二部分(或第2卷),参见“引言”第18段(第8—9页)。

附　　录

（一）Muthos

Muthos（复数 muthoi）原是个不带褒贬色彩的名词。在荷马史诗里，muthos 一般表示"叙说"、"谈论"、"话语"等意思，[1]有时亦可作"想法"、"思考"或"内心独白"解。[2]自公元前六世纪下半叶起，一些希腊学人开始把注意力从宗教或关于神的故事转向自然界。在米利都，自然哲学家们开始从"这个世界"出发探索物质的起源，并试图用准科学的观点解释世界，用自然哲学取代不可靠的、无法求证的"谈论"或"传闻"（muthoi）。[3]至公元前五世纪，muthos 大概已带上了某种贬义，形容词 muthōdēs 开始表示"离奇的"、"不真实的"等意思。与此同时，人们亦开始有意识地区分 muthos 和 logos 的不同——前者多指"故事"、"传说"，后者常指真实可信的叙述。[4]希罗多德称自己的著述为 logos 或 logoi，而将某些传说（如俄开阿诺斯是一条环绕大地的大洋河等）归为 muthoi。修昔底德（Thoukudidēs）在选用 muthoi 时采取了较为审慎的态度。柏拉图无疑熟悉这两个词的区别，[5]虽然他有时也用 logos 指"故事"或一般的叙述。[6]柏拉图认为，muthos 可能包含某种真理，但总的说来只是个"虚构的故事"（logos pseudēs）。[7]

在某些上下文里，《诗学》中的 muthos 保留了该词的传统意

思，即“故事”或“传说”。例如，亚氏认为，关于赫拉克勒斯的故事不是一个整一的行动；[8]他还告诫说，诗人可以和应该有所创新，但不宜改动家喻户晓的故事。[9]作为诗人，光会照搬现成的故事还不行[10]——诗人应该是情节的编制者。[11]

在多数情况下，《诗学》中的 muthos 指作品的“情节”。有了情节，悲剧即可实现它的目的（telos）或功效（ergon）。情节是理性和规则的产物，它的组合必须符合必然或可然的原则。[12]情节是“事件的组合”（sustasis pragmatōn），[13]应有一定的长度（但又不能太长），[14]它的“解”应是情节本身发展的必然结果。[15]情节不仅是对行动的摹仿，而且应该摹仿一个完整的行动。[16]在 1451^{b}33（译文第 9 章第 29 行）和 1452^{a}37（第 11 章第 12 行）里，muthos 几乎是 praxis（“行动”）的同义词。Muthos 有时是“悲剧”的同义语，[17]有时则指作品的一般性内容，比如在《伊菲革涅娅在陶罗依人里》的 muthos 中就不必提及俄瑞斯忒斯为何去该地的原因和目的。[18]在个别情况下，muthos 几乎和 logos 同义。[19] Muthos 的意思有时不易确定。例如，1456^{a}13（第 18 章第 21 行）中的 muthos 可作“情节”或“故事”解；在 1453^{b}7（第 14 章第 4 行）里，muthos 既可作有关俄底浦斯的“故事”或“传说”解，亦可作关于俄底浦斯的故事的“情节”或《俄底浦斯王》的“情节”解。[20]

【注释】

1 参见《奥德赛》4.214，597；15.196 等处。

2 参见《伊利亚特》1.545，《奥德赛》15.445。

3 参考 Werner Jaeger, *The Theology of the Early Greek Philosophers*, Oxford: Clarendon Press, 1936, p. 19。

4 参见品达《奈弥亚颂》7.21, 8.33;欧里庇得斯《希珀克鲁托斯》197。

5 《高尔吉阿斯篇》523A。另参考 E. A. Havelock, *Preface to Plato*, Cambridge(Massachusetts): Harvard University Press, 1963, p. 236。

6 《国家篇》2.376E。

7 同上,377A。

8 参见《诗学》译文第 8 章第 5—6 行。

9 见同上,第 14 章第 19—21 行(另参考第 9 章第 20 行,第 13 章第 25 行等处)。

10 当然并非绝对不可以(参考同上,第 9 章第 26—27 行,第 17 章第 13 行)。

11 见同上,第 9 章第 24—25 行。

12 见同上,第 10 章第 5—6 行。

13 同上,第 6 章第 32 行(1450^a32,另参见第 6 章第 18 行,1450^a5)。

14 参见同上,第 7 章第 17—19 行,第 23 章第 13—14 行。

15 见同上,第 15 章第 18 行。

16 见同上,第 8 章第 15—16 行。

17 参见同上,第 6 章第 13—18 行。

18 同上,第 17 章第 19—20 行。

19 1449^b8,第 5 章第 13 行。

20 另参考第 14 章注 4。

(二) Logos

Logos 是个常用的多义词。Logos 的意思包括:(一)讲话、话语,[1](二)故事、叙述、说明,[2](三)消息、报告,[3](四)与事实相比较的话、言语,[4](五)命令,[5](六)思考、斟酌、权衡,[6](七)意见、观点,[7](八)原则、道理,[8](九)原因、理由,[9](十)作品的"中心内容"。[10]在公元前四世纪,logos 还指"思考能力"或"说理的能力"。人和动物不同,因为人有 logos。亚里士多德有时用 logos 指"定义"或阐明事物性质和特点的语言。Logos 还有另外一些意思,这里恕不一一介绍了。

在《诗学》里,logos 亦是个多义词,其意思往往因上下文的不同而有所不同。例如,logos 在 1447^{a}22(译文第 1 章第 11 行)里指"语言"(或"话语"),以区别于节奏和音调;在 1454^{a}18(第 15 章第 2 行)里指"言论",[11]有别于行动;在 1449^{a}17(第 4 章第 44 行)里意为剧中人的"话"或"对话",有别于由歌队唱诵的部分(ta adometa)。[12]在 1459^{a}13(第 22 章第 49 行)里,logos 指"非格律文",[13]在 1450^{a}15(第 6 章第 57 行)里指"散文",有别于诗歌。[14] Logos 可以表示"故事"或"情节",[15]亦可指作品的梗概。[16]在第 20 章里,logos 意为"语段",[17]在第 25 章里则指作品的"语句"。[18] 1449^{b}8 中的 logos 几乎和 muthos 同义。[19]

【注释】

1 参见《伊利亚特》15.393，《奥德赛》1.56，品达《普希亚颂》4.101，阿里斯托芬《黄蜂》472。

2 参见希罗多德《历史》1.141，6.2；品达《奥林匹亚颂》7.21；《普希亚颂》2.66，4.132；柏拉图《国家篇》2.376E。

3 参考欧里庇得斯《巴科斯的女信徒们》663，希罗多德《历史》1.75，修昔底德《伯罗奔尼撒战争史》4.46.5。

4 “希腊人说（即在他们的话语里——译者注）俄开阿诺斯河环绕大地，但他们不能证明这一点”（希罗多德《历史》4.8）。另参考索福克勒斯《厄勒克特拉》59。

5 埃斯库罗斯《被绑的普罗米修斯》40，《波斯人》363。

6 在古希腊人看来，思考或内心的盘算近似“自我对话”，即人对自己的心（thumos）或 thumos 对人说话（参见 R. B. Onians，*The Origins of European Thought*，Cambridge：Cambridge University Press，1951，reprinted 1988，p. 13）。当美狄娅说“我对自己说了一番话”时，她的意思是：我考虑过这件事（欧里庇得斯《美狄娅》872；另参考《特洛伊妇女》916）。

7 亦指和另一个 logos 对立的“观点”。普罗塔哥拉斯说过，任何一个 logos 都有与之对立的 logos（Walter Burkert，*Greek Religion*，translated by John Raffan，Cambridge（Massachusetts）：Harvard University Press，1985，p. 312）。

8 赫拉克利特可能是第一位赋予 logos 以哲学内涵的学者。在某些上下文里，他把 logos 当作一个技术性术语，指制导一切的原则。这一概念在西方思想史上产生过重大的影响（参考 J. M. Warbeke，*The Searching Mind of Greece*，New York：Appleton-Century-Crofts，1930，p.

42)。

9 埃斯库罗斯《奠酒人》515,索福克勒斯《菲洛克忒特斯》731。

10 参考阿里斯托芬《黄蜂》54。

11 另见《诗学》1456ª37(译文第 19 章第 3 行)等处。

12 参考 1456ª28(第 18 章第 36—38 行)。在 1450ᵇ6(第 6 章第 50 行)里,logos 指“讲话”或“演说”。

13 即“散文”,在用词方面和短长格诗有某些共同之处。

14 另参见 1447ª29(译文第 1 章第 16 行)等处。

15 1455ª34(第 17 章第 13 行)。

16 1455ᵇ17(第 17 章第 28 行)。

17 1457ª23(该章第 33 行)。

18 1461ᵇ16(该章第 85 行)。

19 参见《诗学》第 5 章第 13 行。另参考附录“Muthos”。

（三）Phobos kai eleos

当阿基琉斯因受辱于阿伽门农，自感心绪烦躁、愤懑不平时，遂和琴唱起了英雄们的业绩。荷马知道，诗有抒发情感、宽慰和爽悦心境的功用。[1]公元前五世纪的辩说家们研究过语言的感化作用。著名辩说家高尔吉亚说过，语言可以消除恐惧，解除痛苦，带来欢乐，强化怜悯之情。[2]语言之于心灵犹如药物之于身体。不同的话语可以产生不同的效果：有的使人悲痛，有的给人愉悦，有的使人害怕，有的促人勇敢，有的像魔术一样使人着迷。[3]柏拉图亦认真地研究过诗对心绪或情感的催动作用。[4]吟诵诗人伊昂爽快地承认，荷马史诗会使他和听众们产生怜悯和恐惧之情。[5]在公元前四世纪，phobos 是个很普通的词，可指程度不等的"害怕"。"恐惧"和"怜悯"很可能是当时的诗评专家们熟悉的术语。

亚里士多德在《修辞学》第 2 卷第 5 和第 8 两章分别讨论了恐惧和怜悯。他给"恐惧"下的定义是：一种由对不幸之事的预感而引起的痛苦或烦躁的感觉。[6]分析恐惧的产生应考虑人和事两方面的因素。会产生恐惧之情的人一般（一）生活不够美满，（二）有某种不安全感，（三）对可能发生的不幸之事有所预察。能使人产生恐惧的事情一般具有下列特点：（一）会给人带来严重的危害，（二）可能在近期内发生，（三）其发生时间和方式等可被预先感知。当人们看到由上述事件引起的不幸时，便会产生"大难临头"的感觉。

亚里士多德给"怜悯"下的定义是：看到别人遭受了不应遭受

的痛苦或损失，想到此类不幸之事亦可能发生在自己或亲友身上而产生的痛苦的感觉。[7]一般说来，能产生怜悯的人应是对厄运或不幸有所预察的人。自以为十分幸运的人不会有危机感，而已经遭受过各种不幸的人也不会在乎再遭受什么不幸，只有介于二者之间的人才可能产生灾难临头的感觉。必须相信世界上还有好人，对此失去信心的人是不会怜悯他人的。“相似”是引发怜悯的一个因素。遭受过不幸的人有可能对别人所遭受的类似的不幸产生怜悯之情。人们倾向于同情在年龄或性格等方面和自己相似的人的不幸。说话者的语调、表情、举止和服饰等是否合适亦是能否引发怜悯的一个因素。此外，辩护人的德行如何也是审判官和听众心目中的一个“砝码”。在法庭上，品行高尚的被告者的不幸，比一般人的不幸更能引发怜悯之情。

恐惧和怜悯有着某种值得重视的关联。亚氏分析道，一些人们不希望发生的事，如果发生在别人身上，就会引发怜悯。[8]在《诗学》里，亚氏经常把二者作为两个并立的成分加以连用。当然，可怕之事不等于可怜悯之事；[9]事实上，“可怕”有时甚至可以排斥“怜悯”。某些可怕之事（如看着亲生儿子被处死）不仅不能引发怜悯，而且还可能激发与之对立的情感，即仇恨。产生怜悯之情，有一个感情上的“距离”问题——太远了不行，十分亲近也不行。[10]

应该注意的是，我们不能完全机械地搬用《修辞学》里的有关论述解释《诗学》提出的概念或观点，因为诗和修辞毕竟各有自己的特点。

【注释】

1 详见附录十四第9段。

2 《海伦颂》(*Helena* 或 *Helenēs enkōmion*)8。

3 同上,14。

4 参阅《国家篇》10.604—606,另参考附录十三有关部分。

5 《伊昂篇》535C—E。

6 《修辞学》2.5.1382^{a}20—22。

7 同上,2.8.1385^{b}13—15。

8 参考同上,2.8.1382^{b}25—26,2.8.1386^{a}27—29。

9 比较《诗学》1452^{a}38(译文第11章第10—14行)。《修辞学》第2卷第5章论恐惧,第8章才论及怜悯。

10 参考《修辞学》2.8.1386^{a}18—20。

（四）Mimēsis

名词 mimos[1]（复数 mimoi）最早可能流行于西西里地区，指当地的一种拟剧。Mimos 也指表演，如摹仿人或动物的表情、动作或声音等。在荷马和黑西俄得的作品里找不到 mimos 或它的派生词。Mimos 进入伊俄尼亚和阿提开方言后，可能先派生出动词 mimeisthai，以后又有了名词 mimēsis[2] 和 mimēma。在公元前五世纪，mimeisthai 的出现率远高于 mimēsis，现存的悲剧里几乎找不到后者的影子。一般认为，公元前 450 年前后，mimos 在阿提开方言里的出现率比较低。柏拉图大量使用了 mimeisthai，[3] 却从未用过 mimos。Mimeisthai 和 mimēsis 的原意可能指（包括用表情、声音和舞蹈等进行的）表演式摹仿，mimēma（复数 mimēmata）一般指人物的摹拟像或器物的复制品。

至公元前五世纪，此类词汇的意思大致包括：

（一）*用声音和舞蹈摹仿*。（A）用器乐摹仿。雅典娜曾用她发明的乐器摹仿欧鲁阿蕾（Eurualē）尖厉的哭叫声。[4]（B）用嗓音摹仿。《阿波罗颂》的作者写道：一群德洛斯（Dēlos）少女用歌声惟妙惟肖地摹拟各种方言，使来该地参加庆祭活动的外方人都仿佛感到"自己在说话"。[5] 在《奠酒人》里，俄瑞斯忒斯要普拉得斯（Puladēs）摹仿福克斯（Phōkis）人的口音说话，[6] 以便混进宫内。在《伊菲革涅娅在陶罗依人里》中，俄瑞斯忒斯误把牛和狗的叫声当作复仇女神的吼声。[7]（C）用舞蹈摹仿。关于此类情景，色诺芬在《征战记》（*Anabasis*）6.1.5—13里作为精彩的描述。

（二）扮演或装扮。阿里斯托芬为我们提供了不少这方面的例子。莫奈西洛科斯（Menēsilokhos）说，他要扮演海伦，并且真的这么做了。[8]《财神》（*Plutus*）中的卡里恩（Kariōn）高兴地对歌队成员们说：我将摹拟圆目巨人，带领你们起舞。[9]当然，他们的摹仿大概多少带些喜剧式的嘲弄或夸张。阿里斯托芬曾让狄俄尼索斯摹仿赫拉克勒斯的装束。[10]在《妇女的节日》里，阿伽松身着女装，希望借此缩短和人物之间的距离。[11]

（三）行动方面的效仿。斯特瑞普西阿得斯（Strepsiadēs）在听了儿子的一番颇为荒唐的议论后斥训道：如果你在一切方面都拜公鸡为师，为什么不去刨粪而食，栖木而眠呢？[12]在悲剧里，海伦要瑟娥内（Thenoē）效法她的父亲；[13]克鲁泰梅丝特拉替自己和埃吉索斯通奸的辩词是：妻子可以效仿不忠的丈夫。[14]裴里克勒斯（Periklēs）自豪地宣称，雅典人不是别人的仿效者（mimoumenoi），相反，他们为后者树立了榜样。[15]

（四）相似或相似之物。希罗多德曾提及被琢成状如棕榈树的石柱，[16]并把某地神庙中的雕像比作"仿像"（pugmaiou andros mimēsis esti）。[17]古埃及人有这样一种习俗：盛宴之后，有人会突然搬出一具木制的尸体模型，用以提醒人们不要忘记自己是总有一天会寿终正寝的凡人。"尸体"雕工精致，着色和谐，看来十分逼真。[18]在欧里庇得斯的《海伦》里，忒乌克罗斯（Teukros）在见到海伦时以为后者是海伦的化身（没想到她就是海伦），不禁惊叹道：好一个海伦的再现（mimēma）！[19]

我们知道，毕达哥拉斯学派的一个重要观点，是把音乐—数学的原则当作宇宙间的第一原则。显然，这一法则是对现实世界的高度抽象。毕达哥拉斯学派有没有因此引申出现实世界摹仿一个隐藏着的、终极的、超越时空的"数字世界"的学说，至今仍是个争论中的问题。一条可以直接用于肯定求证的资料，出现在亚里士多德的《形而上学》里。亚氏认为，柏拉图关于现实世界和"形"（或"真形"）的世界的学说，接近于毕达哥拉斯学派关于具体事物和数字之间的关系的论述。柏拉图的创新在于用"介入"（methexis）取代了毕达哥拉斯学派的"摹仿"。[20]囿于资料和命题，我们不打算在此对这个问题作深入的探究。

古希腊人十分重视向自然学习。公元前五世纪的大医学家希珀克拉忒斯（Hippokratēs）曾较为系统地提出了技艺（tekhnē）摹仿自然（phusis）的思想。他的主要论点有两个。（一）技艺的产生和形成是受自然启发的结果，换言之，技艺的产生是对自然现象及其运作过程的摹仿。人世间的法律是对神界法律（或自然界的运作规律）的摹仿。宇宙在运转中产生万物，同样，陶工通过旋盘的转动制作成品。（二）技艺协助自然的工作，帮助自然实现自己的企望。医术顺应生活的需要而产生，随着与自然合作的过程而发展。医生通过诊断，先摸清病情，而后对症下药，使人体恢复失去的平衡。[21]哲学家德谟克里特发表过类似的、具鲜明的仿生论色彩的见解。他认为，人的生活得益于动物的活动。在一些方面，人类是动物的学生：蜘蛛是织姑和修补匠的启蒙老师，建筑师的工作受燕子筑巢的启示，而歌唱是对鸟鸣的摹仿。[22]据说在阿波罗的教授下，诗人斯忒西科罗斯在娘肚里就学会了弹奏竖琴；出生后，又师从停在嘴边上的夜莺，学会了歌唱。[23]

在柏拉图哲学里，mimēsis 是一个重要的、应用面十分宽广的概念。柏拉图认为，艺术的再现，[24]语言的描述，[25]行为方面的效仿，[26]哲学家的追求，[27]政府的工作，[28]乃至自然界的形成，[29]都无例外地体现了摹仿的原则。摹仿是一个程序或过程，通过它，试图摹仿的一方努力使自己“像”或“近似于”被摹仿的另一方。

包括诗在内的各种艺术都是“摹仿艺术”（mimētikai tekhnai），而包括诗人在内的艺术家都是“摹仿者”（mimētai）。[30]画家和雕塑家摹仿人和事物的外形，[31]优秀的造型作品应能准确地表现原型的色彩和形状。[32]音乐可以摹仿，好的音乐本身即可体现正确的原则，因而是对美的趋同（homoiotēs tou kalou）。[33]舞蹈可以再现生活，舞姿和旋律可以反映人的精神面貌和道德情操。[34]正如运动可以强身一样，好的诗作可以陶冶人的心灵。[35]

柏拉图不是艺术的门外汉。作为诗人，[36]他对艺术的魅力和强烈的感染力，或许有着比一般人更深刻的了解。但是，柏拉图首先是一位哲学家。柏拉图哲学是一种以概念否定表象的本体论，它的立论基础和归向是一种非物质的但却高于物质的存在，即“形”（idea 或 eidos）。“形”是柏拉图哲学或本体论的核心。这位天才的哲学家巧妙地把摹仿同“形”的原则结合在一起，从而使他的形念论能够成为一种有深度的、较为严密的、较富思辨色彩的哲学理论。柏拉图哲学不仅把摹仿作为一种工具，而且还把它当作一种审定事物或过程的哲学价值的“参数”。通过对摹仿及其运作过程的研究，柏拉图试图要人们相信，mimēsis 是哲学天平上的一个砝码：mimēsis 的对象不同，决定了事物的哲学内涵的差异。

一种把艺术及其作品包容在它的研究范畴之内的、以概念扬弃表象的本体论为基础的哲学，应该说明艺术作品在这一哲学体系内的地位以及艺术作品和其他存在形式之间的关系。[37]柏拉图认为，作为哲学的研究对象，事物的存在可以在三个平面上体现自身的价值。第一个是“形”的平面，第二个是实物的平面，第三个是艺术摹仿的平面。以“床”(klinē)为例。神是床的“形”(或绝对形态)(eidos)的制作者。[38]有了床的 eidos，木匠才能做出作为实物的床；木匠是“床的制作者”(dēmiourgos klinēs)。艺术家摹仿木匠的工作成果，制作床的“相似物”，因而只是床的艺术形象的制作者(eidōlou poiētēs)。[39]艺术既不能生产 eidos，也不能制作 eidos 的实物翻版，它所提供的只是 eidōlon，即绝对形态的拙劣的仿制品。“形”之平面上的存在是永恒不变的、最高形式的存在。这是一种真实的、概念化了的、完美无缺的存在形式，它既是现实世界的楷模，又代表了一个后者永远不能企及的绝妙境界。柏拉图相信，“形”的世界是真实的世界，而勇于探求和阐释“原形”世界之“真谛”的哲学家是真正的现实主义者。[40]艺术作品是“形”的翻版的再版，对真理已经有过两度的离异。所以，艺术反映的世界是极不真实、极不可靠的。艺术家的分辨能力亦是大可怀疑的；[41]他们抓不住真理，也不知道如何求索真理——他们所能做的，只是重现自己对外界事物的不真实的印象。以诗人为例，他们通过文字传递的谎言，实际上是(他们)头脑中模糊不清的印象的再现(mimēma)。[42]诗的表象美会蒙骗像诗人一样无知的民众；因此，民众的老师应该是哲学家，而不是学识贫乏的诗人。[43]

在某些上下文里，柏拉图区分了广义和狭义上的艺术摹仿，[44]前者指包括诗在内的艺术门类对自然和生活的摹仿，后者指演员

（或进入角色的诗人）的扮演。在《国家篇》第3卷里，柏拉图区分了三种表达形式，即叙述（diēgēsis）、摹仿或表演式摹仿（dia mimēseōs）以及叙述和摹仿的结合。狄苏朗勃斯是叙述艺术，悲剧和喜剧是（狭义上的）摹仿艺术，史诗是兼采叙述和摹仿的艺术。[45]表演式摹仿所提供的形象比叙述摹仿所提供的形象更为直接和生动，因此更能使人误入迷津，受骗上当。

综观上文，不难看出，柏拉图对艺术摹仿基本上是持否定态度的。关于这个问题，我们将在“柏拉图的诗学思想”里再作探讨。

亚里士多德创建了一个在许多方面都和柏拉图哲学有所不同的哲学体系。在这个体系里，“摹仿”的应用范畴要相对小一些。亚里士多德一般不认为现实世界是理念（或“形化”）世界的不如人意的翻版。摹仿不是连接“实”与“虚”的纽带，不是区别“真”与“假”的分界；摹仿不是哲学家手中的“万金油”或“试金石”。尽管如此，在亚里士多德物理学里，“摹仿”仍然是一个重要的概念。

亚里士多德认为，自然不是一种盲目的力量。相反，自然似乎是有意识的；它有既定的发展方向，亦有受内在法则制约的运作方式和程度。自然仿佛了解自己的希冀，熟悉自己的生产动机和目的。[46]在《物理学》里，技艺和自然一样，是一种生产力量。技艺和自然有着引人注目的相似之处：它们的工作对象都是具体的材料（hulē），产品都具一定的形态（eidos 或 morphē），[47]目的都是为了生产出材料和形态的结合物。为了达到自己的目的，技艺必须采用在自然中已被证明行之有效的生产程度和方法，亚氏的名言 hē tekhnē mimeitai tēn phusin（“技艺摹仿自然”）[48]指的可能正是这种意义上的摹仿。技艺和自然存在于一个互补机制之中；技艺得益于自然的启示，自然得益于技艺的辅佐。医术能使病体恢复健康，政治可以推动社会组织形态的发展，教育可以补足人在知识方面的匮缺。[49]技艺可以挖掘自然的潜力，填补自然的不足，纠正自然的缺陷，实现自然的企愿。

亚里士多德关于技艺摹仿自然的论述，是对德谟克里特、柏拉图、尤其是希珀克拉忒斯所提出的有关论点的充实和发展。Tekhnē 是个含义比较广泛的词汇，[50]既指我们今天所说的“技术”，亦指我们通常所说的“艺术”，虽然在《物理学》里，它的主要所指应该是技术或工艺。古希腊人一般不注重区分技术和艺术；在他们看来，所有包含技术的制作活动都是 tekhnai。Tekhnē 的特点是按规则或可行的方式从事某项生产或推动某种活动的进行，显然，这一点也适用于对艺术的诠释。制作艺术品和生产生活用品一样，应该有所规划，有所凭借，有所遵循。制作和规则，生产和生产程序之间的关系是密不可分的。所以，从某种意义上来说，论诗实际上是论写诗的技巧，读过《诗学》的人对此都会有很深的感受。

但是，《诗学》不是《物理学》，前者研究诗的“制作”，后者研究技艺与自然的关系。研究的侧重点的不同，决定了它的指导原则的不同。当亚里士多德转而专门探讨艺术的时候，他接受了当时可能已经流行的艺术摹仿现实或生活的观点。[51]《诗学》第 1 章开宗明义地指出，史诗、悲剧、喜剧、狄苏朗勃斯以及绝大部分用阿洛斯和竖琴演奏的音乐，均属摹仿。在第 6 章里，亚氏突出强调了诗摹仿行动(praxis)的观点。应该指出的是，在《诗学》里，“摹仿”是个起着明显鉴别作用的词汇；在某些上下文里，它实际上是诗的标签。荷马和恩培多克勒都以格律文为“媒介”，但前者是诗人，而后者却是自然哲学论著作者（phusiologos）[52]——因为他没有摹仿。

亚氏不是简单地接过一个大家熟悉的术语，而是对这个术语进行了扬长避短，去粗取精式的改造。[53]《诗学》中的“摹仿”既不指恶意的扭曲和丑化，也不是照搬生活和对原型的生吞活剥，而是一种经过精心组织的、以表现人物的行动为中心的艺术活动。艺术源于生活，但不必拘泥于生活。艺术作品可以表现作者的主观意向，艺术摹仿（或表现）不仅可以，而且应该高于生活。[54]诗人应按必然或可然的原则组织情节，只要编排得体，一件不可能发生但可信的事，比一件可能发生但不可信的事更为可取。[55]

艺术摹仿是一种有意义的活动，它克服了具体的局限，[56]扬弃了故事或传说中的芜杂，避免了生活的琐碎和片面性。诗摹仿的对象不是“形”的不完善的翻版，而是经过提炼的生活；艺术活动的成果不是两度离异于真理的“赝品”，而是具有很高欣赏价值的艺术形象。艺术摹仿是一件受人欢迎的事，因为人生性喜欢摹仿，并少有例外地乐于欣赏艺术摹仿的成果。[57]艺术使人增长知识，而获取知识不仅于哲学家，而且于一般人也是件极快乐的事。[58]艺术摹仿不是一种被动的现象，相反，在理性原则的指导下，它的活动充满了主动精神。因此，对艺术摹仿本身不存在查禁的问题。在《诗学》第 26 章里，亚氏理直气壮地指出，对于演出中出现的问题，应负责任的不是艺术本身，而是那些糟蹋艺术的下贱演员。[59]

【注释】

1 Mimos 的词源不详。据学者稽考，该词可能和梵语词 māyā“同宗”，词根是 māi-、mī-或 mim，其基本意思是“转化”、“蒙骗”等。德谟瑟奈斯曾用 mimoi 指拟剧演员。

2 以-sis 结尾的名词往往含有表示行动的意思，相当于英语中名词化的动名词(另参考附录六注 1)。

3 “摹仿”几乎出现在柏拉图所有重要的著作里。另参考注 44。

4 品达《普希亚颂》12.21。据传雅典娜发明了阿洛斯(同上，12.20)。在《英雄的后代》里，埃斯库罗斯提到过一种可摹仿牛叫的乐器(片断 57)。

5 《荷马诗颂》3.162—163。

6 564。

7 294；另参考《伊菲革涅娅在奥利斯》578ff.。

8 《妇女的节日》850ff.。

9 291。

10 《蛙》109ff.。

11 《妇女的节日》155—156。

12 《云》(*Nubes*)1430—1431(另参考 559，《鸟》(*Aves*)1285，《黄蜂》1019)。

13 欧里庇得斯《海伦》940。

14 欧里庇得斯《厄勒克特拉》1037(比较《希珀鲁托斯》114，《伊昂》451)。

15 修昔底德(《伯罗奔尼撒战争史》2.37.1)。

16 《历史》2.169。

17 同上，3.37(另参考《伯罗奔尼撒战争史》1.95.3)。

18 同上，2.78。

19 74。详阅 G. F. Else“‘Imitation’in the Fifth Century”，*Classical Philology* 53(1958)，pp. 73—90。

20 1.6.987^{b}11—14。

21 *Hippocrates on Diet and Hygiene*, edited by J. Precope, London, 1952, I. xi—xxii. 上述观点对后世的哲学家(包括柏拉图、亚里士多德和

斯多葛学派的某些成员）产生过影响。关于“技艺”，详见附录“Tekhnē”。

22 片断 154（另参考 M. C. Nahm，*Readings in Philosophy of Art and Aesthetics*，Englewood Cliffs：Prince-Hall，1975，p. 46）。

23 参考帕里尼乌斯《自然研究》10. 82。据《舒达》记载，这位诗人的生卒年代可能分别约在公元前 632—前 629 年和公元前 556—前 553 年间。Stēsikhoros 可能是他的“诨名”，真名叫 Teisias。据传诗人阿尔克曼也曾因受鹧鸪啼叫的启示而作过一首诗。罗马诗人鲁克瑞提乌斯（Lucretius）亦认为歌唱是对鸟鸣的摹仿，所不同是，他把歌的产生看作是一个循序渐进的过程（参考 *De Rerum Natura*（*Lucretius on the Nature of Things*），translated by Cyril Bailey，Oxford，1910，pp. 231—232）。

24 即艺术的摹仿。

25 参见《克里提阿斯篇》107，《克拉图洛斯篇》426C—427C，431D。

26 参考《法伊德罗斯篇》252D—E，264E；《普罗塔哥拉斯篇》326A—B。

27 哲学家摹仿永恒的存在，并通过不懈的努力使自己和永恒的存在结合在一起（即“同化”，aphomiousthai，《国家篇》6. 500C）。柏拉图区分了两种不同性质的摹仿，即出于无知的摹仿和在知识指导下的摹仿（《智者篇》267B—D）。

28 参见《政治家篇》293E。

29 参考注 38。

30 《国家篇》2. 378B，《提迈俄斯篇》19D—E。

31 参考《国家篇》3. 401A，10. 596—598，《克拉图洛斯篇》430B，《智者篇》234A—236C，《法律篇》2. 667—670。

32 《克拉图洛斯篇》431C。

33 《法律篇》2. 668A—B；比较 7. 798D—E。

34 参考同上，2. 655Bff.。

35 参考《国家篇》3.401D—E，2.376E。

36 参考附录十三第1段。

37 柏拉图区分了三种存在形态。第一种是永恒和静止不变的样板形态(paradeigmatos eidos)，第二种是通过摹仿样板形态而产生的可见的、具体的形态(mimēma paradeigmatos)，第三种是包容运动和变化的形态。永恒犹如一块纯金，变化就像刻在金块上的花纹(可以刻了改，改了刻)；永恒是本质，变化是现象。那些个来去匆匆的"纹路们"(事物、现象等)，只是永恒形态的不完善的显现(参考《提迈俄斯篇》48E—50C)。

38 在这个问题上，柏拉图的观点有时不尽一致。比如，在《国家篇》里，神工(即神)创造了床的 eidos(10.596B)，但在另一篇对话里，神工创造的是实物，而不是 eidē(参见《智者篇》265C—D，另参考《提迈俄斯篇》30C—31B)。

39 《国家篇》10.596—597。

40 "形"和"空想"有所不同——柏拉图不是空想主义者。在他看来，"形"或"形念"不是一种不切实际的、不真实的存在，而是"一切事物中最真实的"(*The Dialogues of Plato*, volume 3, translated by Benjamin Jowett, New York: Oxford University Press, 1892, p. clx)。

41 另参考附录十三第6段。

42 《国家篇》2.382B。

43 另参考附录十四第6段。

44 据埃尔斯研究，在柏拉图以前，mimeisthai 常指拟剧中的"模拟"，一般不泛指戏剧表演。柏拉图把"摹仿"(表演式摹仿)的意思作了引申(详见 *Plato and Aristotle on Poetics*, Chapel Hill: The University of North Carolina Press, 1986, p. 27)。

45 《国家篇》3.392D—394E。

46 参见《物理学》2.8.199a—b。

47 “形态”既是“材料”存在的目的,又是一种能动因素。通过“形态”的活动,“材料”的潜力方能得以有效发挥。材料和形态的结合组成“实体”(ousia)。

48 参见《物理学》2. 2. 194a21,《气象学》(*Meteorologica*)4. 3. 381b6。自然和技艺往往使用相似的程序和方法:自然利用本身的热能完成某些“加工”过程(如人体内的消化过程),技艺亦可利用外在的热能达到同样的目的(如烹制食物,见《气象学》4. 3. 381b,另参考《论动物的部分》1. 1. 639b15ff. ,《论动物的生长》(*De Generatione Animalium*)2. 1. 734b22—735a3)。亚氏亦喜用 tekhnē 的生成原则解释自然(参考《物理学》2. 8. 199a11—20)。

49 《形而上学》6. 7. 1032b13—14,《政治学》7. 17. 1337a2—3。

50 参考附录“Tekhnē”第 2 段。

51 参见《诗学》译文第 6 章第 27—28 行。

52 同上,第 1 章第 26—27 行。

53 亚里士多德对 mimēsis 作了“重新审察”(J. M. Walton, *The Greek Sense of Theatre*, London: Methuen, 1984, p. 16)。

54 参考《诗学》第 15 章第 25—27 行,第 25 章第 79—80 行。

55 同上,第 24 章第 51 行,第 25 章第 80—82 行。

56 参考同上,第 9 章第 6—7 行。

57 见同上,第 4 章第 1—4 行。

58 见同上,第 4 章第 7—8 行。

59 参见同上,第 26 章第 15—20 行。

（五）Hamartia

他们之所以遭受不幸，不是因为本身的罪恶或邪恶，而是因为犯了某种错误……人物之所以遭受不幸，不是因为本身的邪恶，而是因为犯了某种后果严重的错误。

《诗学》第13章

Hamartia（包括同根词，统称hamart-词）在荷马史诗里的出现率相当之高，达三十六次之多，其意思大致可归为三类。（一）偏离或未击中目标。从词源学的角度来看，这是此类词汇的本义或字面意思，其出现率绝对高于第二、三种意思。《伊利亚特》提供了大量的“击”（tunkhanein）和“未击中”（hamartanein）的例子。（二）失误、过失、错误。（三）冒犯、罪过。在公元前五世纪，悲剧作家们较多地使用了hamart-词的第三种意思，演说家们则偏重于使用第一、二种意思。在希罗多德和修昔底德的作品里，表示三种意思的例子均有出现。[1]公元前四世纪的演说家们偏好使用此类词汇的第三种意思。鲁西阿斯的作品中，用hamartanein表第一种意思的例子较为罕见，其他演说家们一般用dihamartanein表示这种意思。

我们知道，《诗学》没有对hamartia（复数hamartiai）下过定义。[2]这说明，在这篇文献里，hamartia或许不是个技术性术语，因此它的“覆盖面”可能会比《尼各马可斯伦理学》第5卷第8章中的hamartēma（复数hamartēmata）广一些。[3]Hamartia的覆盖面问题是《诗学》中的“热点”之一。讨论这个问题，就像理解和把握“思想”、“性格”、“摹仿”等概念一样，撇开亚里士多德的学术体系是不行的。在《尼各马可斯伦理学》第3卷第1章和第5卷第8章里，亚里士多德较为透彻地分析了错误的种类和如何审定其性质的问题，其中的某些论点可能会有助于我们加深对《诗学》中的hamartia的理解。

亚里士多德把人的行动归为两类，一类是自愿的（hekousia），另一类是不自愿的（akousia）。[4]根据《尼各马可斯伦理学》3.1中的论述，不自愿的行动分两类，即（一）受外力逼迫（bia）做出的行动，（二）因为无知（di' agnoian）而做出的行动。[5]受外力逼迫的行动又可分作两小类。（A）纯粹受外力驱发的行动（biaia）。一般说来，此类行动完全违背当事人的意愿（或完全出乎当事人的预料），因此行动的动因（arkhē）不在当事者。例如，一阵突起的狂风可以把人卷走，但由于此人既不知风从何起，也不知去向何处，因此无需对行动承担任何责任。（B）在外力逼迫下，当事人经过思考和斟酌做出的行动。就当事人的主观愿望而言，此类行动的目的不是为了避免某种恶，就是为了追求某种善，因而已不再是外力的简单的延伸。在此类情况下，当事人的行动既是出于被迫的——如果没有外力的逼迫，他就不会采取这样的行动，又是出于自愿的——在特定的条件下，他选择了自以为有意义的行动（因此，严格说来，此类行动更接近于“自愿行动”）。鉴于这一特点，亚氏称此类行动为miktai praxeis，即“混合行动”。在miktai praxeis中，有的是应受谴责的，[6]有的是可以原谅的（因为逼迫的程度超出了一般人可以忍受的程度），有的甚至是值得赞扬的（为了某种崇高的目的或

追求，当事人忍受了痛苦或某种形式的侮辱）。

一般说来，可以把出于无知而做出的错事归入不自愿的行动之列。但是，在下述三种情况下，当事人的不自愿至少是不彻底的。（一）事后对自己的行为没有表示真正的追悔之意。此类行动既不是出于自愿，也不是出于严格意义上的不自愿，因而是“非自愿的”（ouk hekousia）。（二）“无知”的产生系由某种强烈的情感（pathos）所致。酒后无德，直接动因是酒——醉汉不是因为无知，而是于无知之中（agnoōn）做了错事。当事人的行动并非完全出于不自愿；事实上，他们了解事态发展的过程，不仅有目的感，而且知道自己正在做什么。[7]（三）“无知”的所指不是一般的具体内容，而是带普遍意义的原则。对原则的无知是很难原谅的，因为正常的人不应好坏不分。一般说来，由对具体事物或具体情况的无知而导发的错误较能得到人们的谅解。

《尼各马可斯伦理学》5.8 对错误的划分和 3.1 的划分有所不同。本章区分了两种类型的错误，即（一）当事人在无知的情况下所犯的错误，（二）当事人在知情的情况下所犯的错误。第一类错误分两小类，即（A）无法预见或预测的错误（atukhēmata）和（B）可以预见或预测的错误（hamartēmata）。[8]对于后一类错误，当事人如果事先小心一些，本来是可以避免的。但是，尽管不够慎重，当事人绝非恶贯满盈的歹徒。第二大类错误也分两小类，其区别性特征是动机的促成因素。（A）当事人由于一时冲动（如受暴怒等的驱使）而做出的错事（adikēmata）。在此种情况下，由于行动的动因不是邪恶（mokhthēria），故不应把当事人看作是没有正义感的恶人。（B）当事人心怀恶意，在经过蓄意谋划之后做出的

adikēmata。[9]在这种情况下，当事人不仅坏（adikos），而且恶劣（mokhthēros）。这两类错误虽然都叫 adikēmata，但性质却有所不同。5.8 中没有提到 3.1 中谈到的受外力逼迫而做出的行动。

在《尼各马可斯伦理学》第 7 卷里，亚氏分析了另一种可能引发错误行动的因素，即"放纵"或"不节制"（akrasia）。"不节制"和"罪恶"不是同一个概念；人们可以说不节制是一种不好的心态或弱点，却不能说它是严格意义上的邪恶。亚氏明确指出：不节制和罪恶虽然不无相似之处，却分属不同的门类。和那些虽然了解理性的原则却从来不想服从它们的人相比，在激情支配下偶尔做了坏事或错事的人似乎更值得同情。行为不节制者（akrasteis）不是坏人（adikoi），虽然他们有时也会做一些坏事或错事（adikousi）。[10]不难看出，akrasia 与 kakia 的不同近似于 5.8 中提到的出于冲动的 adikēma 和出于邪恶的 adikēma 的不同。

值得注意的还有《尼各马可斯伦理学》7.4 中的有关论述。在该章里，亚氏把一般表示出于生理需要而进行过度追求的 akrasia，引申用于指对其他"悦乐"（如荣誉、战功、财富等）的向往和追求。从某种意义上来说，对荣誉等的追求明显地不同于简单的、受生理需要驱使的过分追求，因为在前一种情况下，被追逐的事物本身即包蕴某种积极的、值得肯定的意义（比如说，荣誉本身是一件好事）。亚氏分析道，对这些行为，不应简单地称之为不节制，而应称之为在对荣誉、财富等的追求中所表现出来的不节制。和生理需要相关的过度追求往往受到人们的指责——人们把它看作是一种错误（hamartia），甚至是一种罪恶（kakia）——而对钱财、荣誉等的追求却没有受到同样的指责。[11]

根据亚里士多德的悲剧理论，理想的悲剧人物应该既不是十全十美的道德楷模，又不是本性邪恶的歹徒。像阿基琉斯一样，他们有缺点，有不完美之处，但总的说来仍属“好人”之列。[12] 在《诗学》第 2 章里，亚氏认为悲剧人物应是比今天的人（或一般人）好的人。既然悲剧人物不是本性邪恶之徒，他们就不会在正常情况下蓄意谋害别人或毫无理由地伤害自己，也不会在本身利益没有受到侵犯的情况下无端地损害他人的利益。根据同样的理由，悲剧人物所犯的错误尽管可能导致严重的后果，却不应被看作是典型意义上的邪恶或罪恶，[13] 即《尼各马可斯伦理学》5.8 中列举的当事人在知情和自愿的情况下所犯的错误中的第二类 adikēmata（＝kakia）。[14]

我们知道，在悲剧里，人物可以在某种不自愿或不明真相的情况下犯错误。但是，总的说来，悲剧人物的不自愿是不彻底的（也不应该是彻底的），因为完全的不自愿将意味着当事人有足够的理由替自己的行为辩护。亚里士多德似乎不认为当事人可以因为他们的行动是在神的逼迫或驱使下进行的而无需承担任何责任。[15] 在神的策动下做了错事和被大风卷走不是完全相似的一码事。所以，《尼各马可斯伦理学》3.1 中提及的完全出于外力逼迫的行动，至少是不很适合于悲剧的。

由此可见，出色的悲剧似不应包括下述两种行动，即（一）自愿行动中的由邪恶引发的行动，（二）不自愿行动中的完全出于被迫的行动。尽管如此，悲剧人物的 hamartia 仍然是个内涵丰富的概念。例如，在悲剧里，“混合行动”是一种较为常见的错误：阿伽门农因献出女儿而达到进军特洛伊的目的；克鲁泰梅丝特拉为了替女儿报仇而杀了阿伽门农。各种形式的“无知”亦是导致人物犯错误的一个重要因素。出于“无知”,苏厄斯忒斯吃了亲子之肉,俄底浦斯杀了生身父亲。激情(pathos)夺走了埃阿斯的生命,放纵(akrasia)使尼娥北付出了一位母亲所能支付的最昂贵的代价。骄横和不谨慎是导致“无知”的重要因素。从这个意义上来说,hamartēmata 无疑比 atukhēmata 更适合于悲剧。值得注意的是,导致不幸的因素经常是“复合”的,比如,俄底浦斯弑父固然是出于“无知”,但他的任性和莽撞亦是引发悲剧性结局的重要原因。

根据以上分析,我们认为,将《诗学》第 13 章中的 hamartia 解作“错误”是合适的。当然,由于悲剧人物性格不一,经历各异,所以,在不同的悲剧里,hamartia 的侧重点亦可有所不同。[16]

【注释】

1 详见 J. M. Bremer, *Hamartia*, Amsterdam: Adolf M. Hakkert, 1969, pp. 37—38。比较 T. C. W. Stinton,“Hamartia in Aristotle and Greek Tragedy”, *The Classical Quarterly* Ns 25(1975), p. 222。

2 在《诗学》里,hamartia 一共出现五次,三次指诗人的“错误”,两次和悲剧人物的行为有关(参见注 14)。

3 Hamartēma 在《诗学》里出现四次。和 hamartia 相比,hamartēma 似更侧重于指具体的错误。

4 参阅柏拉图《国家篇》10. 603C,《法律篇》9. 867B。和苏格拉底一样,柏拉图认为没有人真正愿意做坏事(参考《辩护篇》25D—26A,《提迈俄斯篇》86E,《法律篇》9. 860D 等处)。柏拉图坚信,犯罪与人的弱点(如无知(agnoia)、纵欲(hēdonē)和滥用情感(thumos))有关,纠正的办法是加强教育。

5 苏格拉底提出过一个著名的观点:美德(aretē)是知识;无知是错误和邪恶之源。亚里士多德认为,苏格拉底的提法不尽完善,因为它把错误的起因一概归之于"无知",从而实际上排除了人们可能因为意志薄弱和缺少自制力而犯错误的可能性(《尼各马可斯伦理学》7.2.1145b21ff.)。人的知识可以处于待用状态,也可以处于潜在状态;已经获取的知识可能暂时和人的意识脱节(例如在睡眠或醉态中)。知识又有一般和具体之分,强烈的感情波动可能使人的具体知识由待用状态转入潜在状态(换言之,人可能对某种具体知识一时丧失使用意识),但当事人仍然可能意识到一般知识的存在。由此可见,人可能在有意识(不是典型意义上的"无知")的情况下犯错误。但是,亚氏同时也承认,对具体行为或情景等的了解是感知范围内的事,而不是严格意义上的知识;真正有知识的人不会、也不应该放纵和为所欲为。从这个意义上来说,苏格拉底的见解是正确的(同上,7.3.1147b9—15)。

6 某些行动事关重大,当事者哪怕献出生命,也不宜贸然从事。倘若有人做出此类行动,仅凭"外力逼迫"是不能开脱责任的。欧里庇得斯让阿尔克迈恩"被迫"杀死亲娘是"荒谬的"(《尼各马可斯伦理学》3.1.1110a26—29)。

7 参考注5。

8 参见《尼各马可斯伦理学》5.8.1135b16—19。

9 另参考《修辞学》1.13.1374b1—9和《亚历山大修辞学》(*Rhetorica ad Alexandrum*)4.1427a27ff.。Atukhēmata、hamartēmata和adikēmata可能是当时的雅典公民们熟悉的术语。Adikēmata可指"错误"、"坏事"、"罪行"等。

10 7.8.1150b35—1151a10。

11 1148a2—4。

12 参见《诗学》译文第13章第4—12行，第15章第28—29行。

13 美狄娅杀子比克鲁泰梅丝特拉杀夫更难辩护，因为受害者是无辜的孩子。但美狄娅本人也是个受害者，她之杀死孩子是为了打击伊阿宋。从这个意义上来说，她的行为仍然是可以理解的。美狄娅的作为不是出自和本性相关的邪恶——传说中的她不是个坏人。

14 在1453a10（译文第13章第16行）里，亚氏明确指出，悲剧人物之所以遭受不幸，不是因为本身的罪恶（kakia），而是因为他的hamartia。稍后，亚氏又强调了这一观点：促使命运变化的因素不是人物的邪恶（mokhthēria），而是他的hamartia（1453a15—16，第13章第22—23行）。尽管缺少理论上的铺垫，十六世纪的意大利学者（如罗伯泰罗、维托里等）对hamartia的理解基本上是正确的（三个世纪以前，莫耳贝克的威廉在释译hamartia时用过peccatum一词，可作“罪恶”解）。法国学者拉梅斯那笛尔（La Mesnardière）、拉辛和达西尔等人倾向于将hamartia解作“致命的激情”或“邪恶”，他们的观点迟至十九世纪上半叶仍相当流行。十九世纪下半叶以来，学者们对hamartia提出了不少新的见解，总趋势是不赞成把它定为带强烈道德色彩的“罪恶”。

15 悲剧——正如《诗学》第13章所指出的——不应表现“十足的”好人由顺达之境转入败逆之境。

16 “误解”、“缺点”、“性格上的缺点”、“判断错误”、“理解错误”等都是值得重视和参考的解法。

（六）Katharsis

> 悲剧是对一个严肃、完整、有一定长度的行动的摹仿，它的媒介是经过“装饰”的语言……通过引发怜悯和恐惧使这些情感得到疏泄。
>
> 《诗学》第 6 章

在公元前五世纪，katharsis[1]大概指一种医治手段。医学家希珀克拉忒斯认为，人体内任何一种成分的蓄积，如果超出了正常的水平，便可能导致病变，医治的办法是通过 katharsis 把多余的部分疏导出去。但是，当时的医学还不是严格意义上的科学。医学和宗教、药物学和玄学、病理学和伦理学之间的分界尚不很明确。在古希腊人的心目中，阿斯克勒庇俄斯（Asklēpios）既是医圣，又是某种意义上的宗教领袖。[2]在这种时代和文化背景下，katharsis不仅是一种较常用的医治手段，而且还是某些宗教活动的目的。换言之，katharsis 既可指医学意义上的“净洗”和“宣泄”，亦可指宗教意义上的“净涤”。[3]据亚里士多德的学生阿里斯托克塞诺斯（Aristoxenos）所叙，毕达哥拉斯学派的成员们用药物医治身体上的疾病，用音乐（mousikē）“洗涤”不纯洁的心灵。[4]经过洗涤的心灵是安谧而和谐的。[5]

俄耳斐乌斯[6]和毕达哥拉斯的学说对柏拉图产生过重大的影响。柏拉图作品中的 katharsis 有时带有浓厚的宗教气息。在《斐多篇》里，katharsis 是心灵挣脱肉体之骚乱的一种途径。像宗教一样，哲学净化人的心灵，使人的精神得到升华。[7] katharsis 具有纯净和开发心智的作用。在论及美德（aretē）的功用时，苏格拉底说，美德是对恐惧的 katharsis。净化的对象包括肉体和灵魂，净洗的目的是消除积弊，保留精华。苏格拉底称他所从事的行当是一种净化工作，目的是通过 katharsis 除去灵魂中的脏东西。[8] 苏格拉底使用的"洗涤剂"是"问答"或"辩驳"（elenkhos）。"问答"可以扫除愚昧，纠正谬误，增强心智的活力。

从公元前五世纪起，尊崇医圣阿斯克勒庇俄斯的活动，从它的中心厄庇道罗斯（Epidouros）迅速扩展到马其顿地区。亚里士多德出身于名医之家，对 katharsis 的医疗功用自然不会一无所知。[9] 这位学问家对生理和病理的熟悉程度，我们甚至可以从他对伦理原则的阐述中看出来。《尼各马可斯伦理学》的作者不仅是一位有造诣的伦理学家，而且也是一位高明的病理学家。

亚里士多德认为，不加限定的怜悯和恐惧属于 ta lupounta 的范畴，是一些"会给人带来痛苦和烦恼的情感"。[10] 和柏拉图一样，亚氏亦把情感归为人性的一部分；但是，他不同意柏拉图提倡的对某些情感采取绝对压制的办法。[11] 如果说产生情感的机制和它的工作效能是天生的（人们无法从根本上改变这一点），情感的表露和宣泄却是可以控制和调节的。有修养的人不是不会发怒，也不是不会害怕，而是懂得在适当的时候，对适当的人或事，在正确的动机驱使下，以适当的方式表露诸如此类的情感。[12] 情感的积淀，犹如人体内实物的积淀一样，可能引出不好的结果。它会骚乱人的心绪，破坏人的正常欲念，既有害于个人的身心健康，也无益于群体或社团的利益。因此，人们应该通过无害的途径把这些不必要的积淀（或消极因素）宣泄出去。在《尼各马可斯伦理学》里，亚氏提及过某类治疗手段或“疗程”——它们可以解除病痛或不适，使人体恢复失去的平和——其中可能包括 katharsis。[13]

在《政治学》第 8 卷第 7 章里，亚氏把音乐按功能分作三类。一类适用于对民众的教育，另一类适用于消遣（因为它可以松弛人的神经或能给人美的享受），还有一类音乐可以像药物和疗法一样起净化和调理的功用。亚氏指出，每个人都难免受怜悯、恐惧等感情的影响，虽然有的人特别容易产生这些感觉。动感强烈的音乐可以引发某些人的宗教狂热，当情感的高潮像疾风暴雨那样一扫而过后，他们的心情就会趋于平静，就像病人得到治疗和净洗一样（hōsper iatreias… kai katharseōs）。通过心灵与音乐的撞击，无论是受到怜悯、恐惧或其他情感骚扰的人，还是可能在不同程度上受这些情感影响的人，都能感受到一种轻松和愉快的感觉。人们从具净化功能的音乐中得到的是一种无害的快感。[14]亚氏不否认悲剧会引发某些情感，相反，他认为这种引发是必要的。引导（或引发）比盲目的反对好，适量的排泄比一味堵塞好。悲剧之所以引发怜悯和恐惧，其目的不是为了赞美和崇扬这些情感，而是为了把它们疏导出去，从而使人们得以较长时间地保持健康的心态。悲剧为社会提供了一种无害的、公众乐于接受的、能够调节生理和心态的途径。[15]

亚里士多德不仅生活在一个宗教气氛比较浓烈的时代，而且还是神学大师柏拉图的学生，后者的带有某些宗教色彩的哲学思想对他不会没有产生过一点影响。亚氏熟悉医学意义上的宣泄，也无疑知道 katharsis 还可指宗教意义上的净涤。事实上，上文提及的“净洗”活动很可能是当时仍然盛行的、气氛狂热的库贝莱（Kubelē）宗教仪式，[16] 作者所用的某些词汇，如“缠迷”（katokōkhimoi）和“圣乐”[17] 等或许可以证明这一点。

但是，亚里士多德从来不是“宗教迷”。正如我们指出过的，[18] 在追溯悲剧的起源时，亚氏明显地“淡化”了它的宗教背景。若再考虑到他对医学、生理学和病理学的熟悉程度以及《政治学》8.7中的有关论述，我们似乎有理由为《诗学》第6章中的katharsis提供某种“医学背景”。尽管如此，我们也应该认识到，在资料匮缺，论据不很充分的情况下，在这个问题上持较为审慎的态度或许是必要的。[19]

长期以来，对如何理解《诗学》第6章中的katharsis，人们作过种种尝试。十七世纪的法国新古典主义戏剧理论家们倾向于强调戏剧的教育功用。按高乃依和拉辛的理解，katharsis是一种净化人的道德观念的手段。Katharsis可以纯净人的心灵，提高人的道德意识。从某种意义上来说，德国戏剧理论家莱辛似乎比法国新古典主义戏剧理论家们更热衷于挖掘katharsis的伦理内涵。在他看来，悲剧的功用是“净化”观众，其目的是防止人们走极端。他把katharsis和亚里士多德的“中庸论”联系起来，认为katharsis是实现心态中和的一种途径。[20]

用医学或病理学观点解释katharsis有着悠久的历史。早在1559年，意大利学者明托诺就在《论诗人》（*De Poeta*）里提到了医学上的顺势疗法（或类似疗法）。在四年以后发表的《诗艺》（*Arte Poetica*）里，明托诺明确提出了悲剧的净化或疏导作用等同于药物的治疗作用的观点。英国文豪密尔顿（Johm Milton）在《力士参孙》(*Samson Agonistes*)的前言部分提到了悲剧的类似顺势疗法的功用。Katharsis 是一种"以子之矛克子之盾"(similia similibus curanter,"以同类之物治同类之物")的医治手段。[21]通过引发某些情感并把它们推向高潮,悲剧得以实现引发这些情感的目的,即消除它们对心理的潜在危害。德国学者巴内斯(Jacob Bernays)于1857 年发表了 Zwei Abhandlungen über die aristotelische Theorie des Dramas,[22]较为系统地阐述了用医学观点解释 katharsis 的理论依据,确立了"宣泄论"的权威。

当然,即使对权威,挑战也是允许的。学术的活力在于百家争鸣,推陈出新。S. H. 布切尔认为《诗学》第 6 章中的 katharsis 是亚里士多德艺术理论中的一部分,它代表了一条艺术原则。[23] Katharsis 的作用不仅限于对怜悯和恐惧的疏导,作为一种艺术手段,它还能给观众以美的享受。[24]G. F. 埃尔斯建议从分析悲剧的内在结构入手解释 katharsis。他的研究表明,katharsis 是悲剧内在结构中的重要一环:pathos—hamartia—anagnōrisis—katharsis。[25]利昂·戈尔登(Leon Golden)主张"另辟蹊径",将 katharsis 解作 intellectual clarification。[26]哈维·戈尔德斯坦(Harvey Goldstein)认为,katharsis 是一个"提炼"或"精炼"的过程:作为原材料的怜悯和恐惧,只有经过 katharsis 的"筛选",才能具备审美的价值。[27]

【注释】

1 动词 kathairō,词根意思为"纯净"(另参考注 15)。Walter Burkert 写道,

希腊词 kathairein(kathairō 的现在时不定式)可能来自闪米特词 qtr,后者指宗教仪式中的熏烟(*Greek Religion*, translated by John Raffan, Cambridge (Massachusetts): Harvard University Press, 1985, p. 76)。像其他以-sis 结尾的名词一样,katharsis 包含行动或过程之意(另参考附录"Mimēsis"注 1)。

2 参考 Teddy Brunius, *Inspiration and Katharsis*, Uppsala: Almquist and Wiksell 1966, p. 71。最先运用净化疗法的是阿斯克勒庇俄斯(西塞罗《论神之性质》(*De Natura Deorum* 3.22.57))。

3 净涤的对象可以是人(包括肉体和心灵),亦可以是器物和场所,如受过玷污的神像、住所和庙宇等(参考第 14 章注 12,第 17 章第 26 行(1445^b15))。Katharsis 有时可作"净罪"解。

4 片断 26。

5 伊安比利科斯《毕达哥拉斯传》(*Vita Pythagorae* 或 *Peri tou Puthagorikou Biou*)110。

6 Orpheus 宗教的主要内容包括:(一)强调灵魂和肉体的抗争;(二)灵魂优于肉体,肉体是灵魂的"监狱"(所以灵魂需要净涤);(三)只有通过节制和苦行才能赎救灵魂,使之找回失去的纯洁。

7 67C—D,69C—D,114C。比较色诺芬《讨论会》1.4。

8 参考《智者篇》226Dff.。

9 在亚氏的论著中,"卡沙西斯"常可作医学或生理学意义上的"净化"或近似的意思解(参考《物理学》2.3.194^b36;《动物研究》6.13.572^b30ff.;《论动物的生长》1.1,727^a14,$^b14$ff.;《形而上学》5.2.1013^b1)。

10 《修辞学》2.5.1382^a21—22,2.8.1385^b13—15。

11 柏拉图认为诗迎合和诱发了一些本来应该受到遏制的情感(《国家篇》10.606A,另参考附录十三第 15—18 段(第 265—267 页))。在另外一些场合,柏拉图亦指出过"因势利导"的作用(参考注 21)。

12 见《尼各马可斯伦理学》2.6.1106^{b}16—23。

13 7.12.1152^{b}31—34，7.14.1154^{b}17—19。

14 《政治学》8.7.1342^{a}5—16。在8.7里，亚氏答应在论诗时解释katharsis（另见“引言”第18段（第9页））。由于在现存的《诗学》中找不到这一解释，长期以来，专家们为探求katharsis的确切含义颇费了一番心血。

15 根据Henry Liddell和Robert Scott编纂的*A Greek-English Lexicon*（Oxford，1940），动词kathairō（参考注1）还可表示“修剪”（树枝等）的意思。“修剪”不仅指除去无用或有害的部分，而且还包含为修剪对象“整形”之义（另参考Louis Moulinier，*Le pur et l'impur dans la pensée des Grecs d'Homère à Aristote*，Paris，1952；W. B. Stanford，“On a Recent Interpretation of the Tragic Katharsis”，*Hermathema* 85（1955），pp. 52—56）。

16 参考柏拉图《伊昂篇》534A，《欧苏代摩斯篇》277D。

17 《政治学》8.7.1342^{a}8—9。

18 参见“引言”第15段（第7—8页）。

19 公元前四世纪以后，katharsis及其同根词仍不时出现在学者文人的著述中。普鲁塔耳科斯、阿里斯泰得斯、昆提利阿努斯等在论及音乐时用过此类词汇，伊安比利科斯和普罗克洛斯（Proklos）在谈论戏剧和文艺时也提及过“卡沙西斯”的作用。普鲁塔耳科斯称送葬时唱的挽歌是一种“卡沙西斯”，伊安比利科斯认为“卡沙西斯”可以调节人的情绪，因为人的情感需要宣泄的渠道。地理学家斯特拉堡曾提及过大海的自我净化功能，即通过激浪把脏物推向海岸。

20 另参考S. P. Sen. Gupta，*Some Problems of Aristotle's Poetics*，Pustakam，1966，p. 62。

21 参考：欲催婴儿入睡，母亲们不是让他们躺着不动，而是抱着他们左右摇晃；她们不是保持沉默，而是哼起动听的催眠曲——正如对神情不安的人，祭司不是让他们安坐静室，因是用音乐和舞蹈进行因势利导一样（柏拉图《法律篇》7.790C—E）。

22 “关于亚里士多德戏剧理论的两篇论文”。十九世纪初，蒂里特从同样的角度解释过 katharsis。H. Weil 于 1847 年发表了“Ueber die Wirkung der Tragödie nach Aristoteles”，此文探讨了悲剧的功用与医学上的宣泄及净化的相似之处。

23 参见 *Aristotle's Theory of Poetry and Fine Art*，New，York：Dover Publications，1951，p. 253。

24 同上，p. 255。

25 参见 *Aristotle's Poetics*：*The Argument*，Cambridge（Massachusetts）：Harvard University Press，1957，p. 445。

26 戈尔登认为伯内斯忽略了 katharsis 亦可作 intellectual clarification 解的可能性（详见“The Purgation Theory of Catharsis”，*Journal of Aesthetics and Art Criticism* 31（1973），p. 474）。据戈尔登考证，副词 katharōs 常作 intellectual catharsis 解，而形容词 katharos 亦可作如是解（详见“Catharsis”，*Transactions of the American Philological Association* 93（1962），pp. 145—153）。Katharos 的用途比较广泛：希罗多德用它形容“干净的”水，“鲜白的”面包，“纯真的”黄金；柏拉图用它指“不掺杂的”仇恨；亚里士多德用它表示“清晰的”声音（见 H. D. F. Kitto，“Catharsis”，*The Classical Tradition*，edited by Luitpold Wallach，Ithaca：Cornell University Press，1966，p. 140）。

27 详见“Mimesis and Catharsis Reexamined”，*Journal of Aesthetics and Art Criticism* 24（1966），pp. 567—577。

（七）Tekhnē

希腊哲学区分了绝对存在和暂息存在（genesis），也区别了“变”和“不变”以及“可变”和“不可变”。绝对存在是一种概念式的存在，其最高表现形式体现为神（或某种有同等支配力和仲裁权的超自然的力量）的存在。希腊人是糊涂的，他们把迷信当作科学；希腊人又是绝顶聪明的，他们以自认为可行的方式把宗教和科学统一在一种以研究世界和宇宙中的本质问题为宗旨的学问里。希腊人很早便开始了对物质世界以外的“存在”的探究，并相当自然地把巫师的玄学“改造”成了哲学中的形而上学。[1]暂息存在包括事物的生和灭以及它们的发展过程和各种形态变化，因此是在本质上不同于以不变和永恒为特征的绝对存在的另一种存在。

泛指的 genesis 可以是一种自然现象（如自然界中生物的繁衍），也可以是一种人为的现象（如制作用品和器具）。自然界中的生成叫“生长”，人工的生成（或生产）叫“制造”。自然界的生成依循本身的规律，人工的生产靠的是技艺（tekhnē，复数 tekhnai）的指导。[2] Tekhnē 首先是一种制作或促成力量，它之理想的活动范围是需要和可以接受促动的物质世界。古希腊人认识到生成是一种普遍现象，也知道 tekhnai 是方便和充实生活的“工具”，但是，他们没有用不同的词汇严格区分我们今天所说的“技术”和“艺术”。Tekhnē 是个笼统的术语，既指技术和技艺，亦指工艺和艺术，[3]正如 tekhnitēs、kheirotekhnēs 或 dēmiourgos 既可指雕塑家，亦可指矿工、采石工或建筑师一样。[4]作为技艺，tekhnē 的目的是生产有实用价值的器具；[5]作为艺术，tekhnē 的目的是生产供人欣赏的作品。事实上，在古希腊人看来，任何受人控制的有目的的生成、维系、改良和促进活动都是包含 tekhnē 的活动。辩说家普罗塔哥拉斯说过，教育公民是一种艺术，即政治艺术。[6]苏格拉底的工作是“照料人的灵魂”(therapeia psukhēs)，而这也是一种 tekhnē。[7]

Tekhnē 是理性和“归纳”的产物。从这个意义上来说，tekhnē 不仅是具某种性质和功用的行动，而且是指导行动的知识本身。柏拉图知道，tekhnē 包含知识；因此，他有时不那么重视区分 tekhnē 和 epistēmē(“系统知识”、“科学知识”)的不同。[8]他认为，tekhnē 和 epistēmē 都高于一般的经验(empeiria)。尽管 tekhnē 的实施过程可能包含对经验的运用，但经验没有 tekhnē 的精度(akribeia)。[9]经验倾向于排斥技艺(atekhnos)。从理论的高度来分析，tekhnē 是一种审核的原则，一种尺度和标准。盲目的、不受规则和规范制约的行动是没有 tekhnē 可言的。Tekhnē 是一种摆脱了盲目和蛮干的力量。当然，和自然(phusis)相比，tekhnē 的能量要小得多。Tekhnē 是自然的“帮手”或“助手”——医术、体育、政治、立法、耕作和养殖等技艺，从一开始就为自然和生活提供了有益的帮助。[10]

和 epistēmē 一样，tekhnē 也有两个“对立面”，一个是无知(agnoia)，另一个是灵感(epipnoia)。无知排斥技艺，灵感藐视技艺。灵感是有别于自然和技艺的另一种可以产生(可感觉到的)“效果”的力量——不同之处在于灵感的运作过程不像自然的运作过程那样可以接受理智和常识的解释。柏拉图相信，诗是灵感的产物,做诗是一种需要激情,需要冲动,不是用理智可以阐释的精神活动。苏格拉底说,写诗不靠 sophia,[11]因为它是一个“自然过程”(phusei tini)。[12]灵感和技艺是难以调和的。诗人是有灵性和悟察力极强的人,他们在诵诗时靠的不是 tekhnē,而是神灵的启示和点拨。[13]

在承认 tekhnē 是一种知识的同时,柏拉图也清醒地意识到它的局限性。Tekhnē 只是经验的总结,而经验并不一定总是正确的。从这个意义上来说,tekhnē 还不是经过哲学纯化的知识。较为可靠的知识是 epistēmē。Epistēmē 有自己的系统并且经过纯度较高的理论抽象,因而不同于一般人的“意见”或“正确的看法”(orthē doxa)。作为一种科学的算术不同于木匠所掌握的算术知识,因为后者所针对的只是可用数字计量的物体,而不是数字本身。[14]对“真形”世界,即超越物质的概念世界的阐释,需要一种高于 tekhnē 的知识。“形”,或终极化的现实,代表了知识的最完美的表现形态,对它的解释就连数字也难以完全胜任。只有通过分辨或辩证分析(dia legein),才可能获取对终极现实或“真形”平面上的现实的较为深刻的认识。[15]

亚里士多德是一位具有惊人的宏观控制能力的思想家。他比当时的任何人都更注重知识的系统性。他的研究加大了知识的纵深,增强了知识的横向联系,令人信服地证明了在大作业面上系统地进行哲学思辨的可能性。亚里士多德认真地研究过自然和技艺以及二者之间的关系。亚氏认为,自然和技艺是两个有目的的运作实体,它们的活动依循了相似的方式和原则。[16]自然和技艺都具有生成的能力,因而都可凭借事物本身的潜力或潜在属性进行符合规律的变形或改变状态的活动。所以,和自然中的力一样,tekhnē 也是一种力,一种能量或动能(dunamis)。在某些上下文里,亚氏用 dunamis 取代了 tekhnē。

在亚里士多德哲学里,dunamis 的含义包括:(一)作用于它物或物体本身的运动或变化的动能,(二)物体之接受由它物引起的变化和本身的运动或变化的潜能,(三)导致上述变化的能力,(四)承受上述变化的能力。[17]亚氏把 dunamis 分作两类,一类是有生命或附属于生命的(如人的感觉和驱动力等),另一类是无生命的(如火)。有生命的 dunamis 又可分为理性的和无理性的两小类。包含理性的动能指(一)技能(tekhnē),(二)某种潜能,(三)思考。就产品而言,制作的动力来自制作者,其驱动因素或是思考(dianoia),或是技艺(tekhnē),或是某种潜能(dunamis)。就做成的事情而言,动因在当事者。[18]技艺和 dianoia 的不同,在于前者是一种有外在目的(如造船)的生产力量,而后者是一种内在的思维活动。Tekhnē 和狭义上的 dunamis 同属制作力量,但前者强调人的活动和制作过程的直接性。

受理性制约的动能有两个特点:(一)可能导致相反的结果,如医术可以治病,亦可能致病;鞋匠既可能做出优质的鞋子,亦可能做出质量低劣的鞋子。因此,技艺是具有双向功能的动能(dunamis tōn enantiōn)。[19](二)不是"天生的"——获取此类能力可通过两种途径,一种是实践(如练习吹奏),另一种是学习(如学习技艺)。[20]无理性的动能只能产生单向的结果,如热能只能生产热量。生来即有的能力一般是单向的,如眼睛(或视觉)只具看的功能。

Tekhnē 不仅是一种动能,而且还有相对稳定的属性。掌握某种技艺的人，不会在一夜之间忘却通过长期学习或实践得来的专门知识。从这个意义上来说，tekhnē 和 hexis 又有某种相似之处。Hexis（复数 hexeis）不是一般的"状态"（diathesis），而是一种更稳定、更不易接受变动的"常态"或"习惯"。[21] 人的心灵（一）可以处于表达情感（pathos）的状态，（二）具备产生和感受情感的能力（dunamis），（三）具备承受和处理情感的习惯（hexis）。在情感、能力和 hexis 三者中，hexis 是最基本和最稳定的因素。因此，评审心态美（aretē）最好不要凭借情感和能力，而应凭借更有代表性的心理常态。Hexis 最能表现心理的 aretē。[22] 也许是因为 tekhnē 具有某种"常态"或"习惯"的特点，亚氏在给它下定义时，称它是一种在理性原则指导下进行制作或生产的 hexis。[23] 亚里士多德注意到了心灵的运作和与之相关的"状态"之间的关系。心灵具有通过肯定和否定掌握真理的功能，而此种功能可以在下述五种"状态"中得到程度不等的发挥：（一）技艺（tekhnē）、（二）知识（epistēmē）、（三）实践知识（phronēsis）、（四）智慧（sophia）、（五）直觉推论（nous）。[24]

Tekhnē 的重要性不仅在于它的能量和功用，而且还在于他的"结构位置"。亚里士多德似乎要人们相信，在剖析知识的深层结构和说明认识的递进顺序时，忽视 tekhnē 的存在是不行的。亚里士多德的认识论有着明显的"循序渐进"的特点。他把获取知识看作是一个由表及里、由低级向高级、由具体知识向抽象的思辨知识发展的渐进过程。在《形而上学》里，他把认识的深化过程分作以下几个阶段：（一）感受（aisthēsis），（二）幻象（phantasia）（三）记忆（mneme），（四）经验（empeiria），（五）理解（hupolēpsis），（六）规则或技艺（tekhnē），（七）知识（epistēmē），（八）智慧（sophia）。技艺是对经验的总结，是从具体事例中归纳出来的、具有一般指导意义的规则或准则，是一种以群体和类别为工作对象的知识。技术或技巧是可以教授和学习的知识（logos），[25]而掌握此种知识的前提是切实做到对“原因”或“动因”（aition）的把握。因此，技艺高于经验，掌握技艺的人高于普通的有经验的工匠，因为前者不仅知道如何制作，而且知道为什么要这样制作，而后者却只知其然，不知其所以然。[26] Tekhnē 表现普遍性，epistēmē 解释和论证说明普遍性的原则或原理。鉴于二者的智能背景，亚氏经常混用或在同一个语境中合用这两个术语。[27]

当然，tekhnē 不是典型意义上的、无需接受任何必要限定的epistēmē。[28]亚氏曾严格区分过二者的含义和应用范畴。严格说来，epistēmē 是高层次上的思辨内容，是哲学家应该认真探求的知识及其构合形式。Epistēmē 包蕴自己的原则，但原则本身缺乏某种自我论证的能力（比如，原则本身无法证明为什么它们是原则），因为人们不能通过对其他事物的分析来实现对 epistēmē 的论证。因此，知识结构中还应该有一个特殊的成分，通过它人们可以直接感知到 epistēmē 的原则。亚里士多德称这个成分为 nous，即“直感知识”（intuitive knowledge）。Nous 和 epistēmē 的结合产生最高层次上的知识，即 sophia。由此可见，epistēmē 明显地高于tekhnē，前者是关于原则或原理的知识，后者是关于生产或制作的知识，前者针对永恒的存在，后者针对变动中的存在，[29]前者制约着人的哲学思考，后者制约着人的制作和生产。作为低层次上的知识的概括者，tekhnē 站在 empeiria 的肩上，眺望着 epistēmē 的

光彩。

应该承认,亚里士多德对 tekhnē 的系统化处理是比较成功的。经过"处理"的 tekhnē 已不再是一个孤立的、简单的概念——它在物理学中找到了自己的位置,在伦理学中看到了自己的存在,在认识论中意识到了自己的作用和价值。

荷马和黑西俄得都没有对技艺作过明确的划分。在荷马史诗里,诗人、医生、先知和木匠被统称为 dēmiourgoi("制作者"、"工作者")。[30]这些人都有一技之长,靠自己的手艺或本领谋生。公元前五世纪的辩说家们区分了两类技艺,一类为应用性技艺(如建筑),另一类为娱乐性技艺(如绘画),前者满足生活的必需,后者增添生活的情趣;前者服务于生活,后者充实生活。[31]

在如何区分技艺方面,柏拉图做过一些值得肯定的努力和探索。在《高尔吉阿斯篇》里,他区分了以行动为标志的技艺(如绘画、雕塑等)和以词或符号为标志的技艺(如算术、天文学等)。[32]在《菲勒波斯篇》里,他把音乐、医术和农业等归为一类,把木工(或建造)归为另一类,并指出后者具有更高的精度。[33]在《政治家篇》里,他似乎着意于区别应用性技艺和所谓的智能技艺或"纯技艺"。[34]在《智者篇》和《政治家篇》里,柏拉图列举了如下三类技艺:(一)获取(如贸易、狩猎等),[35](二)分离(如苏格拉底的"盘问"),[36](三)生产或制作(包括"形象"的制作)。[37]"获取"包括对可用于实践(如建筑)和理论研究的知识的汲取。理论活动包括"指导"(epitaktikē,如政治)及"评论"或"评判"(kritikē);评论的主要内容包括"计算"(logistikē)。[38]柏拉图对技艺的论述散见在《高尔吉阿斯篇》、《会饮篇》、《国家篇》、《智者篇》、《政治家篇》、《菲勒波斯篇》等多篇重要的对话里。由于内容复杂，分析角度多变，加上其他一些因素，[39]我们似乎很难把他所论及的技艺塞进少数几个“框框”里。但是，如果必须这么做的话，我们认为“度量”、“摹仿”、“生产”、“辅佐”、“理论”等是概括面较宽的门类名称。柏拉图把诗、音乐、舞蹈、绘画、雕塑和戏剧等统称为“摹仿艺术”(mimētikai tekhnai)，这一划分无疑是有意义的，尽管在他看来，农人、工匠、政治家和哲学家的工作也都带有摹仿的性质。[40]

亚里士多德明确区分了“做”(或“行动”)和“制作”(或“制造”)。[41]根据这一基本认识，他把技艺分作两类，一类与人的行动有关(即“做”什么，如农业和医术)，另一类与人的制作有关(如生产鞋子和绘画)。制作分两类，一类生产各种器具和用品，另一类则以声音、节奏、音调、语言和色彩等摹仿自然和生活。和柏拉图一样，亚氏对技术和艺术的不同是有所悟觉的。在《形而上学》里，他区分了生产生活必需品的技艺和提供消遣的技艺并认为后者优于前者，因为后者的目的超越了满足物质生活的需要。[42]人们从事娱乐活动是为了追求娱乐以外的目的，即使身心得到休息，以便继续工作。[43]生活包括娱乐(anapausis)，而娱乐的一种方式是轻松的(meta paidias)谈笑。[44]音乐有教育、提供娱乐、平衡心态和供人欣赏的功用。[45]在《诗学》里，亚氏称史诗、悲剧、喜剧和狄苏朗勃斯等为“摹仿”(mimēseis)。[46]

柏拉图和亚里士多德都是技艺等级论者。在他们看来，政治或管理城邦事务和组织城邦生活的艺术是理所当然的技艺之“王”。[47]亚里士多德偶尔也会对这位“统领”的权威提出一点质疑，[48]但这不是对政治的统领地位的有意识的、以系统理论为依据的挑战。

【注释】

1 尽管如此，他们却没有用过“形而上学”一词。亚里士多德的《形而上学》在当时仅是一些没有名称的手稿，公元前三世纪和以后的评论家们称之为 *meta ta phusika*。后世的校订者将书稿汇编成书，取名为 *tameta ta phusika biblia*。一般认为，最早使用这一书名的是罗德斯人安德罗尼科斯。形而上学是一门以研究物质世界以外的存在或现象为宗旨的学问，亚里士多德称之为“第一哲学”或“神学”。

2 希腊词 tekhnē 来自印欧语词干 tekhn-，后者表示“木制品”或“木工”。比较梵语词 taksan（“木工”、“建造者”），赫梯语词 takkss-（“连合”、“建造”），拉丁语词 texere（“编织”、“制造”）。

3 因此既可指制鞋，亦可指绘画。

4 Alison Burford, *Craftsmen in Greek and Roman Society*, London: Thames and Hudson, 1972, p. 14. 诗人和雕塑家只不过是一些高级的 tekhnitai（“工匠”）而已（E. E. Sikes, *The Greek View of Poetry*, New York: Barnes and Noble, 1969, p. 23）。

5 是否具实用价值是古希腊人审美的一条标准。苏格拉底在《大希庇阿斯篇》里说道，任何有用的东西都是美的（kalon）。另参考《高尔吉阿斯篇》474D，《普罗塔哥拉斯篇》358B，《梅农篇》87D—E。一只装粪的篮子，若很实用，便是美的。反之，即使是一面金质的盾牌，若不敷实用，也是丑的（详见色诺芬《回忆录》（*Memorabilia*）3. 8. 4—7）。

6 《普罗塔哥拉斯篇》319A。

7 《拉凯斯篇》185E。英语中找不到一个和 tekhnē 完全对应的词（W. K.

C. Guthrie, *A History of Greek Philosophy*, volume 1, Cambridge: Cambridge University Press, 1962, reprinted 1977, p. 115)。

8 参考《智者篇》257D,《伊昂篇》537D—E 和 538B 等处。

9 参考《高尔吉阿斯篇》501A,《法伊德罗斯篇》260E。

10 《法律篇》10. 889D。

11 在荷马和黑西俄得的作品里,sophia 指"本领"或"技艺",和 tekhnē 没有实质性的区别(参见《伊利亚特》15. 412,《农作和日子》649)。同样的用法亦见之于索隆、瑟俄格尼斯(Theognis)、阿那克瑞恩(Anakreōn)和西蒙尼得斯(Simōnidēs)等人的作品中。懂行的木匠、高明的医生、骑手和诗人都有各自的 sophia(参考 C. M. Bowra, *Landmarks in Greek Literature*, London: Weidenfield and Nicolson, 1966, p. 16)。在公元前五世纪末至公元前四世纪,掌握了 sophia 的诗人已不再是一般的能够娴熟地使用某种技巧的艺人,而是有学问的智者(G. M. A. Grube, *The Greek and Roman Critics*, London: Methuen, 1965, p. 47)。当然,诗人的 sophia 和哲学意义上的 sophia 是有所不同的。

12 《辩护篇》22C。

13 详见《伊昂篇》533Eff. 。另参考附录十三第 5 7 段。

14 《菲勒波斯篇》56D。

15 参考同上,58Aff. 等处。

16 详见附录"Mimēsis"第 15—16 段(第 211—212 页)。

17 参见《形而上学》5. 12. 1019^{a}15ff. 。

18 参见同上,6. 1. 1025^{b}22—24, 7. 7. 1032^{a}27—28,9. 2. 1046^{b}2 等处。

19 同上,9. 2. 1046^{b}4—7,另参考 9. 5. 1048^{a}2—10。

20 同上,11. 5. 1047^{b}32—33。另参考注 22。

21 表示"习惯"的另一个希腊词是 ethos,和 ēthos 同源(参考第 2 章注 3)。

22 《尼各马可斯伦理学》2. 5. 1105^{b}19ff. 。Tekhnē 和 aretē 的另一个相似之

处是它们的习得途径：人们通过学习和实践掌握技艺；同样，人们通过接受教育和实践分别习得智能美德和伦理美德（同上，2. 1. 1103^{a}14—17）。当然，无论就本身所包含的内容还是各自的涉及面而言，tekhnē 和 aretē 的区别都是显而易见的（同上，2. 4. 1105^{a}26—34）。

23 同上，6. 4. 1140^{a}7，20—21。

24 同上，6. 3. 1139^{b}15—17。

25 制作活动可能在下述两种情况下进入误区：（一）不受任何 logos 的指导，（二）受到一种错误的或似是而非的 logos 的指导。

26 详见《形而上学》1. 1. 981^{a}24—^{b}6。工程的指导者高于实际操作者，前者的任务是指导，后者的任务是实干（另参考柏拉图《政治家篇》259E）。但是，经验并不是无用的。在具体的生产活动中，empeiria 的作用不小于 tekhnē；事实上，经验丰富的人有时可以比空头理论家干得更出色（同上，1. 1. 981^{a}13—16）。

27 参考《分析论》1. 30. 46^{a}22，《修辞学》1. 2. 1355^{b}31，1. 6. 1362^{b}26，1. 19. 1392^{a}24。

28 亚氏常用 epistēmē 指思辨的或（在 nous 的协助下）可以实现自我论证的知识，有时亦用 epistēmē 取代 epistēmē theoretikē，以区别于实践科学和制作科学（参考《尼各马可斯伦理学》6. 3. 1139^{b}）。

29 《分析续论》2. 19. 100^{a}9。

30 《奥德赛》17. 383—385。

31 这一划分对后世产生过重大的影响。普鲁塔耳科斯区分了三种技艺，即除了这里提到的两种外，增加了一种“有助于完善”的技艺，包括自然科学、数学和天文学。古希腊人重脑力而轻视体力劳动。他们很早便有了按“高雅”和“粗俗”区分技艺的意识。罗马人继承了这一传统，较为明确地把技艺分作“自由的”和“粗俗的”两类。伽勒努斯（Claudius Galenus，约 129—199 年）笔下的“自由技艺”包括修辞、几何、算术、天文和音乐

（在今天看来，只有音乐才是严格意义上的艺术）。伽勒努斯没有明确说明绘画和雕塑的类别——“如果愿意的话，可以把它们看作自由技艺”（详见“Classification of Arts in Antiquity”, *Journal of the History of Ideas* 24(1963), pp. 233—234)。

32 450C—D。

33 参见 55E—56C。

34 258E。

35 《智者篇》219C—D。

36 同上，226ff.。

37 参考同上，235Bff.，266C—D 等处。

38 《政治家篇》260B, 259E。

39 柏拉图所用的术语有时不尽一致，对具体技艺的归类有时亦不很明确，比如《政治家篇》中的实践艺术可能包括某些根据《智者篇》219B 和 265B 中的叙述似应归属于生产技艺的项目。

40 参考附录“Mimēsis”第 8 段。

41 另参考“引言”第 8 段。

42 1.1.981^{b}18—20。供人消遣的艺术可能包括但不等同于摹仿艺术，即我们今天所说的“艺术”。

43 参考《尼各马可斯伦理学》10.6.1176^{b}30ff.。

44 同上，4.8.1127^{b}33—34。

45 《政治学》8.5.1139^{a}11ff.，8.7.1341^{b}34ff.。

46 《诗学》译文第 1 章第 5—6 行。

47 《政治家篇》305C—E，《尼各马可斯伦理学》1.1.1094^{a}25—^{b}10。

48 参考《诗学》第 25 章第 9 行。

（八）史诗

史诗（epos，epē，epopoiia）是一种古老的诗歌形式，其产生年代早于一般的或现存的希腊抒情诗和悲剧。希腊史诗的前身可能是某种以描述神和英雄们的活动和业绩为主的原始的叙事诗。[1]希腊史诗的形成很可能在某种程度上受过美索不达米亚文化的影响。在某些细节上，《伊利亚特》，尤其是《奥德赛》，和苏美尔史诗《吉尔伽美什》（*Gilgamesh*，作于公元前两千年左右）有着值得注意的相似之处。早期的史诗是一种诵唱艺术，其伴奏乐器是竖琴。[2]吟游诗人出没在宫廷、庙宇和军营等场所，唱诵代代相传的诗篇。至公元前六世纪末，荷马史诗已是希腊地区（包括"殖民地"或"移民区"）家喻户晓的"经典"。大约在前 800 至前 550 年间，希腊诗人还作过一批叙事诗，以后被统称为"系列史诗"（epikos kuklos），包括《诗学》中提到的《库普利亚》和《小伊利亚特》等。希腊史诗的标准格律是六音步长短短格。亚里士多德认为，史诗是严肃文学的承上启下者，[3]具有庄重、容量大、内容丰富等特点。[4]

【注释】

1 参考《伊利亚特》9.189。

2 另参考第 1 章注 11。

3 参见《诗学》译文第 4 章第 17—19 和第 30—31 行。

4 参见同上，第 18 章第 22 行，第 24 章第 17—18 及第 22 行。

(九)悲剧

Tragōidia,通译作悲剧,字面意思为“山羊歌”。[1]关于名称的由来,解释不一而足,如因为(一)比赛的奖品是山羊,[2](二)演出时歌队围绕着作为祭品的山羊,[3](三)歌队由扮作山羊的萨图罗斯组成(在阿提开地区,马尾和马耳似是歌队成员常用的系戴物)。

据《舒达》记载,公元前600年左右,科林索斯诗人阿里昂(Ariōn)在写作时用了 tragikos tropos。[4]据信索隆(阿里昂的同时代人)说过,阿里昂是写作悲剧或具悲剧性质的作品(drama tēs tragōidias)的第一人。《舒达》中还提到一位名叫厄庇革奈斯(Epigenēs)的西库昂人,并说此人最早写作了与狄俄尼索斯的经历无关的合唱歌。[5]据希罗多德记载,西库昂独裁者克雷塞奈斯(Kleisthenēs)在执政期间(前600—570年)改变了当地的 tragikoi khoroi 的庆祭对象,即由原来的阿德拉斯托斯(Adrastos)改为狄俄尼索斯。[6]典型意义上的悲剧大概产生在雅典。公元前534年,悲剧首次正式成为狄俄尼索斯庆祭活动的一部分。

在公元前五世纪的雅典,包容戏剧比赛的较为隆重的庆祭活动每年举行三次,即“城市狄俄努西亚”、[7]“乡村狄俄努西亚”和“莱那亚”。城市狄俄努西亚戏剧比赛历时三天,每天上演一位诗人的三出悲剧和一出萨图罗斯剧(可由悲剧替代;埃斯库罗斯常以连剧参赛)。[8]至公元前四世纪中叶,除第一天外,其后的比赛中不再加演萨图罗斯剧。

【注释】

1 比较 tragos,“山羊”;ōidē,“歌”。

2 瑟斯庇斯在城市狄俄努西亚庆祭活动中举行的第一次悲剧比赛(公元前534年)中夺魁,奖品是一头山羊。

3 据厄拉托塞奈斯(Eratosthenēs,约公元前275—194年)所述,伊卡里亚(Ikaria)人首创围着山羊跳舞的活动,但他没有说明庆祭仪式的性质(A. W. Pickard-Cambridge, *Dithyramb, Tragedy and Comedy*, second edition, revised by T. B. L. Webster, Oxford: Clarendon, 1962. p. 123)。

4 可能指某种后来为悲剧所吸收的音乐形式或处理音调的方式。

5 和厄庇革奈斯相比,瑟斯庇斯只能算作第十六位悲剧诗人(依时间先后而论)。

6 《历史》5.67。Tragikoi khoroi 指一种合唱,内容以描述阿德拉斯托斯所遭受的苦难为主。另参考《诗学》第4章中的有关论述。

7 始于三月底,历时六天。另参考第3章注15。

8 每天亦上演一出喜剧,时间在黄昏以后(参考 W. E. Sweet, *Sport and Recreation in Ancient Greece*, New York: Oxford University Press, 1987, p. 194)。

（十）喜剧

喜剧(kōmōidia)的萌芽形式很早便出现在多里斯人居住的伯罗奔尼撒地区。在公元前五世纪,希腊人较为熟悉的喜剧分两种,一种活跃在西西里,其代表作家是厄庇卡耳摩斯,另一种出现在阿提开地区,即所谓的"旧喜剧"。阿提开喜剧的形成可能亦多少得力于当地的一种半戏剧性的 kōmos。[1] 西西里喜剧不带歌队,情节中较少人身攻击和政治讽刺一类的内容。厄庇卡耳摩斯去世后,此种艺术逐渐被拟剧所代替。阿提开喜剧带歌队,具较为浓烈的讽刺和政评色彩。此种艺术于公元前 486 年获雅典官方承认,成为狄俄尼索斯庆祭活动中的一个比赛项目。喜剧(比赛)大约在前 441—440 年进入莱那亚。阿里斯托芬的作品可能代表了旧喜剧的最高成就。一般认为,旧喜剧的结构成分包括 prologos("开场白")、parodos("歌队入场")、agōn("辩论")、parabasis("向前")、[2] epeisodia("场")和 exodos("终场")。旧喜剧逐渐走向衰亡后,其地位先后被中期喜剧(约前 400—323 年)和新喜剧(约前 323—263 年)所取代。

【注释】

1 在其他地区,kōmos 一般是非戏剧性的,也就是说,狂欢者们仅以自己、而不是剧中人的身份参加活动。Kōmos 的庆祭对象是巴科斯(即狄俄尼索斯）。有一种意见认为，kōmōidia（“喜剧”）原意为 comus-song。比较《诗学》译文第 3 章第 12—20 行，第 4 章第 39 行。

2 Agōn 结束后，所有的角色退出舞台。此时歌队“向前”（开始表演），其领队开始用四音步短短长格述诵诗行。

（十一）狄苏朗勃斯

Dithurambos 可能是个包含外来成分的词汇。从现存的资料来看，早在公元前七世纪即已有人使用这个词。[1]狄苏朗勃斯起源于祀祭酒神狄俄尼索斯的活动，内容以讲述狄氏的出生、经历和所遭受的苦难为主。[2]公元前 600 年左右，阿里昂对当时的狄苏朗勃斯进行了改革，突出了内容的完整性和连贯性。他还明确地把合唱分为 strophē 和 antistrophē，并率先给作品起了具体的名称。[3]赫耳弥俄内（Hermionē）的拉索斯（Lasos，约出生在前 548—545 年间）将狄苏朗勃斯引入雅典。不久后，这一艺术形式即被列为狄俄尼索斯庆祭活动中的一个比赛项目。[4]比赛以 dēmoi（“村社”）为单位进行，每个 dēmos 出一个由五十名成员组成的歌队。[5]至迟在公元前五世纪，狄苏朗勃斯的内容已不再为狄俄尼索斯的经历所“垄断”。前 470 年后，墨拉尼庇得斯（Melanippidēs）、菲洛克塞诺斯和提摩瑟俄斯等诗人在作品中加大了音乐的比重，使它的作用超过了语言。其后，改革者们启用了豪华、生硬的词语，引入了独唱，取消了 antistrophē。[6]从公元前四世纪下半叶起，狄苏朗勃斯开始逐渐失去昔日的风采。在追溯悲剧的发展时，亚里士多德肯定了狄苏朗勃斯的贡献。[7]

【注释】

1　阿耳基洛科斯 片断 77。

2 柏拉图《法律篇》3.700B。

3 希罗多德《历史》1.23。

4 据说首次比赛在公元前509—508年间举行，得胜诗人是卡尔基斯(Khalkis)的呼珀底科斯(Hupodikos)。在雅典，狄苏朗勃斯比赛每年举行两次，一次在城市狄俄努西亚，另一次在莱那亚。西蒙尼得斯(约前556—468年)或许是最成功和最受欢迎的狄苏朗勃斯诗人，曾五十六次获奖。

5 关于演出时的排列队形，参考第4章注36。

6 另参考第26章注4。

7 参见《诗学》译文第4章第38行。

（十二）历史

希腊民族是个注重历史的民族。古希腊人采用了“多样化”的记事形式，归纳起来大概有如下几种。（一）家谱或家族史：主要记载神的家族成员、辈分、派系以及和神有“关联”的家族的历史。（二）编年史：记载发生在希腊各邦国内的重大事变，如王位更迭、官员变动等。（三）地方志：记载某个地区或邦国的资源、民俗、宪政等方面的情况以及发生在该地的重大事件。（四）民族志：主要描述外民族的历史渊源、人情地貌、生活习性等。（五）传记：描述著名人物的生平。（六）历史（historia）。[1]当然，实际的划分不可能非常严格；历史和编年史可以使用同一条资料，地方志也绝非不能提及发生在其他地方的事情。希罗多德的《历史》（*Historiai*）既包括人种学、民俗学等方面的知识，也为研究宪政学和战争史的学者提供了宝贵的资料。

Historia 的词根意思是“看”或（通过看而达到）“知”。这一意思仍保留在动词 histōr（“判断”）里。Historia 包含通过分析和辨察掌握信息的意思，可作“探究”、“查询”解。赫拉克利特称毕达哥拉斯的研究为 historia，并称从事 historia 的人为“探究者”。[2]在公元前五世纪，historia 指一种记叙形式，一种有意义的探究或探索。[3]希腊文学史专家克罗赛（Alfred Croiset）盛赞用 historia 指一种记叙文学是一次“文学革命”。R. G. 科林伍德指出，正是因为希罗多德用了这个词并充分地意识到了它的含义，才使他成为“历史之父”。[4]从公元前四世纪起，historia 可指对往事的记叙。史学家珀鲁比俄斯基本上确定了 historia 的这一用法，从而使该词专指一门记叙往事的学问或科学，即我们今天所说的“历史”。珀鲁比俄斯认为，历史和人物传记是两种关系比较密切的记叙形式，但前者应客观和公正地利用史料，后者则以歌颂为主。尽管包括柏拉图和亚里士多德在内的哲学家们都经常引用史实和典故，但从整体上来看，希腊哲学似乎倾向于低估历史的价值。苏格拉底和柏拉图没有鼓励学生去做历史学家，亚里士多德甚至认为历史的哲学可塑性还比不上柏拉图“声讨”过的诗。

亚里士多德认为，历史和诗至少有如下三点区别。(一)历史记述已经发生的事，而诗描述可能发生的事；(二)历史记载具体事件，诗则着意于反映事物的普遍性；(三)历史叙述一个时期内发生的所有事情，[5]诗却意在摹仿完整的行动。历史把事实变成文字，把行动付诸叙述，把已经发生的事变成记载中的事。历史取之于具体的事例，还之于具体的记载，从这种由具体到具体的形式变动中看不到历史的哲学可塑性。与之相比，诗取材于具体的事件，却还之于能反映普遍性和因果关系的情节。[6]诗是一种“积极”的艺术，诗人的工作具有可贵的主动性。

今天的历史学家或许不会或很难同意历史是一部“流水账”的观点。他们知道，好的历史著作不仅可以，而且应该表现普遍性和事变的因果关系。希罗多德的《历史》(即《希波战争史》)虽然远非尽如人意，但仍不失为一部拿得起、放得下的大家之作。《历史》描写了希波战争的起因和波斯人失败的原因，它的某些章节强调了骄纵(hubris)和不受制约的权力会导致灭亡的道理。希罗多德要人们认识到自身的局限性，学会正确地审时度势，在生活中时时注意防骄戒躁[7]——因为神要摧毁一个人，总是先让他头脑发热，忘乎所以。[8]《历史》包含了丰富的生活哲理。修昔底德在《伯罗奔尼撒战争史》中明确交待了战争的起因。"引发战争的真正原因"——他写道——"是拉凯代蒙人惧怕雅典人日益增强的实力"。[9]他告诫人们不要盲从诗人和说书人，因为前者倾向于夸张，而后者则意在取悦于人。修昔底德自以为他的结论是通过周密的分析得出的；作的作品不是"故事"(to muthōdēs)。[10]他笔下的人物说了在当时的情况和条件下"肯定会说的话"。[11]这位历史学家不无自豪地宣称，他的著述将为后人提供有益的借鉴；它的价值不在一时一世，而在永久。[12]

【注释】

1 Historia 的功用之一是记叙人的行动(参考《修辞学》1.4.1360^{a}36)。

2 注意，赫拉克利特不是在赞扬毕达哥拉斯。相反，赫拉克利特认为，通过 historia 得来的知识是一种骗人的学问。真正的知识只有通过对"自我"的剖析来获取(片断 125,35；另参考 W. K. C. Guthrie, *A History of Greek Philosophy*, volume 1, Cambridge: Cambridge University Press, 1962, reprinted 1977, p. 417)。

3 参考 C. B. Beye, *Ancient Greek Literature and Society*, second edition, Ithaca: Cornell University Press, 1987, p. 203；另参考 Alfred Croiset, *An Abridged History of Greek Literature*, translated by G. F. Heffelbower, New York: The Macmillan Company, 1904, p. 268。

4 参见 *The Idea of History*, Oxford: Clarendon Press, 1948, p. 19。

5 《诗学》译文第 23 章第 5—6 行。修昔底德去世后，色诺芬、克拉提珀斯（Kratippos）和瑟俄庞珀斯（Theopompos）等学者继续了他所未竟的事业（即从修氏辍笔处开始，续写 Hellēnika（"希腊史"））。对此种接续着写一段时期内发生的"一切事情"的做法（尽管事实并非如此），亚里士多德大概是熟悉的（参考 A. W. Gomme, *The Greek Attitude to Poetry and History*, Berkeley: University of California Press, 1954, p. 3）。

6 参见《诗学》第 9 章第 36 行，第 10 章第 6—7 行，第 15 章第 15—18 行；另参考第 23 章第 4—10 行等处。

7 参考《历史》1.32，3.39—43，7.10 等节段。

8 C. H. Whitman, *The Heroic Paradox*, Ithaca: Cornell University Press, 1982, p. 23.

9 《伯罗奔尼撒战争史》1.23.6。

10 同上，1.21.1。

11 参考 C. B. Beye, *Ancient Greek Literature and Society*（参见注 3），pp. 223—224。

12 《伯罗奔尼撒战争史》1.22.4。

（十三）柏拉图的诗学思想

年轻时代的柏拉图是一位颇有抱负的诗人。如果没有遇见苏格拉底并为他的谈论所吸引，柏拉图——正如他对索隆的评价那样——或许可以成为一位有造诣的诗人。[1]柏拉图从来没有完全挣脱过诗的诱惑。[2]诗的美，诗的遐想和神奇使他动情，使他兴奋，使他入迷。但是，柏拉图又是一位思想活跃、善于思考、勤于求索的哲人，他的论述涉及了哲学中的一些带根本性的问题，其中的某些观点即使在今天仍然不失其独特的魅力。

传统的希腊哲学认为，诗和哲学有着不同的工作范畴和对象。诗描绘一个变化中的、五光十色的、哲学的思辨终将予以扬弃的世界，而哲学揭示的则是一个静止的、永恒不变的、传统诗人笔下的境界无法与之媲美的世界。诗和哲学有着不同的企望和归向。诗和哲学——用柏拉图的话来说——是长期抗争的对手。[3]是沿着荷马的足迹走还是继续苏格拉底的事业，是迷恋于物质的美还是追求理念的（或"形"）的美，是轻松地摘取诗坛上的鲜花还是费力地攀登哲学的峰峦，柏拉图选择了后者。这位哲学家是个聪明人，他了解自己的希冀和潜力，意识到自己的责任和使命。

对公元前五世纪末以来诗与哲学"抗争"的形势，柏拉图所持的态度远不是乐观的。在他看来，诗人、演说家和诡辩学家的"进攻"已经呈现出咄咄逼人的势态。外来的诡辩学家们正在争得越来越多的听众，而喜剧诗人阿里斯托芬对哲学和苏格拉底的嘲弄，可以说已经达到了使哲学家们感到难堪的地步。与此同时，对诗歌谈不上有什么造诣的平民观众已在某种程度上取代了有教养的社会贤达，成了一支左右诗评的力量。[4]为了迎合观众的喜恶，诗人们不惜牺牲本来应该坚持的道德原则和艺术标准，用昂贵的代价换取廉价的掌声。[5]诗的"堕落"加深了柏拉图对它的戒心。

在实用主义思潮和世俗化的进攻面前，传统意义上的哲学面临着丢失"阵地"的危险。柏拉图知道，零敲碎打不能阻止诗的"进攻"，更不能使哲学在这场旷日持久的抗争中获得决定性的胜利。经验表明，诗绝不是一触即溃的败军。[6]哲学的"反击"必须以一种系统的理论为依据，必须以一个成熟的整体战略为指导，必须有一位懂诗而又"恨"诗的一流哲学家负责具体的筹划和协调。

柏拉图（或苏格拉底）对诗和诗人的批评开始于对诗的生产程序的审视，开始于对诗人的作用的怀疑，开始于对"知"和"无知"的思考。柏拉图认为，诗的性质是非理性的，诗的形成是被动的，对诗的运作的探索和理解是超越人的智能极限的。诗不是科学，因而也不受科学的检验；诗不是理性的产物，因而也不受理性的规束和制约。在生产诗的过程中看不到诗人的能动性和自主精神。柏拉图相信，神的点拨和启示是诗的源泉。没有神明的助佑，诗人很难有所作为。[7]诱人的诗篇来自缪斯花园里淌着蜜水的溪流。[8]当受到神的催动而诗兴大发时，诗人就像着了魔似地述诵起来。[9]诗的传播是一个"吸引"的过程。神用灵感的磁铁先把史诗诗人牢牢吸住，然后再通过诗的魅力吸引吟诵诗人，最后又通过吟诵诗人的如簧之舌吸引听众。[10]诗人的灵感神奇而富艺术色彩，但灵感是神赋的。所以，与其说诗人在使用灵感，倒不如说灵感在驱使诗人。诗的产生似乎不需要周密的思考，不需要理智的判断和精细的规划。

做诗凭灵感，靠直觉，而无需系统的知识和智慧。柏拉图并不否认诗可能具有某种积极的意义，但是他怀疑诗人有阐释作品的含义和评论作品的能力。[11]诗人对作品的理解甚至还赶不上普通的旁观者。[12]即使诗的内容是好的，诗人的理解力和能动性仍然是大可怀疑的，因为他们既不知道故事的来源，也不明白它们究竟好在哪里。诗人们迷迷惘惘，如痴似醉，完全听凭于灵感的驱使和摆布。他们的描述经常捉襟见肘，自相矛盾。[13]

理性的原则不能或不能令人满意地解释一种受灵感制导的运作过程。从某种意义上来说，灵感是盲目的，难以捉摸的，因而是排斥各种原理和不受规则制约的。诗人靠神赐的灵感，而不是靠技艺（tekhnē）诵诗。伊昂之所以能出色地诵说荷马史诗，不是得力于技巧，而是因为受到神的驱使。[14]技巧或技艺产生于经验和对经验的总结。一种技艺一经形成，便具有较强的针对性和较普遍的应用价值。技艺的形成意味着实践领域内的蛮干和盲目性的结束。诗人可能会有一些感性知识，但不能成为善于引申和归纳的理论家。他们不懂什么叫由此及彼，什么叫融会贯通，只能长期停留在“单打一”的水平上。擅写狄苏朗勃斯的写不好其他形式的合唱诗，擅写史诗的也写不出优秀的短长格诗。[15]伊昂承认只能流利地吟诵荷马史诗，而不善诵说其他诗人的作品。[16]诗人的知识是粗粝和肤浅的，他们只知道摹仿表象，而不知道如何抓住实质。倘若诗人真正掌握了某种有用的知识，他们就会身体力行地去实践，而不会仅仅满足于对现象的摹仿了。[17]

柏拉图从前人手里接过了祖传的“神赋论”[18]并巧妙地进行了

引申，即在重申灵感神赋的同时，突出强调了诗人的无知。柏拉图指出，人和器物之间的关系分三种，即（一）使用和被使用，（二）制作和被制作，（三）摹仿和被摹仿。三种关系包含了三种不同的知识，即（一）有关物品的性质和性能的知识，（二）有关制作的正确方法，（三）有关摹仿的粗浅认识。使用者的知识具有较高的价值，因为它说明和审定物品的质量；制作者的知识略次一些，因为它所包含的是一些理论性不高的技术内容；摹仿者（包括诗人）的“见识”最次，因为它只涉及事物的表象。[19]诗人的知识相当贫乏，这是可悲的。然而，更为可悲的是，诗人不仅没有意识到这一点，反而不合适地自尊为无所不知的通才。诗人以为，只要有了诗的软床，他们便可尽情享受自我膨胀的迷梦。[20]这是一种不应有的误会。诗人的无知是双重的：和工匠相比，他们缺乏有关制作的具体知识；和哲学家相比，他们不懂生活中的一个起码的道理，即真正的聪明人不会，也不应该掩饰自己的无知。

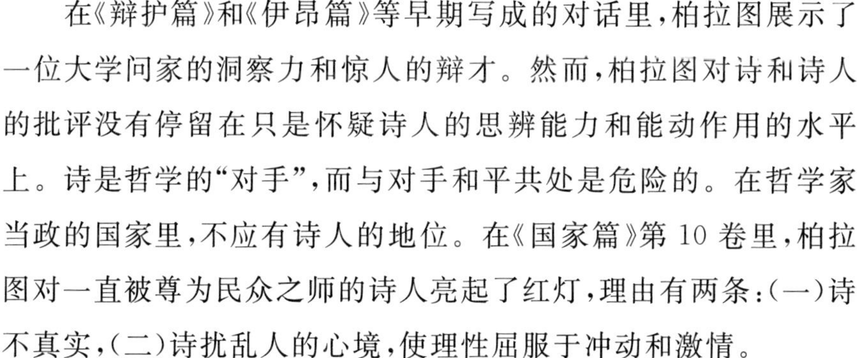

在《辩护篇》和《伊昂篇》等早期写成的对话里，柏拉图展示了一位大学问家的洞察力和惊人的辩才。然而，柏拉图对诗和诗人的批评没有停留在只是怀疑诗人的思辨能力和能动作用的水平上。诗是哲学的“对手”，而与对手和平共处是危险的。在哲学家当政的国家里，不应有诗人的地位。在《国家篇》第10卷里，柏拉图对一直被尊为民众之师的诗人亮起了红灯，理由有两条：（一）诗不真实，（二）诗扰乱人的心境，使理性屈服于冲动和激情。

我们知道，柏拉图创立了一种以“形”论为核心的本体论。和苏格拉底一样，柏拉图认为，在任何时候和任何情况下，理论总是比实践，概念总是比物质更接近于真理。实践不能实现“形”的全部内涵，物质也永远达不到概念的精度和纯度。“形”(eidos)是作为事物的典范和标准的存在。神创造“形”，[21]工匠摹仿“形”(或神造的产品)制作器物，而艺术家则只能摹仿事物的外形制作艺术品。艺术摹仿是对“形”的两度离异。[22]在《智者篇》里，柏拉图指出，神可以制作两类形态，一类是有实体的形态，另一类是对实体的摹仿形态，如梦、影子和幻象等。人间的工匠(包括艺术家)也可以制作两类形象，一类是“形”或样板的仿制品(如房屋)，另一类是对仿制品的再摹仿(如艺术作品中的房屋)。[23]显然，同现实相比，艺术就像它的影子一样。在柏拉图的本体论中，摹仿艺术提供的形象似乎和梦、影子和幻象等处在同一个层次上。艺术形象不是“形”，就像任何可见的形象不是“形”一样；艺术形象也不代表它所摹仿的具体的实物，而是实物的某种貌合神离的再现。诗，就如一抔黄土，在事物的山丘和“形”的高峰面前显得十分卑贱和渺小。“形”论在高视阔步地行走，把卑微的诗远远地抛在后面。

柏拉图认为，假如以掌握真理的多寡为标准，可以把人分为九等。第一等是哲学家(或缪斯的真正的追随者)，第六等才是诗人——诗人甚至还不如商贾和运动场上的竞技者。[24]诗人和哲学家在智能和素养诸方面的不同，决定了他们的工作层次的不同。柏拉图哲学把“美”放在如下七个层次上来分析：(一)美的人体，(二)多个美的人体，(三)所有美的人体，(四)美的心灵，(五)法律和社会组织的美，(六)知识的美，(七)美本身。[25]一般说来，包括诗人在内的艺术家只是接触到较低层次上的、具有较大和较直接的感官冲击力的美。诗人把远不够完美的现实世界作为自己的描述对象。他们沉迷在现实生活的庸庸碌碌里，以为生活的全部意义存在于世人所经受的酸甜苦辣之中。他们不懂“形”和现实的区别，不了解普遍和个别、永恒和瞬息的不同。诗人陶醉在美的花丛里，沉浸在掌声和名利所带来的喜悦中。在表象美的诱惑下，诗人忘却了“原形”世界的真善美。和诗人相比，哲学家的工作层次要高得多。真正的哲学家是一些具有献身精神的人；他们致力于对人和人的伦理意识的研究，孜孜不倦地从事对法和上层建筑的组合结构及其运作状态的探讨。他们亲身体验到求索带来的快感，毫不掩饰地表达了对绝对美的憧憬和热爱。哲学家不是趋附于世俗的芸芸众生（philodoxoi），而是一批勇敢无畏、心智开阔、胸怀坦荡的知识精英（philosophoi）。在有幸受到神明启示和驱使的人之中，只有哲学家才可能最终步入绝对真理的无限美妙的殿堂。[26]

柏拉图强烈反对传统故事的神学内涵以及它们所反映的伦理观念。他认为，如果说从“形”论的角度来看诗所描述的现象是不真实的，从神学和伦理学的角度来看，诗的描述不仅不真实，而且是虚假的。传统故事中充斥着误人子弟的“谎言”（pseudeis）。[27]黑西俄得笔下的神祇不仅相互间勾心斗角，而且不惜大动干戈，用野蛮的方式进行争权夺利的斗争。在荷马史诗里，神们好坏不分，我行我素，具有凡人所有的一切弱点。神行骗有方，形象多变。荷马、黑西俄得和悲剧诗人们是制造谎言的专家。[28]谎言腐蚀人的心智，迟钝人的判断力，最终将会把天真无邪、涉世不深的青少年引入歧途。因此，无论是青少年还是成年人都不应接触此类邪恶、有害和自相矛盾的故事。[29]

柏拉图认为，传统诗人“创造”了一种虚假的神学。诗人编造的谎言不仅毒害人的心灵，而且也不利于哲学家在传统哲学的基础上建立配套的形而上学，因为哲学不能同时承认神是至善至美的和无恶不作的。神学或形而上学是希腊哲学的终端，柏拉图大概不会不注意到传统神学对建立一种符合贵族意愿的形而上学的潜在威胁。[30]很明显，无论是哲学还是伦理学都不允许诗人想写什么就写什么，想怎么写就怎么写。[31]柏拉图责备那些渎神的诗家文人忽略了两个必须承认的大前提。(一)神是至善至美的，因此只能是"善"，而不是"恶"的动因。所以，诗人应该把神描写成"善"或"美"的典范。倘若一定要描写某些不道德或有悖理性原则的行动，诗人也应设法避免让人产生是神的过错的感觉，因为神所做的一切都是，也只能是为了造福人类。[32]如果诗人置这一切于不顾，硬要把神和罪恶扯在一起，那么，应该承担责任的就只能是蓄意丑化神祇形象的他们，而不是"无辜"的神。[33]诗人不仅无权诋毁神的形象，而且也不能丑化神的后代和古时英雄们的形象。阿斯克勒庇俄斯不会接受贿赂(除非他不是阿波罗之子)，所以也不会遭受雷劈。神的儿子不会做坏事。[34](二)神不会改变形态(也不会试图要凡人相信神会改变形态)，因为神比任何人或事物都更具"抵抗"外力的侵蚀和影响的能力。神也不想改变形态，因为要改的话，只能往不好的方向改(神，如果有形态的话，一定是完美无缺的)。[35]神和"真形"是永恒不变的。神不会、也无需撒谎。神知晓过去的一切，没有必要像智力有限、对过去所知甚少的诗人那样编造谎言。神不是"会撒谎的诗人"(poiētēs pseudēs)。[36]

应该注意的是，从某种意义上来说，柏拉图神学和伦理学所极力反对的不是说谎本身，而是对神的不敬以及不负责任的描述和污蔑。柏拉图区分了三种不同的"真实性"，即历史真实性、[37]形而上学意义上的真实性和文学意义上的真实性。历史真实性应该服从于形而上学意义上的真实性，因为后者是对包括历史在内的一切生活现象的最后总结。历史真实性也应该服从文学的真实性，因为后者不仅告诉人们过去的生活，而且还教育人们应该如何生活。因此，尽管世界上发生过，并且还将继续发生好人受屈、恶人得志的不公平之事，诗人却不应该把它们写进作品。黑西俄得讲的那些事，“即便是真的”，也不宜对青少年讲述；最好的办法是把它们束之高阁。[38]相反，某些传说，尽管有人或许接受不了（以为是虚构的），“但我却认为是真实的”。[39]“适宜的谎话”比不合适的事实更为可取。“金属寓言”是个虚构的故事，“不仅过去没有发生过，而且今天也不太可能发生”，但是，由于它形象地说明了某种柏拉图认为可行的抚育后代的方式，因此是个可以接受的或“适宜的”谎言。[40]只要是为了城邦和公众的利益，城邦的管理者可以“欺骗”人民。[41]对柏拉图来说，谎言本身并不可怕，可怕的是用谎话毒害人的身心，危害社团或城邦的利益。[42]诗人的愚蠢不仅在于他们说了不合适的谎话，而且还在于缺乏在复杂的情况下鉴别真伪的本领。诗人不理解真实和真理的不同，不懂真实性在理论和实践中可能具有的不同的含义，也不知道真实和虚假或事实和谎言的转化时间和条件。

柏拉图对诗和诗人的指责还有心理学（当然是柏拉图的心理学）方面的依据。在《国家篇》第 4 卷里，柏拉图把人的灵魂分作两部分，一部分受理性的制导，另一部分受欲念的控制。[43]虽然他在该卷 440E 里似乎承认还有一个介于理性和欲念之间的部分，即理性部分的辅助成分或部分，但至少在《国家篇》第 10 卷里柏拉图坚持了灵魂“两分论”的观点。[44]对诗和诗人来说，这是不幸的。灵魂的理性部分受理智和智能的制约，因而是心之“精华”；灵魂的欲念部分受情感和冲动的支配，因而是心之“糟粕”，即卑俗低劣的部分。灵魂的理性部分以符合理性原则的工作方式证明了自己的优越；同样，灵魂的欲念部分以它的粗俗，它的活动方式的直接性和盲目性以及它对理性原则的出于本能的排斥，证明了自己的卑劣。

柏拉图认为，正如平庸务实的普通人在数量上大大超过有真知灼见的人类精英一样，理性部分是灵魂中较小的部分。[45]虽然从本质上来看，理性部分是强大的，但柏拉图似乎无意排除欲念部分可能一时或局部地压倒理性部分，从而使人做出错误的决定和不理智的行为的可能性。由于欲念的作祟，人不可能总是坚强的。从某种意义上来说，人具有任性、放纵和随心所欲的天然趋向。物质世界的引诱，艺术和表象美的迷惑，随时可能摧毁理性的防线，使欲念得以长驱直入，“统治”人的心灵。诗人本能地喜欢渲染表现情感大起大落的场面，而观众也似乎对此类描述特别感兴趣。诗人和观众可谓“一个愿打，一个愿挨”。此外，沉默的、有智慧的人物不仅不好演，即使演出来了，素养不高、水平有限的普通观众也看不懂。表现此类人物的场面，既超出了一般观众的欣赏水平，也不符合他们的欣赏习惯。[46]

使柏拉图担忧的是，他在感情上十分钟爱的诗，在理性和欲念的争斗中扮演了不光彩的角色。诗增添了自然的妩媚，迎合了人们低级的感官需求，诱发了本来应该受到抑制的欲念和情感，[47]助长了导致懦弱、非理性和懒散的灵魂的欲念部分的“威风”。从某种意义上来说，诗使理性的潜在的“敌人”变成了现实中的“敌人”，使一种非理性的存在变成了反理性的存在，使本来就强大得足以使人担心的欲念变得更加难以对付。

诗增大了欲念的强度，削弱了理性的力量，破坏了心理的平衡。失去理性制衡的心灵是可悲的，因为这意味着人的心智进入了一种不正常的状态，意味着人可能在剧场里做出某些日常生活中视为耻辱的蠢事。在生活中，人们遇到不幸的事情往往会采取克制的态度，因为他们知道，痛哭流涕不是大丈夫的作为。但是，在剧场里，人们看到人物的不幸便会产生悲戚和怜悯之情，并进而可能做出有失身份和不体面的举动。诗夺走了人的理智，削弱了人的判断能力，使人在不知不觉中失去可能需用极大的努力才能找回的、符合理性原则的表达情感的习惯。诗不是习惯，也不包含习惯，但却可以影响人的生活方式，改变人对生活的态度。一个人如果常看喜剧，就会于无意中摹仿喜剧人物的行为（人有一试小丑的活动方式的“潜意识”），久而久之，小丑的性格便会逐渐取代原有的自由人的性格，今天的正人君子将会变成明天的市井无赖。[48]

柏拉图对诗的指责和他对语言所取的审慎态度是一致的。柏拉图认为，如果说做诗的灵感是神赋的，语言却是“人造”的。词汇的“发明者”们是一些具有思辨意识的聪明人。但是，尽管他们比一般人更能胜任这份工作，他们也像一般人一样可能犯错误[49]——只有神是永远正确的。像图画一样，语言也是一种摹仿。[50]因此，一般说来，语言缺乏事物本身的精度。语言不能总是精确地反映事物的实质以及事物之间的内在联系。寻求有关事物的知识应从对事物本身的研究出发，因为名称并不表示事物的实质。事实往往有一个以上的名称，这一事实本身就说明了语言的不可靠性。此外，语言没有自我更正和自我协调的机制，因而无法从根本上排除误导的可能性。所以，即便是“最正确”（或最准确）的词汇也只能是人与真理之间的“中介”，而不能代表真理。一般人很难准确地使用语言；诡辩学家们的小聪明只能增添语言的诱惑力，而不能证明他们掌握了真理。[51]只有辩证学家或辨析学家才能把握语言的实质，发挥语言的优势，在最大的限度上实现语言的价值。

在柏拉图（或苏格拉底）看来，书面文字的产生是一件令人遗憾的事情。[52]文字是一种有魔力的“药物”（pharmakon），它可以给人提示，但不能使人记取真理。只有用心记住的知识才是真正有用的活的知识。[53]文字既不明晰，也不可靠，所以，热衷于从书面文字中寻找真理的学者并不是真正的智者或聪明人。成文之作的产生使语言失去了可贵的弹性和伸缩性，使语言变得僵硬而没有应变能力，并因此从哲学的工具变为思辨的桎梏。成文之作阉割了语言的精华，葬送了语言的活力。一件事一旦被诉诸书面文字，便进入了机械的单向流通领域，文字既把它传送给可以理解它的人，也把它硬塞给对此毫无兴趣的人。像图画一样，僵硬的文字不懂得如何“因材施教”，因此，一旦出现被人误解的局面，便只有坐等作者的救援。[54]诗和诡辩学家的说教都包含了僵化语言的倾向。在柏拉图看来，僵化语言无疑等于僵化知识，而僵化知识的必然结果是窒息人的思辨。成文之作无视、也不可能顾及人们的要求；作者只是根据自己的一厢情愿为公众提供自以为他们需要的东西。[55]对真理的探索在此显然已进入了误区。

应该指出的是，柏拉图从未正面否认过人的生活需要诗的点

缀这么一个显而易见的事实。不仅如此，他还相当深刻地认识到了诗的潜在的积极作用。他认为优秀的诗篇可以陶冶人的心灵，[56]主张青少年应该熟读乃至背诵于身心有益的作品。[57]柏拉图批评和反对的主要是渎神的和不道德的诗篇（或内容），虽然在《国家篇》第10卷里他似乎不打算"批准"除了颂神诗和赞美诗以外的任何诗歌进入他所设计的国邦。在晚年写成的《法律篇》里，柏拉图对诗和诗人的态度似乎变得较为现实。《法律篇》主张建立严格的检审制度，但并不认为应该无条件地驱逐所有的诗人。哲学的胜利——柏拉图或许会这么说——不在于是否能从根本上消灭诗的存在，而在于是否能准确地评价诗的性质，有效地控制诗的内容和发展趋向，恰如其分地估计诗和诗人的社会地位和作用。

对哲学的挚爱使柏拉图毅然中断了诗人的生涯。但是，柏拉图是一位极具诗人气质的哲学家——自我克制和压抑终究不能完全打消他对诗的热爱。对诗的向往激发了他把诗和哲学"等同"起来的念头。诗人和哲学家都以对美的追求为己任；前者追求形式的美，后者追求实质的美。如果说诗人是美的追求者，那么真正的诗人应该是追求实质美的哲学家。[58]哲学和最好的诗是一致的。[59]柏拉图承认格律是诗的一个特征，[60]但不认为它是诗的唯一标志。如果说亚里士多德强调摹仿是诗的一个特征，柏拉图则倾向于认为真正的好诗不仅应该给人美的享受，而且应该表现人的睿智、责任感和求索精神。柏拉图多次暗示苏格拉底对话是一种高于诗的、更适合于探求真理的语言形式。他在《法律篇》里自豪地宣称：我们自己就是能够写出最佳作品的悲剧诗人。[61]诗人和哲学家都是有幸受到神明指引的人，智者的谈话和内容健康的诗篇一样有利于对青少年的教育：

> 回顾你我从天明谈到现在的这番话语，我确实相信我们受到了某种神力的指引……在我看来，我们的谈话正像一种诗篇……在我所接触过或听过的许多作品中——无论是诗还是散文——这是最令人满意和最适合于青少年的。[62]

大家知道，柏拉图的观点很多都具探索的性质。在对待诗和诗人、诗和哲学的关系以及各自的区别性特征等问题上，他的论述中都不无欠妥帖或自相矛盾之处。然而，柏拉图诗学思想中的耐人寻味之处，不仅在于它的宽阔的纵深和丰富的理论内涵，而且还在于它的某些难以自圆其说的论点，因为人们从这些矛盾中看到的不是小学生般的无知，也不是三流学者的不负责任的杜撰和申辩，而是一位创立了"形"论的一流哲学家在经过苦苦思索以后表现出来的迷惘、疑虑和冀盼。

【注释】

1 《提迈俄斯篇》21C—D。柏拉图写过狄苏朗勃斯、抒情诗和悲剧（第欧根尼·拉尔修《著名哲学家生平》3.5）。Philip Sidney 称柏拉图为最有诗人气质的哲学家（*The Prose Works of Sir Philip Sidney*, edited by Albert Feuillerat, 3:33）。

2 柏拉图熟悉悲剧和厄庇卡耳摩斯的作品，喜读索弗荣的拟剧（参考第1章注28），对安提马科斯的作品亦很感兴趣（参考西塞罗《布鲁吐斯》51.191，普鲁塔耳科斯《鲁桑德罗斯》(*Lusandros*) 18）。对荷马的诗才，柏拉图更是赞叹不已。他赞誉荷马是最好的诗人（《伊昂篇》530B），"最富悲剧意识”（《国家篇》10.607A）。另参考《会饮篇》209C—D,《瑟埃忒托斯篇》152E,《法律篇》6.776E等处。柏拉图多次以赞同的口吻引述荷马的语句（参考《斐多篇》112A,《拉凯斯篇》191A—B,《高尔吉阿斯篇》523A—B等处）。

3 《国家篇》10.607B。但柏拉图有时不否认一个人可以既是哲学家，又是诗人（《卡耳米得斯篇》155A）。

4 参考《法律篇》3.701A。

5 参考《诗学》译文第13章第37—38行。

6 参考“引言”第13段（第6—7页）。

7 参见《伊昂篇》534B等处。

8 同上，534B—C。

9 《法律篇》4.719C。在无意强调灵感之重要性的上下文里，柏拉图似乎不太介意发表一些与灵感论相矛盾的言论。比如，在《高尔吉阿斯篇》502Cff.里，他把诗和讲演术相提并论；在《会饮篇》205B—C里，他承认写诗是一种制作；在《法律篇》里，他主张诗人应该掌握音律方面的技巧（2.670E—671A）。

10 《伊昂篇》535E—536A。

11 《梅农篇》99C。色诺芬亦发表过类似的言论。他认为吟诵艺人不知作品的含义（《讨论会》3.6），是一些愚蠢的人（《回忆录》4.2.10）。在《伊昂篇》530C里，苏格拉底承认伊昂了解荷马史诗的内容，因为他不仅是作品的吟诵者，而且还担负着阐释作品的责任。在另一篇对话里，柏拉图似乎暗示读者，诗人或许并非完全与真理无缘（《会饮篇》209A—D）。

12 《辩护篇》22B。

13 《法律篇》4.719C。从另一个方面来看，能够通神是一种殊遇，是“不一般”的标志（详见附录十四有关部分）。德尔福的女先知和多多内(Dōdōnē)的女祭司在“疯迷之际”方能“显灵”，而在清醒之时却反而无所作为或没有什么大的作为(参见《法伊德罗斯篇》244B)。另参考第 17 章注 8。

14 《伊昂篇》533D。

15 同上,534C。亚氏以为荷马既是《伊利亚特》,又是《马耳吉忒斯》的作者,可能与事实不符(另参考第 4 章注 16)。

16 《伊昂篇》,531A。

17 《国家篇》599A—B。

18 参考附录十四第 12—15 段(第 280—282 页)。

19 《国家篇》10. 601D—602B。

20 参考《辩护篇》22C。另参考《国家篇》10. 598C—E。

21 参考附录"Mimēsis"注 38。

22 详见《国家篇》10. 596A—597E。

23 《智者篇》266B—D。

24 《法伊德罗斯篇》248D—E。

25 《会饮篇》210B—D。

26 《法伊德罗斯篇》249C—D。

27 《国家篇》2. 376E。注意,柏拉图在此似乎否定了诗人是神的代言人或"传声筒"的观点(比较《伊昂篇》534D)。在公元前五至前四世纪,希腊青少年主要接受两种训练,即体育和音乐(包括诗)。运动强健人的体魄,音乐或故事陶冶人的心灵(《国家篇》2. 376E)。

28 当然,不是诗人所说的一切都是谎言。柏拉图承认,由于得到缪斯的指点,诗人经常讲述一些历史事实(《法律篇》3. 682A;另参考《国家篇》3. 392D 等处)。每一位诗人的作品里都有精华和糟粕(《法律篇》7. 811B)。

29 《国家篇》2. 380B—C。

30 因此,有必要为神学制定一些标准(tupoi peri theologias),以便使诗人在描写神的作为时有所遵循(参见《国家篇》2. 379A)。

31 参见《法律篇》4. 719B,7. 801D 等处。

32 《国家篇》2. 379C。

33 同上,10. 617E。

34 同上,3. 391C—D,408B—C。

35 同上,2. 381Aff. 。

36 同上,2. 382D。

37 古希腊人相信,荷马史诗记载着往事,连希罗多德也不否认特洛伊战争的历史真实性。另参考第 9 章注 14,附录十四注 48。

38 《国家篇》2. 378A。

39 《高尔吉阿斯篇》523A。

40 《国家篇》3. 414C—415C。和柏拉图同时代的伊索克拉忒斯声称,他的 *Panathenaicus*"包含许多有关哲学和历史方面的知识以及种种趣闻和虚构(pseudologia)"。这些虚构不是一般的谎言;从道德的角度来衡量,它们可以起教育公民的作用(详见 *The Classical Tradition*, edited by Luitpold Wallach, Ithaca: Cornell University Press, 1966, p. 15)。

41 《国家篇》3. 389B—C。

42 柏拉图主张从荷马和其他诗人的作品里砍掉不符合道德标准的部分,其原因并不是因为它们缺乏诗的风采,而是因为它们不利于对自由人的教育(《国家篇》3. 387B)。有德行的人,即使文笔差一些,也可被授予写作的权利(《法律篇》8. 829C—D)。

43 431A—B。

44 参见 603A 等处。

45 《国家篇》4. 431A。

46 参见同上,10. 604E。

47 同上,10. 606D。另参考 603B—C,605A—B。

48 同上,10. 606C。

49 《克拉图洛斯篇》436。

50 同上,430B。

51 连苏格拉底也不能完全摆脱语言美的诱惑(《法伊德罗斯篇》234D,另参考《辩护篇》17A,《梅奈克塞诺斯篇》234C—235C)。

52 在古希腊,口诵的传统源远流长。迟至公元前五世纪,口诵仍是作品的重要表达形式。普罗塔哥拉斯曾在雅典诵念作品,希罗多德和修昔底德都很重视通过口头问答得来的资料。

53 参考《法伊德罗斯篇》275A—B。另参考《书信二》314B—C。

54 《法伊德罗斯篇》275E。

55 参考同上,275C—E。诡辩学家们只能传授"死"的知识;一旦有人发问,他们就"像书本一样"不知如何应答(《普罗塔哥拉斯篇》329A)。苏格拉底认为,探求真理不能通过教与学的途径。寻求真理是个人之间的事,最好的方式是小范围内的、面对面的交谈。交谈的一方主问,另一方主答(亦即 elenkhos),各方可以随时插话和即兴发表意见。

56 参考《国家篇》3.401—402 等处。

57 参考《普罗塔哥拉斯篇》325ff.,《法律篇》7.810E—811A。另参考附录四第 9 段。

58 哲学家是缪斯的追随者(《法伊德罗斯篇》248D),是真正的 mousikoi(另参考《拉凯斯篇》188D,《法律篇》7.817)。

59 参考《法伊德罗斯篇》259D。

60 参见《国家篇》3.393D 等处。

61 柏拉图把自己所设计的国度比作一部"最好的悲剧"(《法律篇》7.817B)。比较《国家篇》2.379A:我们不是诗人(另参考 3.393D)。

62 详见《法律篇》7.811C—D。

(十四)诗人·诗·诗论

在古希腊传说里,人间最早的诗人是神的儿子。[1]诗人是了不起的,荷马经常用于形容诗人的一个分量不轻的赞词是 theios,即“神一样的”。[2]一般说来,只有王者、先知、祭司和诗人才有幸接受此类赞誉。[3]恩培多克勒认为,先知、诗人、医生和领袖人物是人群中的精英,而他自己则是身兼这四种人的才干的神一样的人物。[4]在《伊利亚特》里,足智多谋的普鲁达马斯(Pouludamas)提醒猛将赫克托耳:一个人不可能无所不会,精通一切;神把一些足以使人出类拔萃的才能分送给不同的个人,因此有人精于攻战,有人能歌,有人善舞。[5]诗人德摩道科斯是缪斯最喜爱的凡人。作为对双目失明的弥补,缪斯给了他唱诗的才能。[6]在阿尔基努斯举行的宴会上,俄底修斯请人把一块上好的猪肉递给了德摩道科斯,因为在所有的凡人中,诗人不仅受过神的教诲,而且最受神的宠爱。[7]黑西俄得唱道:受神钟爱的诗家是幸福的人。[8]

在生产力低下、文化落后、民众愚昧的古代,诗人不仅被看作是神的“宠儿”和使者,而且还被当作是一些应该受到尊敬的人(laoisi tetimenos)。怠慢诗人,以任何形式表示对诗人不敬的做法,至少是不应受到鼓励的。忒勒马科斯警告肆无忌惮的求婚者们不要在诗人吟唱时大声喧闹——能够聆听一位如此出色的诗人的唱诵是听众的荣幸。[9]在宫廷里,诗人往往被待以上宾之礼。供德摩道科斯下坐的是一把华贵的、用银钉镶嵌的椅子,椅子旁边是一张精致的桌子，上面放着一篮食物和一杯酒。唱毕后，有人领着他和王贵们一起走出厅殿。[10]在《奥德赛》第22卷里，愤怒的俄底修斯杀尽了玷污门楣的求婚者，但却放过了诗人斐弥俄斯。荷马还多次把英雄俄底修斯比作诗人。[11]

公元前六世纪以后，有名望的诗人一般享有较高的社会地位。品达出身贵族，一生中也基本上过着贵族的生活。从他的某些诗行中可以看出，这位饮誉希腊城邦的诗人似乎不认为自己是赞助者的附庸。索隆是著名的诗人政治家，萨福(Sapphō)是蜚声伊俄尼亚的女诗人，索福克勒斯是大政治家裴里克勒斯的朋友。[12]荷马时代的诗人收入如何，现已无从查考。从公元前六世纪起，诗人，尤其是名诗人的收入远较一般的体力劳动者丰厚。萨福说过，凭借缪斯的助佑，她是注定要成为巨富的。写作一首《奈弥亚颂》，品达开价3000个德拉克梅(drakhmē)。[13]以公元前五世纪的生活水平来衡量，悲剧诗人的收入大概也是相当不错的。[14]

早期的诗人是原始神学的阐释者。俄耳斐乌斯、慕赛俄斯(Mousaios)和利诺斯(Linos)等既是诗人，又是神学"权威"。[15]亚历山大的克勒门斯(Klemens)称俄耳斐乌斯为"祭司和诗人"(hierophantēs kai poiētēs)，[16]珀耳夫里俄斯(Porphurios)等学者尊荷马为"神学家"。[17]亚里士多德有时亦把"神学家"的头衔"授给"黑西俄得等编说神话故事的诗人。[18]荷马和黑西俄得基本上确定了神的系统和家谱。[19]黑西俄得的《神谱》不仅是一部文学作品，而且是一部不可多得的神学著作。正如希腊史专家乔治·格罗特(George Grote)所指出的：黑西俄得系统地整理了史前时期神的家谱和活动史。[20]

斯特拉堡把荷马史诗当作哲学论著(philosophēma),[21]第欧根尼·拉尔修认为黑西俄得和巴门尼德、恩培多克勒及塞诺法奈斯一样,是一位早期的诗人哲学家。[22]据德谟克里特的理解,sophos指可以超越理智的限度进行感知的人。这些人像神一样具有凭借"第六感觉"感知事物的能力,而所谓的"第六感觉"指人的哲学本能。"智者"包括诗人、先知和哲学家。[23]

早在公元前六世纪,荷马已是雅典人熟悉的诗人。到了公元前五世纪,荷马已是希腊民族的老师。[24]在一个相当长的时期内,诗是小学生的必修课,孩子们通过读诗学习做人的美德。受过教育的希腊人无例外地熟悉荷马史诗,许多人熟记了其中的精彩段落和警句,有的甚至能够背诵整部作品。[25]喜剧大师阿里斯托芬承认,诗人不仅为公众提供娱乐,而且还是民众的先生。[26]至迟在公元前五世纪,黑西俄得已被尊为"民众的教师"(didaskalos pleistōn)。[27]黑西俄得认为,诗是神赐给人类的一份"神圣的礼物"(hierē dosis),[28]诗人不仅可以,而且应该用它伸张正义,针砭时弊。诗是潜在的舆论工具,诗人有责任用它敦促人民为建立一个公正、稳定的生活秩序而努力。《农作和日子》包含了丰富的内容,其中既有严肃的说教,又有恳切的规劝;既有关于农作的经验之谈,又有对航海、历法等方面知识的介绍。可以相信,当时的农人和民众在听了黑西俄德的诵唱后,一定会感到受益匪浅。《农作和日子》喊出的要求伸张正义的呼声,激励了包括索隆在内的几代文人。后世有人把这篇著述比作贺拉斯的sermo和epistula,称之为"训导书"。[29]萨福不仅是一位杰出的女诗人,而且还是以她为核心的妇女文学团体的召集人和"教师"。和黑西俄得一样,品达亦

是一位有责任感的诗人。他不厌其烦地告诉当时的权贵们:权利和责任是对等的;有教养的人应该懂得克制,放荡的生活会摧毁贵族阶级主观上想要维护的政治观念和道德标准。

荷马称诗人为 aoidos,字面意思为“歌唱者”。这些诗人以后被 rhapsōidoi(单数 rhapsōidos,“叙事诗的编制者”或“吟游诗人”)所取代。[30]在《伊斯米亚颂》5.28 里,品达称诗人为 sophistēs(“智者”或“有知识的人”)。[31]自公元前五世纪起,poiētēs 及其同根词开始被分别用于指“诗人”、“诗”和“作诗”。[32]与此同时,melopoios 亦被用于指“歌的制作者”,即诗人。在《诗学》里,poiētēs 是“诗人”的标准用语。

诗,荷马称之为 aoidē,意为“歌”或“诗歌”。《赫耳梅斯颂》的作者认为诗与 sophia 通连。[33]类似的见解也见之于索隆、塞诺法奈斯等人的作品。在诗人中,品达有时亦把诗比作 sophia。[34]至迟在公元前五世纪,mousikē 已被用于指诗。[35]和他的同胞们一样,柏拉图常用 mousikē 统指诗和音乐。[36]自公元前五世纪起,人们开始渐趋于用 poiēsis 指诗。

荷马史诗中提到过好几种诗歌,每一种都有自己的内容和功用。婚礼上应唱表示喜庆的歌,送葬时要唱表示哀悼的歌。劳作时可以唱诗,舞蹈时亦可以唱诗。[37]颂神诗可用于平息神的愤怒或在胜利后表达对神的感激之情。[38]此外,还有一种叙事诗,荷马称之为“有关人的故事”(klea andrōn),或“有关英雄们的故事”(klea andrōn hērōōn)。[39]

古希腊人相信,神的生活需要诗的点缀,人的生活更需要诗来充实。诗可以博得神的欢心,[40]也可以给凡人带来欢乐。[41]慕赛俄斯唱道，人世间一切事物中，诗最能快慰人心。[42]提到歌唱时，荷马喜用 terpein 一词，意为“使高兴”、“使愉悦”。诗歌在古希腊人的生活中占有重要的地位。神界工匠赫法伊斯托斯在阿基琉斯的盾上铸了大地和星星之后，没有忘记铸上欢乐的劳动场面——青年男女们在葡萄园里穿梭往返，一位年轻人正和着琴声唱诗助兴。[43]在荷马看来，诗是生活中的一种享受，[44]是“盛宴之冠”。[45]诗可以平息积怨，消解忧愁，使人忘却悲伤，振作精神。在《伊利亚特》第 9 卷里，当俄底修斯和狄俄墨得斯进入阿基琉斯的军营时，看到这位联军的头号英雄正在高歌 klea andrōn，借以宽慰愤懑不平的心境。[46]黑西俄得亦清醒地意识到诗的这种抚慰心灵的作用：当缪斯的仆人唱起有关神和英雄们的故事时，人们即可摆脱悲痛和忧伤的纷扰。辩说家高尔吉亚也有过类似的论述。[47]诗可以助兴，可以消愁，可以改变和影响人的心境，平衡和协调人的生活。

历史记载过去的事，但记载往事的却不一定都是严格意义上的历史。诗，尤其是史诗，记载着发生在遥远的年代里的事情，记载着神的活动和英雄们的业绩。[48]人们通过聆听或阅读史诗了解史书上没有记载的往事。在古希腊，诗的听众是整个民族。诗是“长了翅膀的话语”（epea pteroenta），是用语言筑成的纪念碑，[49]是人的功过和价值的见证。[50]阿尔基努斯说得好：神使希腊人和特洛伊人受尽磨难，为的是让他们的业绩成为千古绝唱。[51]能够受到诗人的颂扬是幸运的，因为诗可以使注定要死亡的凡人在某种程度上获得永生。[52]无缘入诗的人，一旦死后就完全销声匿迹，后人将不再铭记他的业绩。[53]荷马塑造的海伦尽管不是一位完美的女性，却有着难得的预察力。她后悔当初的草率，自喻为母狗，并指责帕里斯心术不正。她预言道,由于宙斯的安排,她和帕里斯的作为将成为后人讥笑的内容。[54]奈斯托耳赞扬忒勒马科斯长得英俊,并勉励他再勇敢些,以不负后人的称颂。[55]阿伽门农指控克鲁泰梅丝特拉心狠手辣,谋害"结发"夫婿,她的恶劣行径将会受到世人的谴责。[56]在求婚者的挟迫和胡作非为面前,裴奈罗珮没有动摇,也没有产生任何邪念,不愧为人妻的楷模。坏事传千里,好事也要出门——神将使凡人永远颂唱裴奈罗珮的情操。[57]

在公元前五至前四世纪,诗是千家万户熟悉的艺术。在雅典,没有看过悲剧或对悲剧没有一点感性认识的公民恐怕是不多的。政府鼓励公民观剧,对荷包羞涩者,还常常给予必要的资助。埃斯库罗斯和索福克勒斯等诗人的名望,在他们在世时就已经跨出了"邦界"。《诗学》中提及的瑟俄得克忒斯和阿斯图达马斯等,都是公元前四世纪享有盛誉的诗人,尽管他们的作品也像那个时代的其他悲剧诗人的作品一样,早已失传。辩说家的游说和修辞学的兴盛对悲剧的影响是巨大的。从现有的资料来分析,当时(前四世纪)的悲剧似乎较为侧重于表现人物的辩才或"思想"(dianoia)。值得注意的是,当时可能已出现专供阅读的作品,如开瑞蒙的《马人》等。[58]

古代的天才们善于用最简单的办法解答最复杂的问题。例如,他们把世界上最不易解释的现象之一——灵感的运作——看作是一个在神的控制下创造奇迹或从事一般情况下难以胜任的工作的过程。古希腊人认为,像一切奇妙的东西一样,灵感也是神赋的。做诗或许比做其他任何事情更需要灵感。根据这一点,古希腊人进行了看来似乎是合乎逻辑的推理:诗是典型意义上的灵感的产物。[59]诗原为神界的珍品，[60]既是神所钟爱的娱乐，又是神比人优越的象征。神把诗和做诗的灵感赐给了世上的聪明人，使肉眼凡胎的芸芸众生得以在劳作之余分享神的愉悦。富于想象力的古希腊人从一开始就把他们的艺术观和原始神学结合在一起，用简单然而却是耐人寻味的方式表达了对美的向往和对神的敬畏。

“忘恩负义”不是美德，“贪神之功”更是天理难容。诗人是领情的；他们爽快地承认成功的保证或“秘诀”在于神的助佑，并用优美的诗句充分地肯定了这一点。[61]随着时间的推移，虔诚的祈求逐渐带上了一些“行话”的色彩，对神之启示的感激也逐渐具有了某种“套语”的味道。[62]但是，诗人不敢设想作为凡人的他们可以随便否认或怀疑神的作用。时代的意识，代代相传的古训，本人的局限以及生存的需要，所有这一切都增强了诗人坚持神赋论的主动性。[63]荷马是史诗的集大成者，但不是首创者。他和黑西俄得从前辈诗人那里继承下来的“遗产”无疑是丰厚的，其中大概包括一大批被当作常识或事实接受下来的行话和套语。当黑西俄得当众声称是缪斯把唱诗的灵感送进他的心田并教会他唱诵动听的诗歌时，[64]他绝然没有开玩笑或糊弄听众的意思。诗人无法用神赋论以外的观点解释自己的创作心态，听众也不能接受怀疑神赋论的观点，想象和事实在这里成了可以理解的同义语。

在神祇面前，诗人不能不表现得十分谦卑。受传统和习惯的驱使，诗人甚至沿用了一些只要稍加思索便会觉得非常荒唐的提法。比如，他们不仅承认灵感是神赋的，而且还把说什么和怎么说的决定权也拱手让给了“无所不知”的神。[65]参加特洛伊战争的希腊联军来自各个不同的部落。诗人承认，要是没有神的助佑，他就是长着如簧之舌也不能准确无误地一一介绍各路军旅的情况，因为对遥远的往事，凡人除了听过一些传闻以外，几乎一无所知。[66]黑西俄得承认自己没有多少航海经验——一生中除去过一次欧波亚(Euboia)外，再无旁的乘船远游的经历。尽管如此，他仍然想讲一讲关于航海的事，因为缪斯已教会了他怎么说。[67]即使在诗人有了较强的自我意识以后，他们仍然不敢完全否认神的作用。对神的恭维尽管带上了更多的行话色彩，但仍然是必须的。品达自称是缪斯的使者，巴库里得斯(Bakkhulidēs)则"自封"为缪斯的"侍从"(therapōn)。

在古希腊，哲学的兴盛并没有以神赋论的消亡为代价。米利都的自然哲学家们似乎没有批评过神赋论。毕达哥拉斯、巴门尼德和恩培多克勒的论述中既有理性的闪光，也有灵感的火花。德谟克里特提出了作为唯物论的理论基础的原子论，但同时也承认做诗需要灵感。[68]哲学在经过长期的思辨以后，终于认识到灵感是不同于理性思考的另一种可能产生巨大作用的精神力量。事实上，柏拉图哲学排除了对灵感进行系统研究的可能性。在《伊昂篇》里，柏拉图否认诗人有独立思考和周密构思的能力；诗人只有在受到神的感召时才会产生澎湃的诗情——"神摄走了诗人的理智，使他们成为神的代言人"。神要人们知道，"是神，而不是精神恍惚的诗人在向他们诵说精彩的诗行。"[69]当然，此时的神赋论已失去了早先的朴素，它反映了理性的困惑和哲学的迷惘。

尽管灵感是神赋的，但能够如此通神的却只是少数人。诗人对神的"感激"固然是出于诚意，但其中多少也带点抬高自己的意思。能够在神的授意下工作是令人羡慕的，仅凭这一点即可使平头百姓们自叹弗如。神利用诗人的喉舌显耀威势，诗人则扯起神的大旗谋求生计。神和诗人可谓互为倚靠，各取所需。灵感带来的自豪感如果膨胀到一种不合适的程度，就会使诗人忘记祖传的克制和谦卑。从神赋论到天才论毕竟只有一步之遥。在宣扬天才论方面，品达是当仁不让的代表。他自豪地宣称：天资聪颖是最好的禀赋，但许多人却只能通过师从他人争得名誉。[70] 有天赋者诗才横溢，而依赖于别人教授的诗人却只能在无谓的冥思中消磨时光。[71] 自品达起，天赋的高低似乎正式成了评判诗人的一条标准。《奥林匹亚颂》2 中的一段话被后人看作是对西蒙尼得斯和强调学而成才的巴库里得斯的嘲讽：聪明人凭天分即可知晓许多事情，而通过学而知之的人只能像乌鸦那样对着宙斯的神鹰噪叫。[72] 在西方文学史上，这大概是天赋和技艺之争的第一个回合。[73]

古希腊人不仅有离奇的想象，而且还有崇尚理性的传统和严肃对待生活、实事求是的现实主义精神。体现在诗学理论中，现实主义意味着承认人的作用（即人的思维、辨识能力和创作潜力）和规则的重要性（即技艺的作用）。希腊诗人很早即表现出渴求实现自我价值的愿望。黑西俄得在《神谱》里提到了自己的大名，[74]《阿波罗颂》的作者自称是一位来自基俄斯的盲诗人，[75] 阿尔克曼也在一首诗里写进了自己的名字。[76]

一位头脑清醒的诗人不会因为强调神赋论而完全抹杀技艺的作用。如果他真的以为只要躺在床上静等神明的启示，而无需经过艰苦的劳动便可获得巨大成功的话，严酷的现实马上会提醒他要么改变主意，要么丢掉诗人的饭碗另谋出路。诗是神给人的恩赐，诗人的成功离不开神的助佑，对这些荷马至少没有认真怀疑过。但是，对那个时代的诗人来说，做诗和诵诗实在不是一件轻松的事。新的（字母）文字刚刚产生，包括荷马在内的吟游诗人基本上还是靠耳闻心记来履行自己的责职。[77]史诗的格律是工整的，而为了照顾格律的规整，诗人必须掌握大量的词汇，包括许多生活中不用或少用的词句。史诗内容丰富，情节复杂，人名地名俯拾皆是，要记住这一切，不掌握一点窍门，不依靠某些规律性的东西，恐怕是不行的。做诗不易，记诗亦难，对其中的苦楚，作为身体力行者的荷马，一定会比作为旁观者的我们有更深切的感受。一个不懂格律、不懂做诗的技巧、没有惊人的记忆力的人，是不能成为诗人的。[78]当俄底修斯打算惩治斐弥俄斯（Phēmios）时，后者振振有词地申诉道：我的故事是神赐的，而我是"自学成材的"（autodidaktos）。[79]在荷马看来，神的恩赐和诗人本身的努力似乎并不矛盾。Autodidaktos 暗示了诗人的工夫和技巧，说明了掌握技巧和发挥技术优势的重要性。诗人绝不是无所作为的。做诗和唱诗需要特殊的本领和技巧，诗人是有一技之长的实干家。事实上，荷马把诗人归入了 dēmiourgoi 之列，也就是说，和先知、医生和木匠一样，诗人是用自己的本领为民众工作的人。[80]在《奥德赛》第 11 卷里，阿尔基努斯赞扬俄底修斯像一位吟唱诗人一样把故事讲得绘声绘色（epistamenōs），[81]黑西俄得在形容自己的诗才时亦用过这个词。[82]《奥德赛》8. 489 中的 kata kosmon（"安排巧妙"）可能既指诗的内容，亦指诗的结构。在《赫耳梅斯颂》里，阿波罗对赫耳梅斯（此时还是一个婴儿）居然能够制作和弹拨竖琴感到诧异："这是什么技艺（tekhnē）"？[83]显然，这里的 tekhnē 指作诗和弹奏的技巧。[84]

黑西俄得曾把做诗比作编织（rhapsantes aoidēn），阿尔卡伊俄斯(Alkaios)和品达也把做诗比作组合或“词的合成”(thesis)。[85] 阿里斯托芬直截了当地指出:诗(指悲剧)是一种技艺。[86] 巴库里得斯和品达不仅把诗人比作编织者和组合者,而且还把他们喻作工匠、建筑师和雕塑家。[87] 在《蛙》里,诗人是懂行和务实的制作者。[88] 做诗是一件业务性很强的工作,它要求诗人熟悉典故,精通音律。写诗是一种合成,它要求诗家有艺人的敏捷,工匠的灵巧。做诗是一种要求质量、也讲究质量的活动,粗制滥造不会产生优质的、经得起推敲的作品。巴库里得斯认为,做诗的知识可以通过学而得之,所以诗人应该善于学习——这一点无论在过去还是现在都是正确的。[89] 即便是对自己的天资信心很足的品达,似乎也在某种程度上赞同做诗需要技巧的观点。作为对天才论的补充,品达亦提过一些符合“技艺论”的看法,比如,他认为诗人应该接受训练,通过学习逐步掌握做诗的技巧。品达也重视经验,认为真正的成功是用辛勤的劳动(pronos)换来的。[90]

诗的名称也间接地表明做诗是一件需要技艺的工作。Rhapsōidia 含有“编织”之意,[91] mousikē 意为“缪斯的艺术”,epopoiia、poiēsis 和 melopoiia 等词也都包含“制作”的意思。[92]

亚里士多德知道,写诗不能完全依靠技艺;有成就的诗人总有一些属于“素质”方面的东西。他尊重和推崇荷马,不仅因为荷马掌握了其他诗人无法与之比拟的高超的技艺,而且还因为他有过人的天赋。如同在其他方面一样,在编制情节这一点上,荷马——不知是得力于技巧(dia tekhnēn)还是凭借天赋(dia phusin)——远比他的同行们高明。[93] 亚氏喜爱荷马的作品,称颂荷马“像神一样”出类拔萃。[94] 在论及荷马的出身时,他甚至接受了极富传奇色彩的说法。[95]诗是灵感的产物。[96]写诗，没有过人的感知能力不行，麻木不仁更不行。诗是天资聪颖者或感情狂热者的艺术。[97]亚氏承认，在如何使用隐喻这点上，诗家无法师从他人。[98]

但是，有天赋不等于就有诗。一位诗人之所以值得赞扬，是因为推出了高水平的作品，而一部作品之所以被誉为杰作，是因为它具体地体现了一些可供人分析、总结、参考和借鉴的东西。诗人的成功在于（不管是有意还是无意地）遵从了某些做诗的原则或规则。荷马是值得推崇的，因为他了解做诗的目的，谙熟做诗的诀窍。亚氏不否认天赋的作用，但却不是灵感至上论者。亚氏认为，诗人的工作从很大的程度上来说是技术性的，写诗需要用到大量的本行知识。既然写诗是有章可循的，诗人就可以通过学习不断提高自己的写作技巧。[99]亚氏强调技艺的指导作用，注重写诗的方法和程序，不厌其烦地告诫诗人应该注意什么，避免什么，明确地指出了诗评的标准和内容。在他看来，一部粗劣的作品是没有多少技术性可言的（atekhnos）。从某种意义上来说，《诗学》是一本关于如何写诗和进行诗评的"实用手册"（pragmateia）。

《诗学》所表述的做诗需要技巧的观点，是对柏拉图的神赋论的间接驳斥。亚里士多德希望用理性的、务实的观点解释诗的性质和类型，阐明诗的生成和发展过程，分析组成诗的成分以及这些成分的特点。亚氏的观点是明确的：（一）诗是可以研究的，因为它是一种制作艺术；（二）这种研究应该照顾到诗歌本身的特点；（三）没有必要把对诗的研究"升格"为对形而上学的研究。亚氏没有说过诗即哲学，也没有说过诗人就是哲学家。但是，他不认为诗和哲学是势不两立的"敌人"，[100]也不认为诗是哲学的一种消极的反衬。在他看来,诗包含了向哲学趋同的倾向,因为它克服了历史的局限,为哲学在更高层次上的求证提供了经过初步加工的、具有一定普遍意义的素材。作为一种技艺,诗可以在哲学的思辨体系内体面地占有一个应该属于它的位置。

【注释】

1 据传俄耳斐乌斯是俄伊阿格罗斯(Oiagros,一说阿波罗)和缪斯卡莉娥珮(Kalliopē)的爱子。俄耳斐乌斯生前与神祇交往密切;死后,缪斯为他举行了葬礼,宙斯把他用过的竖琴置于天界,以示对他的纪念(详见 I. M. Linforth, *The Arts of Orpheus*, Berkeley: University of California Press, 1941, pp. 9—10)。

2 参考《奥德赛》1. 336; 4. 17; 8. 43, 87, 539; 16. 252; 17. 359; 23. 133, 143; 24. 439。当然,荷马不会真的把德摩道科斯和斐弥俄斯等同于神;theios 一类的词在当时已具套语或固定修饰语的性质。用于诗人的其他赞词包括 periklutos("声名遐迩的")、eriēros("忠诚的")、hērōs("英雄")和 laoisi tetimenos("受人爱戴的")等。

3 参考《奥德赛》1. 65, 196, 284; 2. 27, 233, 394; 3. 121; 4. 621, 691 以及《伊利亚特》1. 176; 2. 196, 445 等处。

4 参见 M. R. Wright, *Empedocles: The Extant Fragments*, New Haven: Yale University Press, 1981, p. 10。

5 详见《伊利亚特》13. 726ff.。

6 《奥德赛》8. 64ff.,另参考 8. 43—45。

7 同上,8. 475—481。

8 《神谱》96。

9 《奥德赛》1.368—371。

10 同上,8.65—71,106—109。事实上,并非每个诗人都能如此幸运。斐弥俄斯的活动似给人"寄人篱下"之感——给求婚者献艺似乎不是出于斐氏本人的意愿。阿伽门农在出征前曾留下一位诗人(荷马没有提及他的名字)"看守"妻子克鲁泰梅丝特拉,此人后来被埃吉索斯带到荒岛上喂了鹰兀(同上,3.265—271)。有学者认为,在古希腊,大多数诗人的生活都比较困苦,其处境不会比乞丐好多少(参考 B. K. Gold, *Literary Patronage in Greece and Rome*, Chapel Hill: The University of North Carolina Press, 1987, p.15)。

11 《奥德赛》11.368,17.518—521,21,404—409。

12 关于工匠、艺术家和理论家、政治家的关系,参考 Alison Burford, *Craftsmen in Greek and Romen Society*, London: Thames and Hudson, 1972, pp.128—130。

13 另参考 Bruno Gentili, *Poetry and Its Public in Ancient Greece*, translated by A. T. Cole, Baltimore: The Johns Hopkins University Press, 1988. pp.160—164。在公元前五世纪末的雅典,普通劳动者一天的收约为一个 drakhmē。在公元前四世纪下半叶的厄琉西斯(Eleusis),一般人一天的工资约在两个至两个半 drakhmai 左右。

14 参考柏拉图《拉凯斯篇》183A。

15 在古罗马,vates 既指祭司,亦指诗人(C. M. Bowra, *The Greek Experience*, New York: The New American Library, p.135)。Vates 以后被 poeta 所取代。

16 参见 *Protrepticus* 7.63。

17 详见 Robert Lamberton, *Homer the Theologian*, Berkeley: University of California Press, 1986, pp.22—31。希腊神学的"创造者"不是先知,也不是祭司,而是艺术家、诗人和哲学家(F. M. Cornford, *Greek Reli-*

gious Thought from Homer to the Age of Alexander, New York: AMS Press, 1969, p. xiii)。

18 《形而上学》3.4.1000ª9,12.6.1071ᵇ27。另参考拉克坦提乌斯(Lactantius) *Divinae Institutiones* 5.5,奥古斯丁(Aurelius Augustinus) *De Civitate Dei* 18.14。

19 参考 Walter Burkert, *Greek Religion*, translated by John Raffan, Cambridge (Massachusetts): Harvard University Press, 1985, p. 305。另参考希罗多德《历史》2.53。

20 参阅 *History of Greece* (in 10 volumes), London: John Murray, 1903, 1.11。

21 《地理》1.2.17。

22 《著名哲学家生平》9.22。

23 参见 Alice Sperduti,"The Divine Nature of Poetry in Antiquity", *Transactions of the American Philological Association* 81(1950), p. 235。

24 《国家篇》10.606E,另参考 595C。

25 参考色诺芬《讨论会》3.6;另参考柏拉图《普罗塔哥拉斯篇》325E。

26 参考《蛙》686—687,1009—1010,1054—1055;《阿卡耳那伊人》500,644—645,654—658。

27 另参考赫拉克利特 片断 57。

28 《神谱》93。

29 参考 *Works and Days*, edited by T. A. Sinclair, Hildeshein: Georg Olms, 1966, p. xiv。

30 Aoidoi 一般携带竖琴,表演时自弹自唱;rhapsōidoi 一般不带竖琴,代之以一根表示身份的节仗(A. R. Benner, *Selections From Homer's Iliad*, New York: Irvington, 1931, p. xvi)。尽管 rhapsōidos 有时可能略带贬义,但在柏拉图的著述中仍可指严格意义上的诗人。

31 在阿瑟那伊俄斯看来,sophistēs 适用于任何诗人(《学问之餐》14.632C)。当然,sophistēs 不是诗人的专称。伊索克拉忒斯称古希腊人仰慕的"七贤"为"智者";索隆是第一位被誉为 sophistēs 的人(*Antidosis* 313)。埃斯库罗斯称普罗米修斯为 sophistēs(《被绑的普罗米修斯》62),希罗多德亦把这一头衔"授"给了索隆和毕达哥拉斯。阿里斯托芬和演说家埃斯基奈斯(Aiskhinēs)认为苏格拉底也是一位 sophistēs。据柏拉图所叙,辩说家普罗塔哥拉斯认为俄耳斐乌斯、荷马、黑西俄得等都是他的"同行"(《普罗塔哥拉斯篇》316D,317B)。自公元前五世纪末起,sophistēs 常指"诡辩家"(参考 Jean Hatzfeld, *History of Ancient Greece*, translated by A. C. Harrison, New York: W. W. Norton, 1966, p. 146)。

32 参考希罗多德《历史》1.23;2.53,116;4.13,14;6.21;另参考阿里斯托芬《阿卡耳那伊人》65,《云》881。

33 483。

34 参考《普希亚颂》10.22 等处。另参考注 30。

35 品达《奥林匹亚颂》1.15。

36 Mousikē 可以包括故事(logos),详见《国家篇》2.376E。

37 参考《伊利亚特》18.590—605,《奥德赛》8.246ff.。

38 参见《伊利亚特》1.473—474,22.391—392。

39 《伊利亚特》9.189,524—525。

40 同上,1.474,603—604;《荷马诗颂》3.188ff.;《神谱》40—51。

41 《奥德赛》8.44—45,17.518—519。

42 《政治学》8.5.1339^{b}22。

43 《伊利亚特》18.561ff.;另参考 490ff.。

44 《奥德赛》8.248。

45 同上,1.152。

46 《伊利亚特》9.186—191。

47 参考附录三第1段。

48 有关神和英雄的传说是希腊民族最初的历史，"没有一个希腊人会怀疑这一点"，尽管他们也知道传说中掺杂着一些"不可信和互相矛盾的事情"（M. P. Nilsson, *Cults, Myths, Oracles, and Politics in Ancient Greece*, New York: Cooper Square, 1972, p.14）。另参考第9章注14。

49 诗比雕像更能经久（西蒙尼得斯 片断581）。诗是不朽的丰碑（monumenta），比金字塔更经得起时间的磨炼（参考贺拉斯《颂》3.30，普罗裴耳提乌斯（Propertius）*Elegiarum* 3.2）。古希腊人不仅生前珍惜自己的名声，而且还希望死后也能受到人们的怀念。雕像、画像、墓碑等是理想的纪念物。诗人 Turtaios 激励人们：勇敢的人虽死犹生，他的业绩将和坟墓一起永存。墓碑或坟墓等还是某种永久的"见证"。赫克托耳在向希腊将领们挑战时说：如果他能在阿波罗的助佑下杀死一位希腊将领，他将剥去死者的盔甲，然后把尸体交还希腊人。这样，当后世的人们从海船上眺见死者的坟堆时，便会想到英勇善战的赫克托耳，因为是赫克托耳战胜并杀死了他。英雄赫克托耳的名字将因此而永远活在人们的记忆里（《伊利亚特》7.89ff.）。

50 在古希腊，诗的社会功用分两种，即褒扬（epainos 或 ainos，动词 epaineō 或 aineō）和贬斥（psogos，动词 psegō，另参考《诗学》第4章注13）。参考 Gregory Nagy, *The Best of the Achaeans*, Baltimore: The Johns Hopkins University Press, 1979, pp.222—242。

51 《奥德赛》8.579—580。

52 瑟俄格尼斯 片断237。

53 详见 T. B. L. Webster, "Greek Theories of Art and Literature Down to 400B. C.", *Classical Quarterly* 33(1939), p.173。

54 《伊利亚特》6.343—358。

55 《奥德赛》3.198—199。

56 同上,24.199—200。

57 同上,24.196—198。关于诗的教育作用,我们在讨论诗人时已经谈过了。

58 参考《修辞学》3.12.1413b13—14(另参考第 26 章注 16)。

59 除了神(通常是阿波罗和缪斯)的启迪外,诗兴的来源还有蜜、酒等的"刺激"。《荷马诗颂》中提到过蜜与做诗的关系(4.560ff.),品达亦说过蜜蜂在他的双唇上涂蜜,使他唱诵起来口若悬河的话。另参考《伊昂篇》534A—B。阿耳基洛科斯酒后尤善做诗(见第 4 章注 31)。

60 阿波罗和缪斯是神界的诗人和歌手(参考《伊利亚特》1.603—604)。诗是缪斯姑娘们饮用的"蜜"、"甘露"和"泉水"。

61 参见《奥德赛》1.1—10(比较 8.44,64,498;17.518;22.347 等处),另参考注 64、66 和 67。

62 所谓"套语",指某些相对固定的用语和一些反复出现的、表示性质和属性的词语。

63 另参考 Werner Jaeger, *Paideia: The Ideas of Greek Culture*, volume 1, translated by Gilbert Highet, New York: Oxford University Press, 1945, p.15。

64 《神谱》22—23。

65 参考 G. M. Grube, *Greek and Roman Critics*, London: Methuen, 1965, p.3。

66 《伊利亚特》2.484—492。

67 《农作和日子》649—662。古希腊人相信,任何可以通神的人都有不寻常的口才和"能耐"。在埃斯库罗斯的《阿伽门农》里,当歌队对卡桑德拉的记忆力表示惊诧时,后者答道,她之所以能如此轻松地讲述阿耳戈斯的往事,是因为得力于阿波罗的助佑。

68 参考第17章注8。

69 《伊昂篇》534C—D。

70 《奥林匹亚颂》9.100—102。

71 《奈弥亚颂》3.40—42；参考《普希亚颂》8.44—45。

72 《奥林匹亚颂》2.83—88。

73 早在公元前五世纪，希腊人已意识到天赋、学习和实践是获取美德的不可缺少的条件（W. K. C. Guthrie, *A History of Greek Philosophy*, volume 3, Cambridge: Cambridge University Press, 1969, p. 457）。柏拉图说过，要想成为一名成功的演说家，除了应有天分外，还要靠勤学和苦练（《法伊德罗斯篇》269D）。罗马诗人和评论家们显然也考虑过天资和技艺何者更为重要的问题，一般的意向是：对一位成功的诗人来说，天分（natura）、技艺或技巧（ars）和持之以恒的实践缺一不可。有天赋而不重视学习，这种天赋是盲目的；爱学习但缺乏天赋，这种学习是事倍功半的；缺此二者，实践是徒劳无益的（参考普鲁塔耳科斯《论儿童的教育》（*De Liberis Educandis*）4B，《道德论》2）。

74 22。

75 《荷马诗颂·阿波罗颂》172。

76 片断39。

77 据 Milman Parry 的研究，荷马史诗具有一切口诵史诗的特点，因此和南斯拉夫的口诵史诗一样，是一种典型的口头文学。帕里的学生 A. B. Lord 基本上同意老师的观点，但认为荷马亦可能请别人把自己的唱诵整理成文。

78 无怪乎缪斯的母亲名叫 Mnēmosunē（“记忆”）。

79 即“自教自会的”（《奥德赛》22.347）。

80 同上，17.383—385。

81 368。

82 《农作和日子》107。

83 440—442,447—448。

84 参考 Rosemary Harriott, *Poetry and Criticism before Plato*, London: Methuen, 1969, p. 93。

85 阿尔卡伊俄斯 片断 204,品达《奥林匹亚颂》3.8。

86 《蛙》939。

87 此类比喻在巴库里得斯的残诗里至少可以找到三例,在品达的作品里则更多(参考《奥林匹亚颂》6.1—4;《普希亚颂》3.113—114,6.5—9;《奈弥亚颂》3.4—5 等处)。

88 参考 762ff.,780ff. 等处。

89 参考 *From Achilochus to Pindar*: *Papers on Greek Literature of the Archaic Period*, edited by J. A. Davison, London: Macmillan, 1968, p. 294。

90 《奥林匹亚颂》8.54—61,《普希亚颂》2.72, 8.73—76;另参考《奥林匹亚颂》4.22,《普希亚颂》3.73—76。

91 比较动词 rhaptō,"缝"、"缝接"。

92 这三个词在《诗学》中均有出现(见 1447a13,译文第 1 章第 5 行;1447a10,第 1 章第 2 行;1449b33,第 6 章第 13 行)。

93 《诗学》第 8 章第 7—8 行。

94 1459a30(第 23 章第 13 行)。

95 详见 G. F. Else, *Aristotle's Poetics*: *The Argument*, Cambridge (Massachusetts): Harvard University Press, 1957, p. 501。

96 《修辞学》3.7.1408b19。

97 《诗学》第 17 章第 11 行。

98 同上,第 22 章第 49—50 行。

99 参考附录七第 8 段及注 22。

100 参考附录十三第 2 段。

正文索引

人名索引

K

L

M

N

O

P

S

T

X

Y

Z

作 品 索 引

T

W

X

Y

引言注释和附录索引

部分人名及神名索引

B

D

E

F

G

H

J

K

L

M

N

O

P

Q

S

T

W

X

Y

Z

内容索引

希腊词语索引(用罗马字母表示)

A

B

D

E

G

H

M

N

O

P

R

S

部分参考书目

《诗学》原文、译文及评注

Butcher, S. H. *Aristotle's Theory of Poetry and Fine Art*. New York:Dover Publications, 1951.

Bywater, I. *Aristotle on the Art of Poetry*. London and New York:Oxford University Press, 1909.

Else, G. F. *Aristotle's Poetics:The Argument*. Cambridge (Massachusetts): Harvard University Press, 1957.

——. *Aristotle: Poetics*, Ann Arbor (Michigan): The University of Michigan Press, 1967.

Epps, P. H. *The Poetics of Aristotle*. Chapel Hill: The University of North Carolina Press, 1942.

Fyfe, W. H. *Aristotle: The Poetics*. Cambridge (Massachusetts): Harvard University Press, 1953.

Golden, L., and Hardison, O. B. *Aristotle's Poetics*. Englewood Cliffs: Prince-Hall, 1968.

Gudeman, A. *Aristoteles' Peri Poiētikēs*. Berlin: Walter De Gruyter, 1934.

Halliwell, S. *The Poetics of Aristotle*. Chapel Hill: The University of North Carolina Press, 1987.

Hardy, J. *Aristote:Poétique*. Paris, 1952.

Hutton, J. *Aristotle's Poetics*. New York: W. W. Norton & Company, 1982.

Janko, R. *Aristotle: Poetics*. Indianapolis: Hackett Publishing Company, 1987.

Kassel, R. *Aristotelis de Arte Poetica Liber*. Oxford: Oxford University Press, 1965.

Lucas, D. W. *Aristotle: Poetics*. Oxford: Clarendon Press, 1968.

Margoliouth, D. S. *The Poetics of Aristotle*. London: Hodder & Stoughton, 1911.

Pitcher, S. M. "Aristotle: On Poetic Art", *Journal of General Education* 7 (1952), pp. 56—76.

Potts, L. J. *Aristotle on the Art of Fiction*. Cambridge: Cambridge University Press, 1953.

Rostagni, A. *Aristotele Poetica*. Turin, 1945.

Telford, K. *Aristotle's Poetics*. Chicago: Henry Pegnery, 1965.

Tkatsch, J. *Die arabische Übersetzung der Poetik des Aristoteles*. Vianna, 1932.

Vahlen, J. *Aristotelis de Arte Poetica Liber*. Leipzig, 1885.

其 他 著 作

Barker, A. edited, *Greek Musical Writings*, volume 1. Cambridge: Cambridge University Press, 1984.

Beye, C. B. *Ancient Greek Literature and Society*, second edition. Ithaca: Cornell University Press, 1987.

Bowra, C. M. *Landmarks in Greek Literature*. London: Weidenfield and Ni-

colson, 1966.

Bremer, J. M. *Hamartia*. Amsterdam: Adolf M. Hakkert, 1969.

Burford, A. *Craftsmen in Greek and Roman Society*. London: Thames and Hudson. 1972.

Burkert, W. *Greek Religion*, translated by J. Raffan. Cambridge (Massachusetts): Harvard University Press, 1985.

Bury, J. B. *A History of Greece*. New York: The Modern Library, 1913.

Carlson, M. *Theories of the Theatre*. Ithaca: Cornell University Press, 1984.

Collingwood, R. G. *The Ideas of History*. Oxford: Clarendon Press, 1948.

De Romily, J. *A History of Greek Literature*, translated by L. Doherty. Chicago: The University of Chicago Press, 1985.

Dover, K. J. *Greek Popular Morality in the Time of Plato and Aristotle*. Oxford: Basil Blackwell, 1974.

Else, G. F. *Plato and Aristotle on Poetry*. Chapel Hill: The University of North Carolina Press, 1986.

Gentili, B. *Poetry and Its Public in Ancient Greece*, Thanslated by A. T. Cole. Baltimore: The Johns Hopkins University Press, 1988.

Grube, G. M. A. *Aristotle on Poetry and Style*. New York: The Liberal Arts Press, 1958.

——. *The Greek and Roman Critics*. London: Methuen, 1965.

Guthrie, W. K. C. A *History of Greek Philosophy* (volumes 1—5). Cambridge: Cambridge University Press, 1962—1981.

Harriott, R. *Poetry and Criticism before Plato*. London: Methuen, 1969.

Jaeger, W. *Paideia: The Ideas of Greek Culture*, volume 1, translated by G. Highet. New York: Oxford University Press, 1945.

Jones, J. *On Aristotle and Tragedy*. Stanford: Stanford University Press, 1962, reprinted 1980.

Perters, F. E. *Greek Philosophical Terms*. New York: New York University Press, 1967.

Pickard-Cambridge, A. W. *The Theatre of Dionysus in Athens*. Oxford: Clarendon Press, 1946.

——. *Dithyramb, Tragedy, and Comedy*, second edition, revised by T. B. L. Webster. Oxford: Clarendon Press, 1962.

——. *The Dramatic Festivals of Athens*, second edition, revised by J. Gould and D. M. Lewis. Oxford: Clarendon Press, 1968.

Pollitt, J. J. *The Ancient View of Greek Art: Criticism, History, and Terminology*. New Haven: Yale University Press, 1974.

Robins, R. H. *Ancient and Mediaeval Grammatical Theory in Europe*. London: G. Bell & Sons, 1951.

Sikes, E. E. *The Greek View of Poetry*. New York: Barnes and Noble, 1969.

Wallach, L. edited, *The Classical Tradition*. Ithaca: Cornell University Press, 1966.

Weinberg, B. A *History of Literary Criticism in the Italian Renaissance*. Chicago: The University of Chicago Press, 1961.

亚里士多德著作

《动物研究》(*Historia Animalium*)

《分析论》(*Analytica Priora*)

《分析续论》(*Analytica Posteriora*)

《论阐释》(*De Interpretatione*)

《论动物的部分》(*De Partibus Animalium*)

《论动物的生成》(*De Generatione Animalium*)

《论灵魂》(*De Anima*)

《论题》(*Topica*)

《论诡辩反驳》(*De Sophisticis Elenchis*)

《门类》(*Categoriae*)

《尼各马可斯伦理学》(*Ethica Nicomachea*)

《气象学》(*Meteorologica*)

《问题》(*Problemata*)

《物理学》(*Physica*)

《形而上学》(*Metaphysica*)

《修辞学》(*Rhetorica*)

柏拉图论著

《辩护篇》(*Apologia*)

《法律篇》(*Leges*)

《法伊德罗斯篇》(*Phaedrus*)

《斐多篇》(*Phaedo*)

《菲勒波斯篇》(*Philebus*)

《高尔吉阿斯篇》(*Gorgias*)

《国家篇》(*Respublica*)

《克拉图洛斯篇》(*Clatylus*)

《拉凯斯篇》(*Laches*)

《梅农篇》(*Meno*)

《梅奈克塞诺斯篇》(*Menexenos*)

《欧苏代摩斯篇》(*Euthydemos*)

《普罗塔哥拉斯篇》(*Protagoras*)

《瑟埃忒托斯篇》(*Theaetetus*)

《提迈俄斯篇》(*Timaeus*)

《会饮篇》(*Symposium*)

《伊昂篇》(*Ion*)

《政治家篇》(*Politicus*)

《智者篇》(*Sophista*)

其他古文献、作品

阿瑟那伊俄斯

《学问之餐》(*Deipnosophistai*)

第欧根尼·拉尔修

《著名哲学家生平》(*Philosophoi Bioi*)

贺拉斯

《诗艺》(*Ars Poetica*)

朗吉诺斯

《论崇高》(*Peri Hupsous*)

帕里尼乌斯

《自然研究》(*Naturalis Historia*)

普鲁塔耳科斯

《道德论》(*Moralia*)

《人物对比》(*Vitae Parallelae*)

色诺芬

《回忆录》(*Memorabilia*)

《讨论会》(*Symposium*)

希罗多德

《历史》(*Herodoti Historiae*)

西塞罗

《论神之性质》(*De Nature Deorum*)

《论演说家》(*De Oratore*)

《演说家》(*Orator*)

修昔底德

《伯罗奔尼撒战争史》(*Thucydidis Historiae*)

埃斯库罗斯、索福克勒斯、欧里庇得斯及阿里斯托芬现存作品及品达诗颂

荷马

《伊利亚特》(*Ilias* 或 *Iliad*)

《奥德赛》(*Odusseia* 或 *Odyssey*)

《荷马诗颂》(*Homērou Humnoi*)

黑西俄得

《农作和日子》(*Opera et Dies*)

《神谱》(*Theogonia*)

片　断

Diehl, E. *Anthologia Lyrica Graeca*, Leipzig, 1942—1952.

Diels, H., and Kranz, W. *Die Fragmente Der Vorsokratiker*, twelfth edition, Dublin, Zürich, 1966.

Kock, T. *Comicorum Atticorum fragmenta*, Leipzig, 1880.

Nauck, A. *Tragicorum Graecorum fragmenta* (Supplementum Adiecit Bruno Snell), Georg Olms, 1964.

Page, D. L. *Poetae Melici Graeci*, Oxford, 1962, 1975.

Rose, V. *Aristoteles Pseudepigraphus*, Leipzig, 1886.

Wehrli, F. *Die Schule des Aristoteles*, volume 2, *Aristoxenos*, second edition, Basel and Stuttgart, 1967.

Wilamowitz-Moellendorff, U. *Griechische Dichter fragmente*, 1907.

后　　记

本书正文的翻译主要依据 R. 卡塞尔校勘的 *Aristotelis de Arte Poetica Liber*（ΑΡΙΣΤΟΤΕΛΟΥΣ ΠΕΡΙ ΠΟΙΗΤΙΚΗΣ，Oxford University Press，1965，reprinted lithographically in Great Britain from corrected sheets of the first edition，1966）。释译中参考了 J. 瓦伦、S. H. 布切尔、I. 拜瓦特、A. 马戈琉斯、A. 古德曼、A. 罗斯塔格尼以及 G. F. 埃尔斯等学者的校勘本。

为了便于读者理解，我对译文作了较为详尽和涉及面较宽的注释。“引言”部分介绍了亚里士多德的生平、他的哲学体系和诗评著作，附带论及《诗学》的形成、流传和影响。“附录”包括十四篇长短不一的文字，对一些重要概念作了阐述，简要介绍了史诗、悲剧等艺术形式的产生和发展的概况，对柏拉图和亚里士多德的诗学思想作了一些有针对性的剖析和阐述。所有这一切或许将有助于读者加深对《诗学》及其内容的了解，为进一步阅读或研究古希腊乃至西方诗评和文评论著，架起一座捷达和立体的桥梁。

杨伯翰大学（Brigham Young University）的欧克斯（Harold R. Oaks）教授热情关心和支持了此项研究工程的进行；马基（Thomas W. Mackay）教授和布里克曼（Daniel R. Blickman）副教授曾就某些疑难点的释译提供过有参考价值的意见。全部译注工作于 1988—1990 年间在美国完成。回国后，于读改校样期间，就某些术语的释译参考了罗念生先生翻译的《诗学》。商务印书馆武维琴和陈小文先生审读了全稿。借此机会，本人谨向各位先生以及参与校对、编辑书稿的朋友们表示衷心的感谢。

本书的出版，功在学界，责在一己。诚望各界读者同仁不讥肤浅，不吝指正。

陈　中　梅

图书在版编目(CIP)数据

诗学/(古希腊)亚里士多德著;陈中梅译注.—北京:商务印书馆,2017

(汉译世界学术名著丛书:120年纪念版:珍藏本)

ISBN 978-7-100-14608-1

Ⅰ.①诗…　Ⅱ.①亚…　②陈…　Ⅲ.①古典诗歌—诗歌理论—古希腊　Ⅳ.①I545.072

中国版本图书馆CIP数据核字(2017)第153248号

汉译世界学术名著丛书

(120年纪念版·珍藏本)

诗　学

〔古希腊〕亚里士多德　著

陈中梅　译注

商　务　印　书　馆　出　版

(北京王府井大街36号　邮政编码100710)

商　务　印　书　馆　发　行

北　京　冠　中　印　刷　厂　印　刷

ISBN 978-7-100-14608-1

2017年12月第1版　　　　开本710×1000　1/16

2017年12月北京第1次印刷　　印张20¾

定价:105.00元